权威·前沿·原创

皮书系列为
"十二五""十三五"国家重点图书出版规划项目

江西蓝皮书

BLUE BOOK OF
JIANGXI

江西设区市发展报告
（2018）

ANNUAL REPORT OF JIANGXI CITIES WITH SUBORDINATE
DISTRICTS (2018)

主　编／梁　勇
副主编／龚建文　麻智辉

社会科学文献出版社
SOCIAL SCIENCES ACADEMIC PRESS (CHINA)

图书在版编目（CIP）数据

江西设区市发展报告. 2018 / 梁勇主编. －－北京：
社会科学文献出版社，2018.10
（江西蓝皮书）
ISBN 978 - 7 - 5201 - 3584 - 9

Ⅰ.①江… Ⅱ.①梁… Ⅲ.①城市发展战略 - 研究报
告 - 江西 - 2018 Ⅳ.①F299.275.6

中国版本图书馆 CIP 数据核字（2018）第 227392 号

江西蓝皮书
江西设区市发展报告（2018）

主　　编／梁　勇
副 主 编／龚建文　麻智辉

出 版 人／谢寿光
项目统筹／邓泳红　陈　颖
责任编辑／桂　芳

出　　版／社会科学文献出版社·皮书出版分社（010）59367127
　　　　　地址：北京市北三环中路甲 29 号院华龙大厦　邮编：100029
　　　　　网址：www. ssap. com. cn
发　　行／市场营销中心（010）59367081　59367083
印　　装／三河市龙林印务有限公司

规　　格／开 本：787mm × 1092mm　1/16
　　　　　印 张：19　字 数：287 千字
版　　次／2018 年 10 月第 1 版　2018 年 10 月第 1 次印刷
书　　号／ISBN 978 - 7 - 5201 - 3584 - 9
定　　价／98.00 元

皮书序列号／PSN B - 2016 - 517 - 2/2

江西设区市蓝皮书编委会

摘　要

《江西设区市发展报告（2018）》以江西全省 11 个设区市为研究对象，以习近平总书记在视察江西期间提出的"新的希望和'三个着力、四个坚持'"为总体要求，紧紧围绕省十四届六次全会提出的"创新引领、改革攻坚、开放提升、绿色崛起、担当实干、兴赣富民"的核心要义，紧扣各设区市发展中的热点、难点、焦点问题，确立系列选题，从不同视角、不同层面全面剖析各设区市发展现状、取得的成绩、存在的问题。全书分为总报告、专题报告、区域报告和典型调查四个部分。

总报告回顾了过去一年江西 11 个设区市经济发展基本情况，借鉴国内外综合竞争力评估的通行做法，结合江西 11 个设区市基本情况，构建了一套相对科学的评价指标体系，通过对全省 11 个设区市综合竞争力的科学评估，找出存在的差距，并提出有效对策。

专题报告主要围绕工业竞争力、农业竞争力、现代服务业竞争力、文化产业竞争力、物流产业竞争力、科技创新竞争力、生态竞争力七个方面，以数量模型分析为主，在客观分析比较 11 个设区市工业、农业、现代服务业、文化产业、物流产业、科技创新、生态等竞争力的基础上，结合各地发展重点和发展战略，有针对性、差异化地提出相关对策建议。

区域报告和典型调查紧紧围绕与江西 11 个设区市发展相关的战略性、前瞻性问题进行研究。重点对南昌历史文化资源挖掘保护利用、赣州原中央苏区振兴政策落实、九江建设长江最美百里岸线、上饶大数据产业发展、鹰潭推动物联网和实体经济融合发展、景德镇陶瓷文化资源挖掘保护利用等进行专题研究，及围绕推进南康家具产业、永丰新型农业经营主体、吉州区基层党建、"三南"园区一体化发展、资溪生态文明建设、横峰"好客王家"传统习俗、湘赣边界秋收起义红色文化资源保护利用等展开了典型调查。

Abstract

Annual Report of Jiangxi Cities With Subordinate Districts (*2018*) lists 11 districts and cities in Jiangxi Province as the research objects, implementing the request of "one new hope and 'three priorities and four insistence'" put forward by General Secretary Xi Jinping, focusing on the central issue of "innovative leadership, reform of the crucial, open ascending, green rise, responsibility, and prosperity". Meanwhile, this book also concentrates on th hot and point issues in each city with subordinate districts, and establishes the series topics, in order to comprehensively analyze their current situations, performances and problems from different viewpoints and levels. The book is composed of four parts—general report, monographic reports, regional reports and typical investigations.

The general report reviews the basic economic situations in the past one years of Jiangxi's 11 cities with subordinate districts, Draw lessons from the general practice of comprehensive competitiveness evaluation at home and abroad, on the basis of these cities basic situations, constructing a scientific assessment indicator system. From the systematical evaluation of the comprehensive competitiveness of these 11 cities, the report finds out the existing gap and effective measures.

The monographic reports mainly focus on seven aspects: industrial competitiveness, agricultural competitiveness, modern service competitiveness, cultural industry competitiveness, logistics industry competitiveness, scientific and technological innovation competitiveness, and ecological competitiveness. Based on quantitative model analysis, based on objective analysis and comparison of industrial, agricultural, modern service industry, cultural industry, logistics industry, scientific and technological innovation and ecological competitiveness of 11 districts and cities, and combining development priorities and development strategies of different regions, it puts forward the countermeasures and suggestions combing the corresponding development priorities and strategies.

The regional reports and typical investigations focus on strategic and forward-looking issues related to the development of 11 districts in Jiangxi. It focuses on the exploitation and protection of historical and cultural resources in Nanchang, the implementation of the revitalization policy of Ganzhou former Soviet central development, the construction of the most beautiful hundred li coastline of the Yangtze River by the Jiujiang, the development of the big data industry in Shangrao, and the promotion of the integration of the internet of things and the real economy in Yingtan. Jingdezhen ceramic cultural resources mining, conservation and utilization and other special research. Around the promotion of Nankang furniture industry, Yongfeng new agricultural management system, Ji Zhou District grass roots organizations of the CPC, Zixi ecological civilization construction, industrial park integrated development of "San Nan", Hengfeng "hospitable Wang family" traditional customs, the Autumn Harvest Uprising in Hunan-Jiangxi Horcler Area began a typical investigation.

目 录

Ⅲ　区域报告

Ⅳ　典型调查

皮书数据库阅读**使用指南**

CONTENTS

I General Report

II Monographic Reports

Ⅲ　Regional Reports

Ⅳ Typical Investigations

总 报 告

General Report

B.1

江西区域综合竞争力评估：
全省11个设区市比较

麻智辉　何雄伟 *

摘　要：　综合竞争力是一个地区发展水平的核心内容和综合反映，本
　　　　　报告主要在借鉴波特国家竞争力模型思路的基础上，结合相
　　　　　关学者提出的区域综合竞争力评价指标体系，设计江西区域
　　　　　综合竞争力指标体系，涵盖经济、社会、生态三大方面内容，
　　　　　并根据评价指标体系对江西省11个设区市综合竞争力和分项
　　　　　竞争力进行比较分析。最后，根据研究结果提出提升江西设
　　　　　区市综合竞争力的对策建议。

＊　麻智辉，江西省社会科学院经济研究所所长、研究员，研究方向为区域经济；何雄伟，江西
　　省社会科学院《企业经济》编辑部副主编、副研究员，研究方向为数量经济。

江西蓝皮书

关键词: 江西 综合竞争力 设区市

综合竞争力是一个地区发展水平的综合反映,也是在一定范围内的资源吸引力、市场争夺力和周边地区辐射力、带动力的表现。对江西省 11 个设区市综合竞争力进行全面分析,作出科学评估,找出各自存在的差距,并提出有效对策,对于缩小区域差距,促进区域经济协调发展,加快推进全省各地同步实现小康具有重要的意义。

一 2017年江西省设区市经济社会发展状况

(一)经济保持稳步增长

2017 年,江西省各设区市通过采取一系列有效措施,有力地促进了经济平稳较快发展。

——生产总值平稳增长。全年地区生产总值(GDP)20818.50 亿元,比 2016 年增长了 8.9%,高于全国平均水平 2 个百分点。其中,各设区市地区生产总值同比增长幅度处于 8.5% ~9.5% 之间。同比增长最快的是赣州,生产总值为 2524.01 亿元,增长幅度为 9.5%;同比增长最慢的是新余,生产总值为 1108.51 亿元,增长幅度为 8.5%。生产总值绝对值最多的是南昌,为 5003.19 亿元,最少的是鹰潭,为 800.80 亿元。

——财政总收入快速增长。全年全省财政总收入 3447.44 亿元,同比增长 9.7%,比 2016 年增长率高了 5.7 个百分点。其中,各设区市财政收入同比增长的幅度处于 5.1% ~14.3% 之间。同比增长最快的是南昌,增长幅度为 14.3%;同比增长最慢的是新余,增长幅度为 5.1%。财政收入最多的是南昌,为 782.82 亿元,财政收入最少的是景德镇,为 123.21 亿元。

——一般公共预算收入稳步增加。全年全省一般公共预算收入 2246.94 亿元,同比增长 4.4%。但从全省 11 个设区市来看,差异很大。除南昌、九江、赣州、宜春4市的一般公共预算收入为正增长以外，其余7市的一般公共预算收入均不同程度的下降。各设区市一般公共预算收入同比变动的幅度处于 −7.8% ~3.7% 之间，其中，南昌同比增幅最大，为3.7%，鹰潭同比降幅最大，下降了7.8%。一般公共预算收入最多的是南昌，为417.08亿元，一般公共预算收入最少的是鹰潭，为75.25亿元。

——社会消费品零售总额呈快速增长态势。全省社会消费品零售总额7448.09亿元，同比增长12.3%。其中，各设区市同比增长的幅度处于11.8% ~12.7% 之间，同比增长最快的是上饶市，增长幅度为12.7%；同比增长最慢的是景德镇市，增长幅度为11.8%。社会消费品零售总额最多的是南昌，为2096.96亿元，总额最少的是鹰潭，为217.73亿元。

表1　江西各设区市2017年主要经济指标

地　区	生产总值 （亿元）		财政总收入 （亿元）		一般公共预算收入 （亿元）		社会消费品零售 总额（亿元）	
	绝对值	增长（%）	绝对值	增长（%）	绝对值	增长（%）	绝对值	增长（%）
全　　省	20818.50	8.9	3447.44	9.7	2246.94	4.4	7448.09	12.3
南昌市	5003.19	9.0	782.82	14.3	417.08	3.7	2096.96	12.3
景德镇市	878.25	8.8	123.21	6.4	86.70	−2.3	335.93	11.8
萍乡市	1070.50	8.9	146.16	7.8	102.73	−2.6	379.15	12.2
九江市	2413.63	9.1	461.29	11.1	262.54	0.8	739.21	12.6
新余市	1108.51	8.5	144.18	5.1	92.60	−3.3	269.58	12.4
鹰潭市	800.80	8.6	127.70	9.3	75.25	−7.8	217.73	11.9
赣州市	2524.01	9.5	408.32	11.5	245.36	0.9	887.05	12.3
吉安市	1633.47	9.0	251.34	9.7	156.54	−0.3	504.97	12.6
宜春市	2021.85	9.0	354.26	10.4	225.27	2.4	667.50	12.0
抚州市	1354.57	8.7	183.64	7.0	120.19	−2.1	537.66	12.0
上饶市	2055.45	8.8	318.67	5.5	213.98	−6.0	812.34	12.7

数据来源：江西省统计局网站。

（二）固定资产投资保持平稳增长势头

2017年，全省固定资产投资取得新成效。全年完成500万元以上项目

固定资产投资额为 21770.43 亿元,同比增长 12.3%。各设区市 500 万元以上项目固定资产投资的年均增长幅度处于 11.9% ~13.8% 之间。增长最快的是赣州,同比增长 13.8%;增幅最小的是上饶,同比增长 11.9%。固定资产投资额最多的是南昌,达到 5115.18 亿元;固定资产投资额完成最少的是鹰潭,为 678.51 亿元。

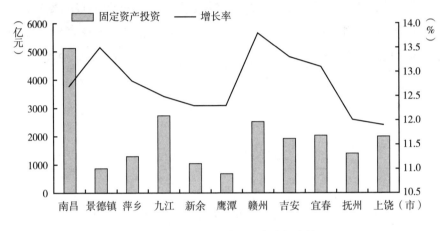

图1 江西省各设区市固定资产投资情况

(三)工业生产平稳增长

2017 年,江西工业生产平稳增长。全省规模以上工业增加值为 8513.73 亿元,同比增长 9.1%。全省 11 个设区市中规模以上工业增加值同比增长的幅度处于 8.5% ~9.5% 之间。其中,增长最快的是南昌,增长幅度为 9.5%;同比增长最慢的是新余,增长幅度为 8.5%;规模以上工业增加值最高的是南昌,为 1764.59 亿元;最低的是景德镇,为 301.00 亿元。

(四)开放型经济快速增长

2017 年,江西省坚持全方位大开放战略,开拓创新,攻坚克难,全省共完成出口总额 2222.56 亿元,同比增长 13.3%。其中,各设区市出口总额同比增长幅度处于 1.5% ~29.3% 之间。同比增长最快的是景德镇,增长幅度为

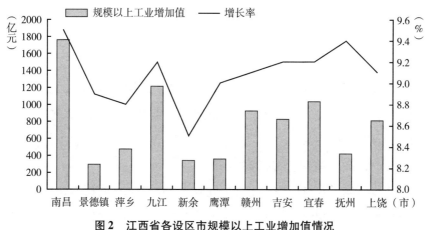

图2　江西省各设区市规模以上工业增加值情况

29.3%；同比增长最慢的是新余，增长1.5%。但出口总额最多是南昌，为428.27亿元，出口总额完成最少的是景德镇，为55.07亿元。全年全省实际利用外资为114.64亿美元，同比增长9.8%。各设区市实际利用外资金额同比增长的幅度处于9.0%~10.1%之间。同比增长最快的是九江和南昌，增长幅度均为10.1%；同比增长最慢的是景德镇和萍乡，增长幅度均为9.0%。实际利用外资最多的是南昌，为31.81亿美元；最少的是景德镇，为2.05亿美元。

表2　江西各设区市2017年开放型经济发展情况

地　区	出口值（亿元）		外商直接投资实际使用金额（亿美元）	
	绝对值	增长（%）	绝对值	增长（%）
全　省	2222.56	13.3	114.64	9.8
南昌市	428.27	12.7	31.81	10.1
景德镇市	55.07	29.3	2.05	9.0
萍乡市	100.17	11.1	3.67	9.0
九江市	289.10	2.3	19.84	10.1
新余市	85.36	1.5	4.35	9.1
鹰潭市	62.97	17.9	2.89	9.2
赣州市	268.87	20.1	16.67	10.0
吉安市	320.04	14.9	10.70	9.8
宜春市	168.39	8.5	7.72	9.1
抚州市	129.48	9.1	3.53	9.1
上饶市	314.84	24.7	11.40	9.8

数据来源：江西省统计局网站。

（五）人民生活进一步改善

2017 年，全省城镇居民人均可支配收入达 31198 元，同比增长 8.8%。其中，各设区市城镇居民人均可支配收入同比增长幅度处于 8.1%～9.3%之间。同比增长最快的是上饶，增长幅度均为 9.3%；同比增长最慢的是萍乡新余，增长幅度均为 8.1%。城镇居民人均可支配收入最高的是南昌，为37675 元；最低的是抚州，为 29463 元。

全年全省实现农村居民人均可支配收入 13242 元，同比增长 9.1%。其中，各设区市可支配收入同比增长幅度处于 8.7%～11.3%之间。同比增长最快的是赣州，增长幅度为 11.3%；同比增长最慢的是萍乡和宜春，增长幅度均为 8.7%。农村居民人均可支配收入最高的是萍乡，为 16598 元；最低的是赣州，为 9717 元。

表3　2016 年江西各设区市城乡居民收入情况

地　区	城镇居民人均可支配收入（元）		农村居民人均可支配收入（元）	
	绝对值	增长（%）	绝对值	增长（%）
全　　省	31198	8.8	13242	9.1
南 昌 市	37675	8.8	16364	9.4
景德镇市	34283	9.1	15095	8.8
萍 乡 市	33120	8.1	16598	8.7
九 江 市	32592	8.6	13303	9.4
新 余 市	34775	8.1	16581	9.1
鹰 潭 市	31696	8.9	14738	8.9
赣 州 市	29567	9.2	9717	11.3
吉 安 市	31936	9.0	12543	10.2
宜 春 市	29871	8.8	13747	8.7
抚 州 市	29463	8.3	13563	9.0
上 饶 市	31853	9.3	12174	9.6

数据来源：江西省统计局网站。

二 区域综合竞争力及其测度

（一）区域综合竞争力内涵

设区市竞争力体现为一个地区的综合能力，它与城市综合实力有一定的关系，但又不完全等同于城市综合实力。区域综合竞争力是从经济、社会、生态、科技等方面描述其规模、数量的总体情况，从不同发展指标来衡量区域的发展速度、发展潜力、发展质量，从而评价区域的可持续发展能力。

（二）区域综合竞争力评价测度方法

1.测度方法

本报告首先设定综合竞争力的指标体系，指标设计主要涵盖经济、社会、生态三大方面数十项指标。由于指标原始数据繁杂且指标原始数据单位各不相同，为此，需对原始数据进行标准化处理，但是原始数据经标准化处理后有正有负，致使得分结果有正有负，虽不影响排名，但看起来不太直观，为便于观察比较，本报告采用标准化计算公式如下：

如果为正向指标：

$$U_{ij} = (X_{ij} - minX_{ij}) * 0.95/(maxX_{ij} - minX_{ij}) + 0.05(j = 1, 2, \cdots, n);$$

如果为逆向指标：

$$U_{ij} = (maxX_{ij} - X_{ij}) * 0.95/(maxX_{ij} - minX_{ij}) + 0.05(j = 1, 2, \cdots, n)。$$

其中，X_i（$i = 1, 2, \cdots, n$）是经济或生态、社会的第 i 个指标，X_{ij}是第 i 个样本的第 j 个指标，其值为 X_{ij}（$j = 1, 2, \cdots, m$）。U_{ij}为标准化后的数据，$maxX_{ij}$、$minX_{ij}$是第 i 个指标的上、下限。

经济综合竞争力水平、生态环境综合竞争力水平和社会发展综合竞争力水平可以采用线性加权法得到：

$$U_i = \sum_{j=1}^{n} W_{ij} U_{ij} \qquad \sum_{j=1}^{n} W_{ij} = 1$$

式中：U_i为经济综合竞争力水平、生态环境综合竞争力水平或社会综合竞争力水平，W_{ij}为经济、生态环境或社会各个指标的权重。

2. 权重的确定

权重的确定主要借鉴了相关权威评价指标体系评估经验，采取定性与定量相结合的方法，即结合专家评价法和客观赋权法中的熵值法，根据确定的权重再对本报告中各设区市经济指标进行统计分析。江西设区市数据主要来自《江西省统计年鉴（2017）》，其中部分主要经济指标来自江西统计局网站的数据。

（三）综合竞争力评价指标体系比较

目前，国外城市竞争力体系中最权威的是波特的国家竞争力评价的"钻石体系"和"价值链"理论。

国内目前比较权威的城市竞争力评价指标体系主要有：一是北京国际城市发展研究院的"城市竞争力评价系统"，由 5 个一级指标、23 个二级指标和 140 个要素指标构成；二是中国社会科学院的城市竞争力评价体系（见《中国城市竞争力报告》），包括制度、资本、基础设施、环境、科技、文化、开放竞争力等 12 大类 53 个指标；三是中国城市竞争力研究会的城市竞争力评价体系，包括 10 个一级指标、50 个二级指标、217 个三级指标；四是全国经济综合竞争力研究中心提出的全国省域经济综合竞争力评价体系（见《中国省域竞争力蓝皮书》），包括 9 个一级指标、25 个二级指标和 210 个三级指标。

三 江西设区市综合竞争力评价体系构建

（一）设区市综合竞争力评价体系选择

本报告主要在借鉴波特国家竞争力模型思路的基础上，结合北京国际城市发展研究院、中国社科院、中国城市竞争力研究会、全国经济综合竞争力研究中心等提出的城市综合竞争力评价指标体系来确定本报告的评价体系。

（二）设区市综合竞争力评价体系构建方法

指标体系设计主要参考相关综合竞争力评价的基础理论和方法，但为了使综合竞争力评价体系更加契合江西实际，我们也采用了德尔菲法，聘请了江西省统计局、南昌大学、江西财经大学、江西省社会科学院等单位经济、社会、生态方面的10位专家，对初选的评价指标进行评估，并根据专家意见进行了适度调整，最后确定三大类50个指标。

（三）设区市综合竞争力评价体系具体指标和权重的设定

根据党的十八届六中全会和省十四次党代会精神，以及省域经济综合竞争力评价体系的指标设置，本报告对上年的评价指标体系做了微调，特别是对部分指标进行了更新、调整，力求使评价内容能更好地反映设区市经济社会发展的质量、效益和可持续增长。考虑江西省11个设区市发展程度以及数据的可获取性，在具体指标选择方面有所区别、侧重。经调整后的综合竞争力指标体系包括二级指标3个，三级指标11个，四级指标53个（见表4）。其中经济竞争力具体采用指标33个、生态环境竞争力指标10个，社会竞争力指标10个。

本报告结合专家评价法和客观赋权法中的熵值法，共同确定指标权重（经济竞争力、生态环境竞争力和社会竞争力按照60%:20%:20%的比例分配权重），将11个设区市的综合竞争力分解为具体分项指标，构造出区域综合竞争力指数，对区域竞争力进行实证分析。

表4　江西区域综合竞争力评价指标体系

目标层	准则层	方案层	指标层	单位
区域综合竞争力	经济竞争力（33）	总量指标（8）	地区生产总值	亿元
			全社会固定资产投资	亿元
			公共财政预算收入	亿元
			社会消费品零售总额	亿元

续表

目标层	准则层	方案层	指标层	单位
区域综合竞争力	经济竞争力（33）	总量指标（8）	规模以上工业增加值	亿元
			非农产业占比	%
			外贸依存度	%
			实际利用外资	亿美元
		人均指标（6）	人均地区生产总值	元/人
			人均固定资产投资	元/人
			人均公共财政预算收入	元/人
			人均社会消费品零售额	元/人
			人均规模以上工业增加值	元/人
			人均实际利用外资	美元/人
		增速指标（7）	地区生产总值增长率	%
			公共财政预算收入增长率	%
			全社会固定资产投资增长率	%
			社会消费品零售总额增长率	%
			出口总额增长率	%
			实际利用外资增长率	%
			规模以上工业增加值增长率	%
		工业状况（5）	全员劳动生产率	元/人
			规模以上工业企业数	个
			规模以上工业主营利润总额	亿元
			工业经济综合效益指数	
			高技术产业增加值占地区生产总值比重	%
		农业状况（3）	农业总产值	亿元
			农业科技进步贡献率	%
			农业劳动生产率	万元/人
		基础设施（4）	人均高速公路里程	公里
			人均民用汽车拥有量	辆
			移动电话年末覆盖率	%
			互联网宽带覆盖率	%

目标层	准则层	方案层	指标层	单位
区域综合竞争力	生态环境竞争力（10）	资源利用（6）	工业废水重复利用率	%
			生活垃圾无害化处理率	%
			固体废物综合利用率	%
			万元地区生产总值废污水排放量	吨/万元
			万元工业增加值废气排放量	立方米/万元
			万吨地区生产总值能耗	万吨标准煤/万元
		生态环境（4）	城市人均绿地面积	平方米
			建成区绿化覆盖率	%
			空气质量指数	
			森林覆盖率	%
	社会竞争力（12）	社会人口（2）	城镇化率（常住人口）	%
			人口自然增长率	%
		科教文卫（6）	万人在校大学生数	人
			每千人医生数	人
			万人专利授予数	个
			文化产业主营业务收入	亿元
			文化从业人员占全省比重	%
			R&D经费支出占地区生产总值的比重	%
		社会保障（4）	养老保险覆盖率	%
			农民人均纯收入	元/人
			城镇居民可支配收入	元/人
			城乡居民收入比（以农村为1）	

四 江西设区市综合竞争力比较

（一）江西设区市区域综合竞争力比较

根据指标分析计算，江西设区市综合竞争力中，南昌市综合竞争力得分为4.94263，高于全省平均水平，九江市和新余市分别排在全省设区市的第2位和第3位。鹰潭市、吉安市、萍乡市、景德镇市、宜春市、上饶市、赣州市、抚州市分别位于第4位到第11位（详见表5）。

江西蓝皮书

表5 江西设区市综合竞争实力得分排名

地区	得分	名次	地区	得分	名次
南昌市	4.94263	1	景德镇市	2.59220	7
九江市	3.33558	2	宜春市	2.53063	8
新余市	3.03409	3	上饶市	2.30407	9
鹰潭市	2.99826	4	赣州市	2.26169	10
吉安市	2.66809	5	抚州市	2.01716	11
萍乡市	2.65140	6			

（二）江西设区市分领域竞争力比较

1. 经济竞争力方面

在经济竞争力方面，相对指标更能体现区域的竞争力。分析计算结果后发现，南昌市经济竞争力得分为3.61917，比排在全省设区市第2位的九江市高出约0.9个点。其余排在第3位到第11位的分别是新余市、鹰潭市、宜春市、萍乡市、吉安市、赣州市、上饶市、景德镇市和抚州市（见表6）。

表6 江西设区市经济竞争力得分排名

地区	得分	名次	地区	得分	名次
南昌市	3.61917	1	吉安市	1.77969	7
九江市	2.66917	2	赣州市	1.68303	8
新余市	2.06368	3	上饶市	1.67781	9
鹰潭市	1.97140	4	景德镇市	1.50821	10
宜春市	1.83720	5	抚州市	1.29255	11
萍乡市	1.78388	6			

在总量指标得分方面，南昌市排在第1位，九江市和赣州市分别排在第2和第3位，而第4~11位分别为上饶市、宜春市、吉安市、鹰潭市、萍乡市、新余市、景德镇市和抚州市（见图3）。

在人均指标得分方面，南昌市排第1位，新余市和鹰潭市分别排在第2

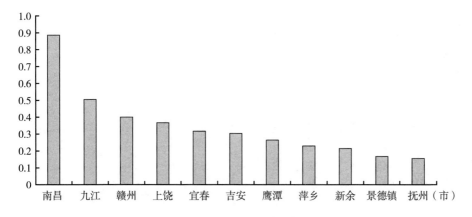

图3　江西设区市总量指标得分情况

位和第3位。而第4~11位分别为九江市、萍乡市、景德镇市、宜春市、吉安市、上饶市、抚州市、赣州市（见图4）。

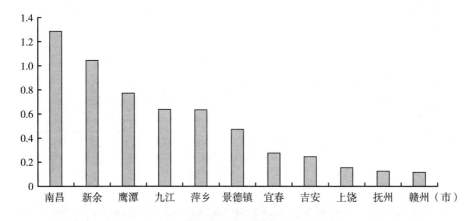

图4　江西设区市人均指标得分情况

在增速指标得分方面，排在前三位的分别为九江市、上饶市和赣州市，而第4~11位分别为吉安市、抚州市、南昌市、宜春市、萍乡市、鹰潭市、景德镇市、新余市（见图5）。

在工业状况指标得分方面，排在前三位的分别为九江市、上饶市和南昌市，而第4~11位分别为吉安市、宜春市、鹰潭市、萍乡市、赣州市、抚州市、景德镇市、新余市（见图6）。

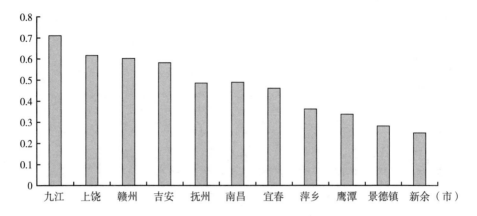

图 5 江西设区市增速指标得分情况

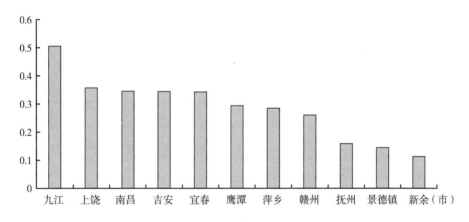

图 6 江西设区市工业状况指标得分情况

在农业状况指标得分方面,排在前三位的分别为宜春市、南昌市和抚州市,而第 4～11 位分别为吉安市、景德镇市、鹰潭市、新余市、萍乡市、上饶市、赣州市、九江市(见图 7)。

在基础设施指标得分方面,排在前三位的分别为南昌市、新余市和景德镇市,而第 4～11 位分别为九江市、赣州市、宜春市、鹰潭市、抚州市、萍乡市、吉安市、上饶市(见图 8)。

2. 生态环境竞争力方面

在生态环境竞争力方面,分析计算结果后发现,南昌市竞争力得分为

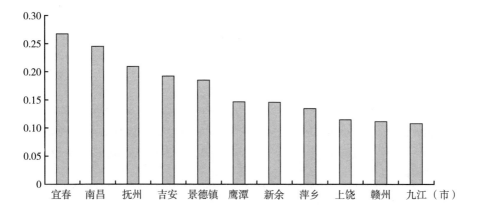

图7 江西设区市农业状况指标得分情况

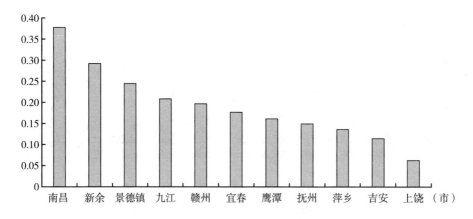

图8 江西设区市基础设施指标得分情况

0.70220，排名第1位，鹰潭市竞争力得分为0.67456，排名第2位。其余排在第3位到第11位的分别是吉安市、景德镇、抚州市、新余市、上饶市、赣州市、宜春市、萍乡市和九江市（见表7）。

在资源利用指标方面，南昌市排在第1位，鹰潭市和吉安市分别处于第2位和第3位。以下依次为抚州市、景德镇市、新余市、上饶市、九江市、赣州市、萍乡市和宜春市（见图9）。生态环境指标得分方面，景德镇市排在第1位，吉安市和鹰潭市分别处于第2位和第3位。以下依次为南昌、新余市、宜春市、赣州市、抚州市、上饶市、萍乡市和九江市（见图10）。

江西蓝皮书

表7　江西设区市生态环境竞争力得分排名

地区	得分	名次	地区	得分	名次
南 昌 市	0.70220	1	上 饶 市	0.44418	7
鹰 潭 市	0.67456	2	赣 州 市	0.42911	8
吉 安 市	0.65806	3	宜 春 市	0.42124	9
景 德 镇 市	0.61914	4	萍 乡 市	0.38321	10
抚 州 市	0.51831	5	九 江 市	0.36327	11
新 余 市	0.51112	6			

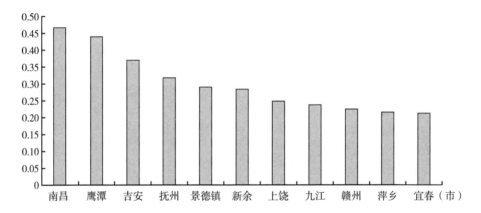

图9　江西设区市资源利用指标得分情况

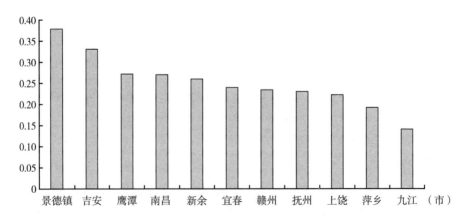

图10　江西设区市生态环境指标得分情况

3. 社会竞争力方面

在社会竞争力方面，分析计算结果后发现，南昌市竞争力得分为0.62127，排名第1位，萍乡市竞争力得分为0.48431，排名第2位。其余排在第3位到第11位的分别是景德镇市、新余市、鹰潭市、九江市、宜春市、吉安市、抚州市、上饶市和赣州市（见表8）。

表8　江西设区市社会竞争力得分排名

地区	得分	名次	地区	得分	名次
南 昌 市	0.62127	1	宜 春 市	0.27219	7
萍 乡 市	0.48431	2	吉 安 市	0.23034	8
景德镇市	0.46485	3	抚 州 市	0.20629	9
新 余 市	0.45929	4	上 饶 市	0.18208	10
鹰 潭 市	0.35230	5	赣 州 市	0.14954	11
九 江 市	0.30314	6			

在社会人口指标得分方面，景德镇市排在第1位，新余市和萍乡市分别处于第2位和第3位。以下依次为南昌市、吉安市、鹰潭市、抚州市、上饶市、九江市、赣州市和宜春市（见图11）。

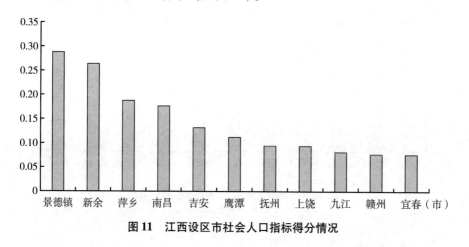

图11　江西设区市社会人口指标得分情况

在科技文卫指标得分方面，南昌市排在第1位，萍乡市和景德镇市分别处于第2位和第3位。以下依次为鹰潭市、九江市、新余市、宜春市、赣州市、吉安市、上饶市和抚州市（见图12）。

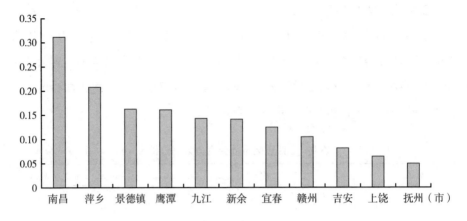

图12 江西设区市科技文卫指标得分情况

在社会保障指标得分方面，南昌市排在第1位，新余市和萍乡市分别处于第2位和第3位。以下依次为景德镇市、鹰潭市、九江市、抚州市、宜春市、吉安市、上饶市和赣州市（见图13）。

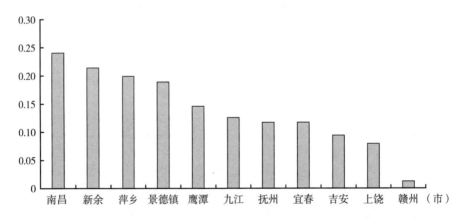

图13 江西设区市社会保障指标得分情况

（三）结论

1. 从江西11个设区市综合竞争力比较来看

在综合经济竞争力方面，南昌位居榜首，在全省处于中心地位，居第2

到第11位的分别是九江市、新余市、鹰潭市、吉安市、萍乡市、景德镇市、宜春市、上饶市、赣州市和抚州市。与上一年度相比，11个城市名次变化不大。南昌市、九江市、新余市、鹰潭市、吉安市、萍乡市仍然排在前一至六位。景德镇市上升两位，排在第7位；宜春市下降1位，排在第8位；上饶市上升1位，排在第9位；赣州市下降2位，排在第10位；抚州市仍然排在第11位。

2. 从分项竞争力指标比较看

从经济竞争力看，南昌市、九江市、新余市列前三名，这说明南昌市、九江市、新余市在经济发展方面具有竞争优势，而上饶市、景德镇市、抚州市在经济竞争力方面排在后三位，这说明上饶市、景德镇市、抚州市目前经济发展动力明显不足，还需加快发展。

从生态环境竞争力看，南昌市、鹰潭市、吉安市名列前三名，宜春市、萍乡市、九江市名列后三名。这说明老工业城市宜春、萍乡、九江未来的经济社会发展环境压力较大，今后要注重发展的质量，在环境保护等方面加大力度；南昌市、鹰潭市、上饶市生态环境有了较大改善，南昌市从上年度的第9位提升到第1位，鹰潭市从第5位提升到第2位，上饶市从第10位提升到第7位。

从社会竞争力看，南昌市、萍乡市、景德镇市名列前三，抚州市、上饶市、赣州市名列后三名。景德镇市从上年度的第4名上升到第3名，萍乡市从第3名上升到第2名，新余市从第2名下降到第4名。吉安市从第9名上升到第8名、抚州市从第8名下降到第9名。南昌市、鹰潭市、九江市、宜春市、上饶市和赣州市的位次没有发生变化。

五 提升江西设区市综合竞争力的对策建议

（一）做大做强中心城市，提升城市内在竞争力

城市空间决定发展空间，城市的承载能力决定经济的发展潜力，中心城

区太小，是江西设区市综合竞争力不强的一个重要原因。立足现实基础，着眼未来发展，统筹区域协调，拉开城市骨架，拓展发展空间，加速人口向城市集聚，是各设区市城市发展的必然选择。首先必须打造核心增长极，举全省之力做大做强省会南昌市，在其他设区市中重点打造赣州市、九江市和上饶市三个副中心城市，景德镇、萍乡、新余、宜春、抚州、鹰潭、吉安等市根据各自优势和特点，建成所在区域中心城市。

（二）培育产业集群，提升城市核心竞争力

大力发展战略性新兴产业、高新技术产业，推动传统产业由中低端向中高端迈进。遵循产业发展规律，各地应以龙头企业为依托，以主导产业为重点，延伸上下游产业链，增强产业配套能力，打造一批特色鲜明、链条完整、配套紧密的产业集群，使资源优势转化为产业优势，提升产业核心竞争力。南昌市重点打造汽车和新能源汽车、电子信息、生物医药、航空装备等四大战略性新型支柱产业，食品、纺织服装、材料制造、机电制造等四大特色优势传统产业；赣州市重点打造钨与稀土新材料、新能源及新能源汽车、电子信息、生物医药等四大产业集群；九江市重点打造石油化工、现代纺织、电子电器、新材料、新能源等五大产业集群；上饶市重点打造光伏产业、汽车产业、有色金属加工、光学产业等四大产业集群。景德镇、萍乡、新余、宜春、抚州、鹰潭、吉安等市也应根据地方优势，培育陶瓷、航空、新能源、电子信息、有色金属加工等产业集群。

（三）加强生态建设，提升城市可持续竞争力

围绕江西生态文明试验区建设，以改善生态环境质量、推动绿色发展为目标，完善城市功能，提升城市建设管理水平，提高城市综合承载能力。充分结合城镇棚户区、城乡危旧房、老旧小区改造，强化城市道路拓展、园林绿化改建、水系治理等，切实解决城市"脏乱差"问题，积极推进抚州全市域开展生态文明先行示范区建设，继续推进宜春市、上饶市、景德镇市、赣州市森林城市建设，推动萍乡市海绵城市试点建设、鹰潭市窄带物联网试

点城市建设、新余市和吉安市智慧城市建设等，切实提升各设区市可持续发展能力。

（四）增强自主创新，提升城市创新竞争力

健全各设区市区域创新体系。引导和支持创新要素向企业集聚，加快构建以企业为主体、市场为导向、产学研结合的技术创新体系，努力建设创新型城市。加快建立吸纳整合国内外优质创新资源的新渠道、新机制，不断提高各设区市利用创新资源的能力。整合各类科技资源，依托驻市、市属院校和科研院所，推进创新平台建设，加快建设一批国家级、省级工程技术研究中心和实验室，创建检验检测公共技术服务平台。积极推进南昌、景德镇、萍乡国家创新型试点城市建设，推动赣州市创建"中国制造2025"试点示范城市、国家城市设计试点城市建设。

（五）加快人才培养，提升城市潜在竞争力

以提升人才自主创新能力为主线，培养造就高层次创新型科技人才、企业经营管理人才和专业技术人才等，加快构建区域性人才高地。创新人才培养模式，依托高等院校和培训机构，建立教育与实践相结合、国内培养与国际交流合作相衔接的开放式培养体系。各设区市应围绕传统优势产业转型升级、现代服务业和战略性新兴产业发展，根据本地经济发展特征，采取各种方式引进紧缺专业急需人才。南昌市应重点培养和引进新能源汽车、航空制造、工业设计、VR 等产业人才，九江市重点培养和引进电子电器产业人才，吉安重点培养和引进电子信息人才，上饶市重点培养和引进大数据人才，鹰潭市重点培养和引进物联网人才，新余市、宜春市重点培养和引进新能源人才，赣州市重点培养和引进有色金属加工人才等。要在各地营造重才爱才的社会环境和公开平等、竞争择优的制度环境，促进各类优秀人才脱颖而出。

（六）加强文化建设，提升城市软实力

充分发挥江西红、古、绿文化资源优势，传承弘扬赣鄱文化，推动茶文

化、书院文化、戏剧文化、民俗文化、傩文化走出去，传承景德镇的陶瓷文化、南昌的豫章文化、赣州的客家文化、吉安的庐陵文化、抚州的临川文化。运用网络、微信等新媒体传播手段，积极打造文化发展的新载体。综合运用大众传播、群体传播、人际传播等多种方式展示赣鄱文化魅力。

参考文献

李怀建、刘鸿钧：《城市竞争力的结构与内涵》，《城市问题》2003 年第 2 期。

倪鹏飞：《2016 中国城市竞争力报告》，社会科学文献出版社，2016。

沈海燕：《国内外城市竞争力研究综述》，《杭州研究》2010 年第 1 期。

黄文华：《江西省城市竞争力评价及提升之对策建议》，《江西经济分析》总第 148 期。

专题报告

Monographic Reports

B.2

2017~2018年江西设区市
工业竞争力报告

孙育平　盛方富　余永华*

摘　要：　本文通过构建工业综合竞争力评估体系，分析研判江西11个
　　　　　设区市工业化发展水平，深入剖析各自差距和短板所在，并
　　　　　从规划先行、科技创新、开放发展等方面提出推动江西各设
　　　　　区市工业高质量发展的建议，以加速推动江西经济高质量、
　　　　　跨越式发展。

关键词：　竞争力　工业　设区市　江西

---

*　孙育平，江西省社会科学院产业经济研究所所长，研究员，研究方向为区域经济和产业经济；
　盛方富，江西省社会科学院应用对策研究室助理研究员，研究方向为区域经济；余永华，江
　西省社会科学院经济研究所助理研究员，研究方向为区域经济和金融学。

中国特色社会主义建设新时代的到来，对经济发展方式转型与产业结构调整升级提出了更高要求，必须着力构建现代化经济体系，推动经济高质量发展。而要实现经济高质量发展，大力推进供给侧结构性改革、不断增强工业经济发展综合竞争力是必然要求与选择。区域工业经济竞争力的强弱，在很大程度上决定了该区域经济发展的水平与发展质量，是考核经济高质量发展的重要内容。本文分析研判江西省11个设区市工业化发展水平，对比剖析存在的短板与问题，提出改进的对策与建议，对进一步提升各设区市工业经济综合竞争力，进而助推江西经济高质量发展，具有重要的理论价值与现实意义。

一 对江西11个设区市工业综合竞争力的评估

量化评估需要构建一套客观公正的指标体系，这套指标体系的构建需要综合考虑新型工业化的基本要义、数据可获得性、统计软件的使用等方面因素，基于上述考虑，围绕新型工业化的内涵外延，结合新时代高质量发展要求，借鉴参考国内外关于新型工业化评价的文献资料，在评估江西11个设区市工业综合竞争力时，本文尝试构建了一套指标体系。

（一）评价体系

这套指标体系共包含有六个方面的20个指标。

一是工业化水平，包括规模以上工业增加值、规模以上工业利税总额、人均规模以上工业增加值等。

二是科技创新水平，用到研发经费支出总额、研发人员数、专利授权数等指标。鉴于数据的可获取性，这里主要使用规上工业企业研发内部经费支出总额、规上工业企业研发经费投入强度、规上工业企业研发人员、每万人专利授权数等具体指标。

三是经济效益，包括规模以上工业企业人均实现利润、规模以上工业企业成本费用利润率、规模以上工业企业人均实现工业增加值等指标。

四是资源环境，主要使用万元规模以上工业增加值能耗、空气质量优良天数比例等指标。

五是信息化水平，鉴于数据的可获得性，这里使用万人互联网宽带接入用户数、人均电信业务量等指标，虽不是工业领域的直接数据，但地区信息化水平在很大程度上能够反映该地区工业领域的信息化状况。

六是人力资源利用，主要由就业人员劳动生产率和规模以上工业企业全部从业人员年平均数指标构成。

构建的指标体系由六大部分共 20 个指标构成，详见表1。

表1　工业竞争力综合评价指标体系

一级指标	二级指标	三级指标	计量单位
工业竞争力评价指标体系	工业化水平（5）	规模以上工业增加值	亿元
		规模以上工业利税总额	亿元
		大中型企业总产值占规模以上工业企业总产值比重	%
		人均规模以上工业增加值	元
		高新技术产业增加值占 GDP 的比重	%
	科技创新水平（4）	规模以上工业企业研发内部经费支出总额	亿元
		规模以上工业企业研发经费投入强度	%
		规模以上工业企业研发人员	人
		每万人专利授权数	件
	经济效益（3）	规模以上工业企业人均实现利润	元
		规模以上工业企业成本费用利润率	%
		规模以上工业企业人均实现工业增加值	元
	资源环境（3）	万元规模以上工业增加值能耗	吨标准煤
		空气质量优良天数比例	%
		一般工业固体废物综合利用率	%
	信息化水平（3）	万人互联网宽带接入用户数	户
		百人固定、移动电话用户数	户
		人均电信业务量	元
	人力资源利用（2）	就业人员劳动生产率	元
		规模以上工业企业全部从业人员年平均数	人

（二）评价方法

评价方法的使用最核心的是权重的确定，这里为避免主观赋权法与客观

赋权法的短处，取各自的长处并进行综合赋权。主观赋权中通过使用层次分析法（使用 AHP 软件）来确定，客观赋权则通过因子分析法（使用 SPSS 软件）来确定，然后对主客观分析方法分别计算得出的权重进行标准化处理，并采取算术平均的方法来计算综合权重。同时，对指标体系中"万元规模以上工业增加值能耗"这一负向指标通过取倒数的方式进行正向化处理。

鉴于对数据做标准处理的过程中会出现正负值，为适应比较习惯，这里拟采用功效系数法对原始计算结果进行简单的转换与处理，具体处理方法如下所示：

$$y = 40 * \frac{x - x_{\min}}{x_{\max} - x_{\min}} + 60$$

其中，$x_{\min}$ 与 $x_{\max}$ 分别指某一项指标中初始得分的最小值与最大值，通过功效系数法的转换和处理，最终各个设区市的得分将分布在 60 至 100 分之间，这样比较会比较直观。

（三）数据采集与处理结果

1. 数据采集

为体现数据的公正客观性，本文所使用的数据主要来源于《江西统计年鉴（2017）》《江西环境状况公报（2016）》，而"每万人专利授权数"来源于江西省知识产权局。

2. 处理结果

通过软件处理和数据整理，得出系列结果如下。

11 个设区市工业综合竞争力排名。2016 年江西 11 个设区市工业综合竞争力排名如表 2 所示，前三名依次为南昌市、鹰潭市、新余市，南昌市明显领先于其他设区市；2016 年，新余市规模以上工业企业研发经费投入强度、每万人专利授权数、万人互联网宽带接入用户数、就业人员劳动生产率分别为 0.68%、11.73 件、2465.52 户、15.3 元，而同期九江市这些指标数值分别为 0.21%、6.26 件、1931.39 户、6.74 元，均明显不如新余市，综合下来新余市得分略高于九江市；抚州市工业综合竞争力在全省的排名与现实情况相符（详见表2）。

表2　江西11个设区市工业综合竞争力排名

年份	南昌	鹰潭	新余	九江	景德镇	宜春
2016	100(1)	81.93(2)	77.44(3)	74.07(4)	72.19(5)	69.18(6)

年份	萍乡	赣州	吉安	上饶	抚州	
2016	68.53(7)	68.03(8)	67.67(9)	65.54(10)	60(11)	

11个设区市工业发展水平排名。从2016年的评估结果来看，其与江西省的工业布局及发展态势基本相符，昌九地区一直以来是江西省的工业发展重心，聚集了发展需要的平台和要素资源，两市的工业化发展水平在全省处于领先地位；鹰潭市、萍乡市规模以上工业增加值、规模以上工业利税总额分别只有330.89亿元与436.27亿元、95.3亿元与195.23亿元，但其高新技术产业、人均工业发展水平、大中型龙头企业发展水平等均处于全省上游位置，以鹰潭市为例，其大中型企业总产值占规模以上工业总产值比重、人均规模以上工业增加值分别为70.81%、28542.22元，均仅次于南昌市；丰樟高、吉泰走廊等是江西工业化发展水平比较高的区域；赣州市、景德镇市、抚州市长期以来工业基础薄弱，其工业化发展规模、高新技术产业等有待提升（详见表3）。

表3　江西11个设区市工业发展水平排名

年份	南昌	九江	鹰潭	萍乡	宜春	吉安
2016	100(1)	90.14(2)	88.02(3)	84.96(4)	84.29(5)	83.30(6)

年份	新余	上饶	赣州	景德镇	抚州	
2016	80.81(7)	77.21(8)	72.18(9)	71.64(10)	60(11)	

11个设区市工业经济效益排名。从各个指标所获得的权重值来看，规模以上工业企业人均实现利润、规模以上工业企业人均实现工业增加值相对

更高。在全省 11 个设区市的工业经济效益方面,鹰潭市排名第一位,其规模以上工业企业人均实现利润为 104944 元,在全省 11 个设区市中居第 3 位;其规模以上工业企业人均实现工业增加值为 364397 元,在全省 11 个设区市中排第 1 位。上饶市规模以上工业企业人均实现利润、规模以上工业企业成本费用利润率、规模以上工业企业人均实现工业增加值分别为 117912 元、9.17%、329273 元,分别居全省 11 个设区市的第 2 位、第 3 位、第 3 位,综合下来排第 3 位。吉安市规模以上工业企业人均实现工业增加值为 240614 元,在全省 11 个设区市中排名倒数第 2 位,倒数第 1 位的是萍乡市,但萍乡市其他指标均好于吉安市(详见表 4)。

表 4　江西 11 个设区市工业经济效益排名

年份	鹰潭	九江	上饶	南昌	景德镇	宜春
2016	100(1)	95.43(2)	93.04(3)	85.60(4)	82.04(5)	70.12(6)
年份	新余	赣州	抚州	萍乡	吉安	
2016	66.60(7)	64.42(8)	64.09(9)	60.26(10)	60.00(11)	

11 个设区市工业科技创新水平排名。每万人专利授权数、规模以上工业企业研发投入强度是衡量工业科技创新水平较为重要的指标。数据显示,2016 年江西 11 个设区市中"每万人专利授权数"超过 10 件的有鹰潭市(16.93件)、南昌市(15.99 件)、新余市(11.73 件),上饶市(2.78 件)排名倒数第 1 位;规模以上工业企业研发投入强度超过 0.6% 的有景德镇市(0.9%)、南昌市(0.8%)、鹰潭市(0.76%)、新余市(0.68%),上饶市(0.3%)、九江市(0.21%)分别排倒数第 2 位、倒数第 1 位(详见表 5)。

表 5　江西 11 个设区市工业科技创新水平排名

年份	南昌	鹰潭	新余	景德镇	赣州	宜春
2016	100(1)	85.55(2)	74.97(3)	71.33(4)	69.53(5)	66.40(6)
年份	吉安	九江	萍乡	抚州	上饶	
2016	64.45(7)	63.38(8)	62.72(9)	61.51(10)	60(11)	

11 个设区市工业资源环境排名。从原始数据可知，2016 年南昌市万元规模以上工业增加值能耗只有 0.36 吨/万元，是全省能耗最低的设区市，一般工业固体废物综合利用率为 94.89%，在全省排名第 3 位；吉安市万元规模以上工业增加值能耗仅高于南昌市、赣州市，其一般工业固体废物综合利用率为 95.94%，居全省第 1；萍乡市万元规模以上工业增加值能耗全省最高，其空气质量优良天数比例仅为 73.5%，在全省倒数第一（详见表6）。

表6　江西11个设区市工业资源环境排名

年份	南昌	吉安	赣州	抚州	鹰潭	景德镇
2016	100(1)	98.77(2)	93.87(3)	91.18(4)	82.94(5)	81.24(6)
年份	新余	上饶	宜春	九江	萍乡	
2016	74.67(7)	67.10(8)	65.01(9)	61.16(10)	60(11)	

11 个设区市信息化水平排名。鉴于数据的可获得性，这里以各个设区市的信息化水平作为支撑和体现该地区工业信息化的一个考量指标。数据显示，2016 年，南昌市万人互联网宽带接入用户数（2971.37 户）、百人电话用户数（125.36 户）、人均电信业务量（1761.18 元）均位居全省第一；新余市万人互联网宽带接入用户数、百人电话用户数、人均电信业务量分别居全省第 2 位、第 2 位、第 3 位；吉安市、抚州市、上饶市各项指标均不太理想（详见表7）。

表7　江西11个设区市信息化水平排名

年份	南昌	新余	景德镇	萍乡	九江	鹰潭
2016	100(1)	81.62(2)	75.69(3)	71.63(4)	71.27(5)	71.09(6)
年份	赣州	宜春	吉安	抚州	上饶	
2016	66.99(7)	65.56(8)	61.64(9)	60.31(10)	60(11)	

11 个设区市工业人力资源利用排名。已有两个指标中，就业人员劳动生产率所获权重最高。根据测算，2016 年工业人力资源利用排前三位的分别是南昌市、新余市、九江市，居后三位的分别是赣州市、上饶市、抚州

市。从具体指标来看，就业人员劳动生产率前三位分别是新余市（15.3元）、南昌市（13.06元）、鹰潭市（8.56元），后三位依次为吉安市（4.95元）、上饶市（4.15元）、赣州市（3.91元）；规模以上工业企业全部从业人员年平均数前三位分别是南昌市（485809人）、宜春市（358223人）、九江市（334073人），后三位依次是新余市（115902人）、鹰潭市（90806人）、景德镇市（84568人）（详见表8）。

表8　江西11个设区市工业人力资源利用排名

年份	南昌	新余	九江	萍乡	宜春	吉安
2016	100（1）	88.58（2）	73.36（3）	71.33（4）	69.97（5）	67.05（6）
年份	鹰潭	景德镇	赣州	上饶	抚州	
2016	66.90（7）	64.99（8）	64.12（9）	60.29（10）	60（11）	

3. 结论

第一，工业综合竞争力的强弱在一定程度上反映了一个地方的经济发展水平，11个设区市工业综合竞争力的排名与其经济实力的排位有一定契合度。南昌作为全省经济社会发展的核心增长极，其工业综合竞争力处于领先位置。

第二，同时也应该看到，其他设区市在各个分领域指标中各有优势，如在工业经济效益方面，南昌市不如鹰潭市，等等。这些结果表明，各个设区市在工业竞争中应根据各自资源禀赋科学确立产业定位，发展具有比较优势和特色的产业，以在新一轮发展中争取更大的作为。

第三，在评估过程中发现，科技创新能力偏弱是江西11个设区市工业综合竞争力的共同短板，并且工业科技创新水平的区域不均衡性表现得较为突出，这表明新时代实施创新驱动发展战略应该成为各地深入推进工业经济高质量发展的"牛鼻子"。

二　设区市工业发展中存在的主要问题

近年来，尽管江西各设区市工业保持了持续健康较快的良好发展态势，工业经济总量逐年增加、质量效益有所提升，但工业生产整体呈现缓中有进态势，实体经济发展面临较大压力，新型工业发展仍存在诸多困难，主要表现如下。

（一）工业结构层次仍然偏低

产业层次偏低，设区市大多数工业企业仍处于原料加工、传统制造等产业链低端环节，产业链相对较短，技术含量和附加值不高；产业结构不合理，传统型、资源型、初级型的特征突出，如以鹰潭为中心，南昌、上饶以铜加工产业为重点，赣州为钨和稀土加工产业，新余、九江和萍乡的钢铁产业占工业比重较大，高耗能产业虽然有所调整，但依然是支撑区域经济发展的主导力量，而电子信息、新能源和生物医药等战略性新兴产业占比较小，重工业比重较高，高新技术产业比重较低。

（二）创新能力相对偏弱

江西各设区市科技进步对工业增长的贡献率偏低，创新的驱动作用较弱。R&D内部经费支出较少，企业科技人才资源总量不足，尤其是优秀的科研和工程技术带头人、高新技术产业化领头人、知识密集型的管理人员等高层次科技创新人才严重缺乏，人才激励政策落实不够，人才培养相对滞后。基础科学研究支撑力度弱，导致从事基础科学研究人员数量不多，对科技创新的支持力较为薄弱。另外，部分企业经营者存在短视行为，忽视对高科技人员的培养、引进和使用，忽视科技创新对企业发展的作用，尤其是对知识产权的重视程度不够。

（三）经济对外开放力度有待加大

全省设区市外向型经济近年有较大发展，但工业经济的外向度相对较低。2016年全省外商直接投资实际使用金额114.6亿美元，同比增长9.8%，其中南昌、九江和赣州增长率略高于全省平均水平，其他设区市增长率都在9.0%左右；全省出口值2222.6亿元，同比增长13.3%，只有景德镇、上饶、赣州和鹰潭出口增长速度较快，其他设区市增长率都较低。

表9 各设区市规模以上工业企业研发情况（2016年）

地区	有 R&D 活动单位数（个）	R&D 人员（人）	R&D 内部经费支出（万元）	R&D 项目数（项）	研发机构个数（个）
全 省	2214	66534	1797561	6351	1269
南昌市	213	19593	504869	1274	156
景德镇市	80	4088	132941	304	33
萍乡市	110	1598	53867	179	55
九江市	252	4811	115569	674	109
新余市	83	4523	113727	383	55
鹰潭市	100	4362	278496	432	28
赣州市	389	5778	185165	594	215
吉安市	230	5503	83440	538	129
宜春市	359	9332	166447	1060	241
抚州市	205	2979	62145	462	138
上饶市	193	3966	100896	451	110

数据来源：《江西统计年鉴》。

表10 各设区市对外开放情况（2016年）

地 区	出口值		外商直接投资实际使用金额	
	绝对值(亿元)	增长率(%)	绝对值(万美元)	增长率(%)
全 省	2222.6	13.3	1146373	9.8
南昌市	428.27	12.7	318065	10.1
景德镇市	55.07	29.3	20463	9.0
萍乡市	100.17	11.1	36704	9.0
九江市	289.10	2.3	198436	10.1
新余市	85.36	1.5	43500	9.0
鹰潭市	62.97	17.9	28901	9.2
赣州市	268.87	20.1	166738	10.0
吉安市	320.04	14.9	107035	9.8
宜春市	168.39	8.5	77176	9.1
抚州市	129.48	8.8	35309	9.1
上饶市	314.84	24.7	114046	9.8

数据来源：《江西统计年鉴》。

三 推动设区市工业高质量发展的思考

推动设区市工业经济转型升级，实现高质量发展，必须紧紧抓住产业结构转型升级与创新引领发展的牛鼻子。要以规划先行、创新引领、绿色发展与开发区平台建设为抓手，促进设区市工业经济的质量变革、效率变革与动力变革，以不断增强区域工业经济发展实力，为第一个百年目标的实现打下良好的经济基础。

（一）以规划先行引导设区市工业布局与项目落地

规避区域之间产业项目的同构与恶性竞争，提升有序发展的层次与水平，必须在产业整体的谋划上，进行全局性的战略布局与规划。各设区市的产业结构、产业集群、首位度产业、主导产业等应该定位明确，并且努力形成各区域之间产业的合作与协同，以产业的集聚集约与高端化发展，体现江西产业的发展特色与市场竞争优势。

一是要对设区市现有产业进行梳理，采用产业投入产出的绩效评价，对各设区市产业的竞争能力进行全面的考核，优选区域发展的优势产业与主导产业，确立其为该设区市产业发展的主攻方向。如赣南的稀土与钨加工产业，具有原材料加工优势与科技研发条件优势，需要在产业政策上进行大力扶持，推动"中国稀金谷"产业基地建设向精深加工的高端产业层次发展。

二是要按照集聚化、集约化、高度化与生态化的发展要求，推动设区市产业向高端化方向迈进，提升产业的发展水平与层次，促进全省工业向高质量发展形态转型。如打造南昌市核心增长极，需要把科技研发与总部经济在南昌市区域范围内适度集中，在航空制造、生物医药、电子信息等产业，提升南昌市工业项目的集中度与发展水平，以引领与示范全省的产业转型升级。

三是紧盯我国新经济、新动能的发展趋势，在新产业、新技术领域实现设区市工业的后发赶超。要充分利用江西新能源、新材料产业发展的优势条件，加快新能源产业链的上下游工业项目的布局。如江西锂电资源丰富，相

关加工配套产业也具有良好基础,应该加紧出台全省新能源汽车与机械载运设备的发展规划,协调各设区市发展新能源汽车的进度与产业合理布局,防止一哄而上可能导致的打乱仗局面。目前,南昌市、上饶市与赣州市新能源汽车发展势头较猛,要在产业布局规划与项目落地上积极指导,从全产业链发展的视角,形成各设区市协同发力的良好局面,把新能源产业与新能源汽车做成江西新经济发展的闪亮名片。

(二)以科技创新引领设区市工业转型升级

从对各设区市科技创新的评价结果可以看到,江西区域科技研发创新能力普遍偏弱,导致产业结构不够优化,企业发展新动能不足。分析其原因,主要是各设区市产业多以传统产业为主导,工业结构多以传统制造业为主,战略性新兴产业没有成为推动区域经济发展的主导力量。在我国经济进入新常态和高质量发展新阶段,江西各设区市经济面临"量质"双提升的多重达标任务,工业发展面临更大的压力与挑战。应对挑战,只有直面现实,善于在危机当中把握成长的机会,着力贯彻落实新发展理论,以创新发展为指引,加快设区市经济的创新发展步伐。

一是紧紧抓住高质量发展的关键点,以供给侧结构性改革为出发点,加快设区市工业结构调整与产业转型升级。进一步淘汰过剩与落后产能,对高耗能、高污染产业进行整治或技术改造,加快战略性新兴产业发展步伐,尤其是要有战略眼光与思路,对新经济、新产业、新技术、新业态产业领域进行前瞻性的布局与谋划。设区市产业结构调整有一定的滞后性,在科技创新引发的产业革命浪潮中往往行动迟缓。设区市在新兴产业发展上,必须下先手棋,抢市场先机,变被动为主动。如南昌市、景德镇市就应该积极响应国家促进军民融合发展的战略部署,在航空制造产业上尽快布局,视野要宽广,要把国内外两大市场开拓都统筹到江西大航空产业发展的战略布局上来。

二是要充分发挥科研资源优势与产业基础优势,加快科研成果与产业化、实体经济的对接转化。各设区市都有制造业发展的传统优势,加上科研特色鲜明的高校与科研院所的科技研发优势，积蓄了推动产业进步的研发力量，当务之急是要盘活科技资源，激发广大科技工作者创新创业积极性，促进产业创新发展、转型升级。如南昌市晶能光电就具有引以为傲的"硅衬底LED"专利优势，应加快产业化的转化以实现在该领域的主导地位；上饶市的晶科能源，研发实力雄厚，尤其是在光伏太阳能产业全产业链的产品研发与开发应用上，具有强大优势，成长势头迅猛，应借力江西国家生态文明试验区建设和国家鼓励新能源产业发展政策的利好，加快"产学研政"的协同，提升江西在光伏太阳能产业领域的主导权与话语权。

三是在推动"四新"经济发展上，加快落实设区市工业"互联网＋"行动计划。要加快南昌市、上饶市的大数据产业发展，以大数据产业改造提升传统工业制造行业。如鹰潭市的物联网＋制造业＋服务业的新经济战略，通过窄带物联网技术，改造提升了传统水工行业，促进了城市设施建设与管理的智能化与智慧化。吉安市通过"互联网＋"实体经济行动，加速电子商务与工业产品销售的联姻，推动了电子产品、箱包制造等传统产业的"个性化""定制化"生产，实现了产业转型发展。

（三）以生态绿色开启设区市工业发展新局面

绿水青山就是金山银山。破解社会主要矛盾，推动经济高质量发展，增强区域工业化的绿色基底色，是科学发展的题中应有之义。从评估指标看，江西各设区市仍然处于工业化的中后期发展阶段，具有投资冲动与对传统工业项目的路径依赖。但在我国经济向高质量发展转型的大背景下，尤其是江西全境已被纳入国家生态文明试验区，实现工业的绿色发展是必要的战略抉择，也是各设区市实现工业特色发展、转型升级的重要路径。

一是要加快对传统工业项目的综合整治与技术改造，提升产业的能耗效率，以促进地方工业可持续健康发展。南昌市要利用研发中心与科技交易市场集中度高的优势，尤其是要以节能环保相关的生产性服务业为着力点，大力推动全省节能环保产业发展。积极贯彻习近平总书记对长江经济带实施大保护的重要指示精神，九江市应对影响长江流域水生态环境安全的石化、钢

铁、化工等工业项目，加快整治与改造，为打造生态文明建设的"江西样板"而主动作为。鹰潭、新余等市应加强对当地工业的绿色生产设计，做好工业绿色设计示范，将绿色发展理念和具体举措落实到区域工业与企业生产的全流程。九江、上饶、萍乡、赣州等设区市还应大力推广应用高效绿色生产工艺，以新技术、新装备改造提升传统制造业。

二是以生态工业示范园区建设为抓手，系统化推进设区市工业项目绿色发展。应该以积极与鼓励的姿态，支持设区市设立循环经济产业园区，以实现资源的再生循环利用，减少工业废弃物排放。应建立省级层面的扶持基金，促使设区市在招商引资中，严把工业项目进入的环保关、生态关，并逐步建立健全工业园区绿色发展的管理考评制度，按照区域工业发展的生态"清单"，进行全程的跟踪检查。

三是加强对设区市产业园区的资源整合，提升产业集中度，以产业集群发展促进园区绿色化改造。赣州市"三南园区一体化"试点，已经取得初步成效，不仅实现了产业集聚集约发展，而且园区功能布局更趋合理，产业协同发展与融合发展空间更为广阔，园区废弃物的集中处理提升了效率也促进了环境治理。

（四）以开发区转型发展推动设区市工业高质量发展

推动江西经济向高质量发展转型，要善于把握区域经济发展的关键点与着力点，这个重要抓手就是各设区市产业项目集聚的承载平台——开发区，开发区是地方工业项目汇聚的重要平台，占到地方工业经济80%左右的份额，对全省经济高质量发展具有典型的示范、引领与带动作用。江西目前有省级以上开发区99个，其中国家级开发区达到21个，数量在全国占优。推动江西开发区高质量发展，必须紧紧抓住产业结构调整升级与创新发展引领的牛鼻子，促使设区市工业经济发展在推进"三大变革"中实现质的飞跃。

一是对设区市开发区转型发展要有清醒认识，及时把握高质量发展的要求与时机。尤其是国家级开发区，要依据各地经济发展水平与阶段，加快"腾笼换鸟"步伐。即使地方经济发展依然处于欠发达阶段，也应以超前眼光与相对严格的标准，提升国家级开发区的建设水平与招商引资层次。如上饶市经开区依托毗邻长三角与浙江的区位优势，加快开发区的产业调整与转型，围绕首位度产业与主导产业发展需求，进行产业链招商，并积极整理无效、低效土地占用，以土地集约利用大力推进新能源汽车产业的集聚与发展，目前已签约六大整车制造企业，合同履约营收有望达到 2000 亿元。

二是要大力推动开发区产业的集约集群发展，凸显园区经济产业的集中度、特色发展与集群效应。各设区市园区经济产业同构现象严重，恶性竞争成为掣肘园区经济产业合作与协同发展的重要因素。赣州市通过制定合理的产业规划，明确 4 个国家级开发的主导产业定位，在招商引资中对各开发区进行政策引导，实现项目分区落地，新能源、稀土与钨、电子信息及电线电缆产业，分别对应 4 个开发区，进而形成有序发展的良好氛围，成为吸引珠三角与海西地区转移产业的重要目的地。

三是进一步提升开发区的开放水平，强化区域之间的产业合作与科技创新协同。如昌九一体化地区应依托长江经济带大保护与适度开发战略，大力推动沿江地区环保产业与绿色工业的合作，尤其在环保产业的"产学研"一体化建设方面，通过项目建设锻炼科技人才队伍，培育壮大绿色工业企业。通过设区市开发区平台的开放，着力推进跨区域产业合作区建设，如赣西地区应着力推进赣湘经贸合作示范区建设，在先进装备制造、新能源与新材料等产业领域，加强与"长株潭"城市群优势产业的分工合作与互补发展。赣南地区则应借力国家"一带一路"支点城市区位条件，充分利用赣州港直通亚欧铁路运输的交通优势，加强与沿线国家与地区的战略合作，构建资源优化配置与产能共享的开放型经济体系，进而打造内陆省份经济双向开放高地。

参考文献

牛西、张新芝、李小红：《绿色发展背景下江西新型工业化与园区可持续发展》，

《企业经济》2016 年第 6 期。

孙智君、周滢：《欠发达地区新型工业化评价指标体系及水平测度研究——以湖北省为例》，《武汉大学学报》2013 年第 3 期。

张贡生、陈奎：《工业综合竞争力评价——基于我国 12 省数据的分析》，《经济问题》2012 年第 5 期。

谢春：《中国特色新型工业化水平测度及模式研究》，中南大学博士毕业论文，2011 年 6 月。

张文彤：《SPSS 统计分析高级教程》，高等教育出版社，2009。

徐新华：《基于科学发展观的江西新型工业化实现途径研究》，《江西社会科学》2006 年第 5 期。

B.3
2017 ~2018年江西设区市
农业综合竞争力报告

龚建文　张宜红*

摘　要：　本文通过科学构建农业综合竞争力评价指标体系，得出分析
　　　　　结论：江西11个设区市农业综合竞争力水平不一，应根据不
　　　　　同的制约因素和短板，选择不同的发展路径。南昌市属于第
　　　　　一类地区，应率先实现农业高质量发展；鹰潭市、新余市、
　　　　　景德镇市属于第二类地区，应注重培育发展农业的新动能；
　　　　　萍乡市、宜春市、抚州市、上饶市、九江市属于第三类地区，
　　　　　应注重增强农产品供给能力；吉安市和赣州市属于第四类地
　　　　　区，应注重现代农业发展。

关键词：　农业　综合竞争力　设区市　江西

　　我国农业正处在转变发展方式、优化经济结构、转换增长动力的攻关
期，高质量发展成为当前及未来很长一段时期我国农业发展的主攻方向。
党的十九大报告首次提出实施乡村振兴战略，实现农业农村现代化。乡村
振兴，产业兴旺是重点。其中，一个重要的标志就是农业综合竞争力水平
不断提升。在此背景下，要走出一条具有江西特色的乡村振兴之路，就需
推进农业高质量发展，不断提升农业综合竞争力，实现农业农村现代化。

---

* 龚建文，江西省社会科学院副院长、研究员，研究方向为农村发展；张宜红，江西省社会科
　学院应用对策研究室副主任，副研究员，研究方向为农业经济。

提升农业综合竞争力是一个动态的不断发展的过程，江西省设区市农业综合竞争力水平具有明显的区域差异，建立一套科学的农业综合竞争力评价指标体系，全面客观地评价江西省各设区市农业综合竞争力，不仅可以反映各设区市农业发展水平，还可以找准各设区市农业发展质量好坏、速度快慢的根源，这对于促进江西实现乡村振兴、实现农业农村现代化具有重要意义。

一 江西设区市农业综合竞争力评价指标体系构建

（一）指标选取

根据系统性、综合性、重点性、代表性、可比性等指标选取原则，借鉴世界银行、联合国粮农组织、欧盟、美国等一些国际组织、国家和地区评价农业综合竞争力的指标和衡量标准，参考相关学者（陈卫平、赵彦云，2005；曹明霞、徐元明，2014；等）的农业综合竞争力评价指标体系，结合江西农业发展实际和数据的可获得性，构建了一套 5 项准则指标和 18 项目标指标的评价体系，用其评价江西各设区市农业综合竞争力。

1. 农业基础竞争力水平

农业基础竞争力主要体现在要素禀赋和产出规模两个方面。首先，农业资源要素禀赋主要集中在土地、资金和劳动力三方面，因此选择耕地面积、第一产业就业人口比重、农林水务支出比重三个指标来代表农业资源禀赋。土地是农业发展最重要、最基础的生产要素，耕地面积拥有量是衡量国家或区域农业基础竞争力的主要指标；世界各国提升农业综合竞争力的经验表明，农业就业人口持续下降，政府大力支持农业发展，是实现农业农村现代化的客观规律。其次，扩大农业产出规模是农业竞争力的基础，只有量变才能发生质变，然而现实是，各地区农业主导产业不一，产出产品品种也不一，以一种或几种农产品产量等实物型指标来衡量可能有失偏颇，故采用农业总产值这一价值型综合指标衡量农业产出规模指标。

2. 农业科技竞争力水平

农业科技是提升农业综合竞争力的重要手段。首先，没有良好物质装备，农业就不可能体现"现代"的水平，必须以现代化的装备去发展农业、提升农业，因此单位耕地面积机械总动力能反映农业物质装备水平。其次，农业科技竞争力水平最终体现在农业科技进步贡献率这一综合指标上。最后，绿色食品、有机农产品、无公害产品和地理标志农产品"三品一标"的生产过程需要现代科技手段的支撑，因此，本研究选取了"三品一标"数这一创新性指标。

3. 农业产业化竞争力水平

农业产业化水平的高低，直接决定了农业综合竞争力水平的高低，主要体现在农民组织化、土地经营规模化、农产品商品化等方面，因此选取农民参与专业合作社比重、土地流转率、农业商品率三个指标。此外，农业产前、产中、产后各环节均需要相关服务介入，农业服务业发展水平，也能很好地体现农业产业化竞争力水平，因此选取农业服务业增加值比重这一指标。

4. 农业效益竞争力水平

提升农业综合竞争力归根到底是要提高农业产出效益水平。要提升农业效益水平，一方面，要有较高的土地生产率和劳动生产率；另一方面，要降低农业生产的物耗水平，更要提高农业生产的转化能力，故选取农业增加值率这一指标。此外，提升农业综合竞争力的最终目的是持续增加农村居民收入，农村居民人均可支配收入能综合反映农业效益水平的高低。

5. 农业可持续发展竞争力水平

提高农业可持续发展水平是提升农业综合竞争力的必然要求。要在整个农业生产的过程，有效克服农业面源污染，维持地力的可持续性，维护人与自然的和谐性，保证较高的食品安全性，实现农业的可持续发展。农业可持续发展竞争力水平的具体指标包括有效灌溉面积比重、单位耕地化肥施用量、单位耕地农药施用量。首先，农业灌溉用水有效利用水平的高低直接关系到农业资源利用率的高低，进而关系到农业竞争力。其次，要实现农业现代化，就必须要加强农业面源污染治理，深入开展测土配方施肥，大力推广生物有机肥、低毒低残留农药，减少化肥农药施用量，提升农产品品质。

（二）权重设置

对指标体系中各项指标权重的科学合理赋值，是评价江西设区市农业综合竞争力的关键，本文主要采取了 Delphi 法。首先，立足农业经济研究领域，根据职称、属地等因素，选择了十位省内外专家。其次，根据农业综合竞争力的内涵、标准等因素，设计了一套权重问卷。再次，采取网络发放问卷，采取背靠背问卷调查，并进行两轮，让十位专家分别给出权重。在十位专家给出第一轮权重时，分别告知第一轮权重平均值，以供其参考，并让其给出第二轮权重。最后，根据第二轮赋值结果，去掉 2 个最高值，去掉 2 个最低值，并进行算数平均，其权重结果即为本指标体系的相应权重。

综上所述，农业综合竞争力评价指标体系如表1所示。

表1 农业综合竞争力评价指标体系

指 标 名 称	单位	权重	指标属性
农业综合竞争力评价指标体系(18 项)		1	
一、基础竞争力(4 项)		0.15	
年末耕地总面积	公顷	0.2	+
农业总产值	亿元	0.3	+
第一产业就业人口比重	%	0.3	−
农林水事务支出比重	%	0.2	+
二、科技竞争力(3 项)		0.2	
农业科技进步贡献率	%	0.3	+
单位耕地面积机械总动力	千瓦时/公顷	0.3	+
"三品一标"数量	个	0.4	+
三、产业化竞争力(4 项)		0.25	
农民参与专业合作社比重	%	0.3	+
土地流转率	%	0.3	+
农业服务业增加值比重	%	0.2	+
农业商品率	%	0.2	+
四、效益竞争力(4 项)		0.25	
土地生产率	万元/公顷	0.2	+
劳动生产率	万元/人	0.2	+
农业增加值率*	%	0.3	+
农村居民人均可支配收入	元	0.3	+

续表

指 标 名 称	单位	权重	指标属性
五、可持续发展竞争力(3项)		0.15	
有效灌溉面积比重	%	0.2	+
单位耕地化肥施用量	千克/公顷	0.4	－
单位耕地农药施用量	千克/公顷	0.4	－

注：＊该指标反映农业生产的物耗水平和生产转化能力，等于农业增加值和农业总产值之比。

二 江西设区市农业综合竞争力评价方法

（一）数据来源

本文采用的数据主要来自《江西统计年鉴（2017）》以及江西省 11 个设区市 2017 年政府工作报告和 2016 年国民经济和社会发展统计公报，部分数据来自江西省农业厅、江西 11 个设区市统计局和相关部门报告。

（二）模型选择

江西设区市农业综合竞争力评价选择多指标综合评价模型，其数学表达式如下：

$$AT_i = \sum_{i=1}^{n} W_i B_i \tag{1}$$

$$B_i = \sum_{j=1}^{m} W_{ij} C_{ij} \tag{2}$$

式中：AT_i 为设区市农业综合竞争力指数，W_i 为准则层指标的权重，B_i 为准则层指数，T_i 为评价区域，n 为准则层指标个数。C_{ij} 为指标层指标，W_{ij} 为指标层指标的权重，m 为指标层指标个数。

（三）指标的标准化

由于各指标的含义不同，指标值的计量单位也不一样，为了能将各种指

标数据进行综合，必须对指标数据进行标准化处理。本研究采用无量纲处理法。具体计算公式为：

$$P_i = \frac{C_i - C_{\min}}{C_{\max} - C_{\min}} \tag{3}$$

$$P_i = \frac{C_{\max} - C_i}{C_{\max} - C_{\min}} \tag{4}$$

式中：P_i 为指标的标准化值，C_i 为指标数值，$C_{\max}$ 为指标的最大值，$C_{\min}$ 为指标的最小值。对于正指标，按照式（3）处理。对于负指标，按照式（4）处理。

三　江西省设区市农业综合竞争力评价和分析

（一）江西设区市农业综合竞争力综合评价

1. 江西设区市农业综合竞争力整体水平不高，且设区市之间农业综合竞争力水平差距较大

2016 年，江西农业综合竞争力整体水平不高（见表2），平均指数只有47.04。一般情况下，在满分定为100 的评价体系中，可以认为农业综合竞争力指数在60 以上，即基本达到了农业综合竞争力的较高水平，本研究将农业综合竞争力水平划分为四类（详见表3）。分析结果表明，农业综合竞争力指数在60 以上的是南昌市，为62.20，排第 1 位，属于第一类地区。农业综合竞争力指数在50～59 区间的是鹰潭市、新余市、景德镇市，分别为56.77、53.96、51.44，分别排在第 2、3、4 位，属于第二类地区。农业综合竞争力指数在40～49 区间的是萍乡市、宜春市、抚州市、上饶市、九江市，分别为44.53、44.08、44.01、43.19、41.70，分别排在第5、6、7、8、9 位，属于第三类地区。农业综合竞争力指数在40 以下的是吉安市和赣州市，分别为36.91 和30.43，分别排在第10、11 位，属于第四类地区。

表2　2016年江西省设区市农业综合竞争力指数及排名

区域	农业综合竞争力指数	排名	区域	农业综合竞争力指数	排名
全　省	47.04	—	鹰潭市	56.77	2
南昌市	62.20	1	赣州市	30.43	11
景德镇市	51.44	4	吉安市	36.91	10
萍乡市	44.53	5	宜春市	44.08	6
九江市	41.70	9	抚州市	44.01	7
新余市	53.96	3	上饶市	43.19	8

表3　农业综合竞争力指数分类

分类	农业综合竞争力指数	设区市
第一类	≥60	南昌市
第二类	50～59	鹰潭市、新余市、景德镇市
第三类	40～49	萍乡市、宜春市、抚州市、上饶市、九江市
第四类	≤40	吉安市、赣州市

进一步来看，全省设区市之间农业综合竞争力水平差距很大。南昌市农业综合竞争力水平最高（其综合指数为62.20），赣州市农业综合竞争力水平最低（其综合指数为30.43），前者是后者的2.04倍。

2. 农业综合竞争力水平与经济发展水平基本一致

从图1可以看出，农业综合竞争力水平较高的市一般也是经济发展得较好地区，如南昌市、鹰潭市、新余市农业综合竞争力水平排前三位，其人均GDP也排前3位。农业综合竞争力水平较低的市一般也是经济发展水平较落后的地区，如赣州市、吉安市农业综合竞争力水平分别排在第11位和第10位，其人均GDP也分别排在第11位和第9位。其中，差异较大的是九江市，其原因可能是长江中游城市群和沿江开放开发战略实施，工业化、城镇化快速推进，对九江经济发展拉升作用明显，但其农业机械化、农业商品化、农业效益化、农业可持续化发展没有很好地跟上，加之湖区县较多，导致其农业综合竞争力水平较低；类似工业化、城市化程度较高的设区市如南昌市、鹰潭市、新余市等，相较而言更加重视农业发展。总体来看，农业综合竞争力水平与经济发展水平基本一致。

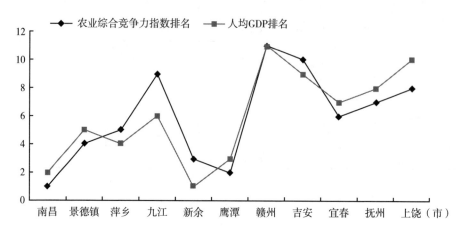

图1 江西省设区市农业综合竞争力指数排名与人均GDP排名对比

3. 农业产值高低与农业综合竞争力水平并不一定相一致

农业大市的农业综合竞争力水平不一定高，2016年赣州市农业产值535.26亿元，在全省11个设区市中最高，但该市农业综合竞争力指数仅30.43，排倒数第1位。2016年吉安市、上饶市和抚州市农业产值分别为431.16亿元、378.00亿元和360.49亿元，分别排在第3位、第4位和第5位，但农业综合竞争力指数分别为36.91、43.19和44.01，分别排在第10位、第8位和第7位。

表4 2016年江西省11个设区市农业综合竞争力指数与农业总产值对比

区域	农业综合竞争力指数（排名）	农业产值（单位：亿元）（排名）	区域	农业综合竞争力指数（排名）	农业产值（单位：亿元）（排名）
南昌市	62.20(1)	304.34(6)	赣州市	30.43(11)	535.26(1)
景德镇市	51.44(4)	87.80(10)	吉安市	36.91(10)	431.16(3)
萍乡市	44.53(5)	92.12(9)	宜春市	44.08(6)	466.47(2)
九江市	41.70(9)	289.48(7)	抚州市	44.01(7)	360.49(5)
新余市	53.96(3)	103.05(8)	上饶市	43.19(8)	378.00(4)
鹰潭市	56.77(2)	82.13(11)	江西省	47.04(-)	3130.29(-)

农业小市的农业综合竞争力水平也不一定低，如鹰潭市和景德镇市，2016年农业产值分别为82.13亿元和87.80亿元，在全省11个设区市中分

别排名倒数第1位和倒数第2位，但是其农业综合竞争力指数分别为56.77和51.44，分别排第2位和第4位。还有新余市，2016年农业产值103.05亿元，在全省11个设区市中排名第8位，但是其农业综合竞争力指数排第3位。

综上所述，农业产值的高低，只能说明农业规模的大小，但并不能说明其农业综合竞争力水平的高低。

（二）江西设区市农业基础竞争力水平评价

从表5可以看出，2016年农业基础竞争力水平最高的是上饶市（农业基础竞争力指数为6.32），最低的是新余市（农业基础竞争力指数为2.7），前者是后者的2.34倍。可见，各设区市农业基础竞争力水平是不均衡的。

表5 江西省设区市农业基础竞争力指数及排名

区域	农业基础竞争力指数	排名	区域	农业基础竞争力指数	排名
南 昌 市	6.05	3	赣 州 市	6.21	2
景德镇市	5.10	8	吉 安 市	5.76	6
萍 乡 市	5.98	4	宜 春 市	5.78	5
九 江 市	5.36	7	抚 州 市	4.10	9
新 余 市	2.70	11	上 饶 市	6.32	1
鹰 潭 市	3.57	10	江 西 省	10.25	—

进一步分析，农业基础竞争力水平较高的市一般农业资源禀赋较好，如农业基础竞争力水平排名第1位的上饶市和第2位的赣州市，耕地面积分别排在第2名和第4位，农业总产值分别排在第4位和第1位；而农业基础竞争力水平排名倒数第1名的新余市，其耕地面积最小，农业总产值排在第8位。

（三）江西设区市农业科技竞争力评价

从表6可以看出，2016年江西省农业科技竞争力水平最高的是南昌市（农业科技竞争力指数为12.61），最低的是吉安市（农业科技竞争力指数为2.07），前者是后者的6.09倍。可见，各设区市农业科技发展水平极不均衡。

进一步分析，农业科技竞争力水平较高的市一般农业科技进步贡献率和

机械化程度均较高，如排名第 1 位的南昌市，2016 年其农业科技进步贡献率超过 60%，排在第 1 位，其单位耕地面积机械总动力排在第 4 位，而排倒数第 1 位的吉安市，2016 年其农业科技进步贡献率和单位耕地面积均排倒数第 1 位；与此同时，作为农业科技竞争力的主要产品表现的"三品一标"数，南昌市和宜春市较多，分别为 1116 个和 861 个，其农业科技竞争力水平分别排在第 1 位和第 3 位。

表6　江西省设区市农业科技竞争力指数及排名

区域	农业科技 竞争力指数	排名	区域	农业科技 竞争力指数	排名
南 昌 市	12.61	1	赣 州 市	2.84	10
景德镇市	9.14	4	吉 安 市	2.07	11
萍 乡 市	8.52	5	宜 春 市	10.61	3
九 江 市	6.84	8	抚 州 市	8.07	6
新 余 市	10.98	2	上 饶 市	4.1	9
鹰 潭 市	7.62	7	江 西 省	—	—

（四）江西设区市农业产业化竞争力水平评价

从表 7 可以看出，2016 年江西省设区市农业产业化竞争力指数为 7.87。农业产业化竞争力水平最高的鹰潭市（农业产业化竞争力指数为 18.72），最低的是赣州市（农业产业化竞争力指数为 4.60），前者是后者的 4.07 倍。可见，各设区市农业产业化发展水平不均衡。

表7　江西省设区市农业产业化竞争力指数及排名

区域	农业产业化 竞争力指数	排名	区域	农业产业化 竞争力指数	排名
南 昌 市	16.64	2	赣 州 市	4.60	11
景德镇市	16.38	3	吉 安 市	9.47	8
萍 乡 市	6.73	9	宜 春 市	6.50	10
九 江 市	13.85	4	抚 州 市	11.63	7
新 余 市	12.15	6	上 饶 市	13.51	5
鹰 潭 市	18.72	1	江 西 省	7.87	—

进一步分析可以发现，农业产业化竞争力主要源于几个方面：一是组织化程度越高，农业产业化竞争力越强，如农业产业化竞争力排第 1 位的鹰潭市，2016 年农民参与合作社比重达 20.47%，排第 1 位；产业化竞争力排倒数第 1 位的赣州市，2016 年农民参与合作社比重仅为 5.61%，排倒数第 2位。二是规模化经营程度越高，农业产业化竞争力越强，如农业产业化竞争力排第 2 位的南昌市，2016 年其土地流转率为 43.17%，排第 1 位；农业产业化竞争力排倒数第 1 位的赣州市，2016 年土地流转率为 33.8%，排倒数第 2 位。可见，提高农民组织化程度和土地规模经营程度，仍然是增强农业产业化竞争力的重要途径。

（五）江西设区市农业效益竞争力水平评价

从表8 可以看出，2016 年江西设区市农业效益竞争力指数为 9.47。农业效益竞争力指数最高的是新余市（农业效益竞争力指数为 19.78），最低的是九江市（农业效益竞争力指数为 9.76），前者是后者的 2.03 倍。可见，各设区市农业效益水平是不均衡的。

表8　江西省设区市农业效益竞争力指数及排名

区域	农业效益竞争力指数	排名	区域	农业效益竞争力指数	排名
南昌市	16.55	2	赣州市	10.58	7
景德镇市	10.06	10	吉安市	10.22	8
萍乡市	16.34	3	宜春市	11.16	6
九江市	9.76	11	抚州市	14.25	5
新余市	19.78	1	上饶市	10.10	9
鹰潭市	15.78	4	江西省	9.47	—

进一步分析可以发现，农业效益竞争力水平较高的设区市，其土地生产率和劳动生产率一般较高，如新余市，2016 年其土地生产率为 15.5 万元/公顷，排第 1 位，而景德镇市土地生产率为 8.9 万元/公顷，排倒数第 2 位；2016 年南昌市劳动生产率为 4.32 万元/人，排第 2 位，而九江劳动生产率

为3.3万元/人，排倒数第2位；但也有例外，2016年景德镇市劳动生产率为4.43万元/人，排第1位，主要受累于其农业生产转化能力差，农业增加值率为57.82%。可见，目前农业效益竞争力仍然取决于土地生产率和劳动生产率的高低，但同时也受到了农业生产转化能力的制约。与此同时，农业效益竞争力的最终表现为农村居民人均可支配收入，一般来说，农业效益竞争力水平越高，其农村居民人均可支配收入也越高。2016年新余市、南昌市农业效益竞争力分别排第1位和第2位，其农村居民人均可支配收入分别为15274元和15203元，分别排第1位和第2位，而赣州、吉安、上饶农业效益竞争力水平分别排在第7、8、9位，其农村居民人均可支配收入分别排在第11、9、10位。

（六）江西设区市农业可持续竞争力水平评价

从表9可以看出，2016年江西省设区市农业可持续竞争力指数为6.19。农业可持续竞争力水平最高的是鹰潭市（农业可持续竞争力指数为11.08），最低的是九江市（农业可持续竞争力指数为5.89），前者是后者的1.88倍。可见，各设区市农业可持续发展水平是不均衡的。

表9　江西省设区市农业可持续竞争力指数及排名

区域	农业可持续竞争力指数（排名）	地区生产总值（单元：亿元）（排名）	区域	农业可持续竞争力指数（排名）	地区生产总值（单元：亿元）（排名）
南昌市	10.35(3)	4401.65(1)	赣州市	6.20(9)	2207.20(2)
景德镇市	10.76(2)	849.57(10)	吉安市	9.39(5)	1467.03(6)
萍乡市	6.96(8)	1001.82(9)	宜春市	10.03(4)	1781.95(5)
九江市	5.89(11)	2104.05(3)	抚州市	5.96(10)	1215.79(7)
新余市	8.35(7)	1036.19(8)	上饶市	9.16(6)	1817.77(4)
鹰潭市	11.08(1)	713.55(11)	江西省	6.19(－)	18499.00(－)

进一步分析可以发现，农业可持续发展水平较高的地区，其经济总量不一定大，如鹰潭市和景德镇市，2016年其农业可持续竞争力指数分别排第1

位和第 2 位，但其地区生产总值分别排第 11 位和第 10 位，表明这些地区资源环境条件相对较好。相反，经济总量大的地区，其农业可持续发展水平也不一定高，如九江市和赣州市，2016 年其地区生产总值分别排第 3 位和第 2 位，但其农业可持续发展指数分别排第 11 位和第 9 位，说明这些地区资源环境条件相对不足。

四 对策与建议

综合上述分析与评价结果可见，江西省 11 个设区市农业综合竞争力水平不一，且各具优势与劣势。因此，全省要增强农业综合竞争力，各设区市就必须因地制宜，扬长避短，用新发展理念，以农业供给侧结构性改革为主线，培育发展新动能，大力实施乡村振兴战略，制定相应的策略和实现路径。

（一）第一类地区：率先实现农业高质量发展

第一类地区仅有南昌一个设区市，第一类地区农业综合竞争力基本达到成熟阶段，农业资源禀赋较好，农业从业人口比重持续降低，农业科技进步较快，农业产业化水平较高，农业效益水平高，人口向城市集聚趋势明显，新型工业化与新型城镇化进程不断加速推进，由于受城市经济辐射，农业转型升级步伐不断加快。这些设区市农业机械化水平、农业科技进步贡献率、土地规模化经营程度均较高，农村居民收入水平较高，主要依靠家庭经营以外的非农产业收入为主。但是，该地区农业综合竞争力仍然存在农业支持保护和农业可持续发展等方面的短板。

因此，此类区域应率先实现农业高质量发展。一是优化农产品产地环境"底子"。加强农业面源污染治理，大力实施农药化肥"负增长"行动，扎实推进耕地保护与质量提升行动，加快推进高标准农田建设。加强对农产品生产者合理选购、安全使用农业投入品的引导，建立农业投入品监督检查制度，从源头管控好"药瓶子""肥袋子""料槽子"。二是筑牢农产品质量安全"防火墙"。深入推进绿色生态农业"十大行动"，着眼全程管理，注

重源头管控、规范生产经营，实现农产品从"田头到餐桌"的全过程监管。建立健全农资市场准入制度，规范和整顿农资市场秩序，落实农业投入品生产经营诚信档案及购销台账规定，从源头保障农产品质量安全；强化农产品安全生产技术指导和服务，积极引导和推动家庭农场、种养大户主动参加规模化生产和品牌创建，自觉建立和实施生产档案；深化农产品质量追溯管理，推动将"三品一标"企业和省级以上龙头企业、农民专业合作社、家庭农场尽早纳入全国农产品质量安全追溯系统，实现产品可追溯管理，不断加强产前、产中、产后全链条监管。三是打响农产品品牌。加快形成以国家标准为引领、地方标准为重点、企业标准为补充的农业标准体系，加快推动农业绿色发展，加大农产品品牌宣传力度，唱响一批知名品牌。

（二）第二类地区：加快培育新动能

第二类地区共有 3 个设区市，分别是鹰潭市、新余市、景德镇市，第二类地区农业综合竞争力水平较高。这些设区市农业资源禀赋较弱，但其农业产业化水平、农业效益水平、可持续发展水平较高，农民组织化、土地规模化经营程度均较高，农村居民人均可支配收入较高，且非农收入是其主要收入来源，所占比重较高，农业劳动回报率较高。

此类区域农业生产能力转化有待于进一步提升，要着眼于农业资源禀赋实际，用新理念来引领，加快培育新动能。转变农业发展方式，加大对农业科技的投入力度，创新农业科技研发机制，以农业产业结构调整九大行动为依托，推动高科技农业、高附加值农业发展；优化农业区域布局，深入推进高标准农田建设，继续推进农业规模化经营，推动区域农业集聚发展；加快推进"三品一标"建设，以此为契机，发挥农业的多种功能，加快推进"互联网＋农业"发展，加快农村一、二、三产融合发展，培育壮大龙头企业，大力推动品牌农业提升农业的发展质量。

（三）第三类地区：增强农产品供给能力

第三类地区共有 5 个设区市，分别是萍乡市、宜春市、抚州市、上饶市、九江市，农业综合竞争力水平处于中等地位。这些设区市大多是传统商品粮生产基地，每年有大量粮食调出，呈现农业人口比重较大、土地资源较为丰富，大多以生产初级农产品为主等特征，但农业产业化水平和农业效益水平有待提高。主要是要补齐农业产业链短板，加快乡村振兴与新型城镇化联动，提高农产品附加值。

此类区域要深入实施藏粮于地、藏粮于技战略，严守耕地红线，加快高标准农田建设，提升粮食综合生产能力，巩固粮食主产区地位。与此同时，在确保粮食生产稳定、生态环境不受破坏的前提下，进一步调整优化农业结构，实现农业产业化、规模化经营，加快培育新型农业经营主体，不断提高农产品商品化率和优势农产品市场占有率，利用农业资源优势促进农业现代化快速发展。

（四）第四类地区：注重现代农业发展

第四类地区共有 2 个设区市，即吉安市和赣州市，第四类地区农业综合竞争力水平相对落后。部分地方山区道路不通，信息不对称，基础薄弱。农村经济欠发达，城镇化水平不高，农民收入水平低，贫困人口相对较多。非农产值占比较低，占重要地位的仍然是农业经济，以粗放型农业为主的地区仍然较多，以自给自足小农经济为主的地区占多数，农业商品率普遍偏低。但是大多数地区拥有较好的农业生态环境，农业特色资源优势明显。

因此，此类地区应充分发挥生态环境和特色农业资源优势，加强农业基础设施及其"最后一公里"建设，加快推进农村一、二、三产业融合发展，加快培育新型农业经营主体，加快实现小农户与现代农业的有机衔接，重点打造一批绿色有机农产品品牌，唱响绿色有机品牌，进而增强农业综合竞争力。同时，鉴于该地区农业发展水平不高、地方财力有限，但相应的生态环保和公共服务支出仍较大，因此省级公共财政应加大该地区生态环保和公共服务投入，促进生态补偿机制与辐射带动机制的建立与完善，建立完善精准扶贫制度，实现功能互补、联动发展。

需要指出的是，在农业农村优先发展的背景下，农业综合竞争力水平较

高的设区市如南昌市、鹰潭市、新余市等，农村人口比重均较低，农业农村获得的支持强度相对较高，这对农业综合竞争力的提高有明显的促进作用，存在"大马拉小车"现象；反之，农业综合竞争力水平较低的设区市如赣州市、吉安市、九江市等，农村人口比重较高，其农业农村获得的支持强度相对较低，存在"小马拉大车"现象。可见，要增强农业实力薄弱地区的农业综合竞争力，适当地调整行政区划和加大转移支付力度是可以考虑的选项。另外，同一个设区市内部也有近郊、远郊、偏远地区等差异，农业生产条件很不一样，进一步细分到县域进行农业综合竞争力的研究或许会有更明确的指导意义。

参考文献

陈卫平、赵彦云：《中国区域农业竞争力评级与分析——农业产业竞争力综合评价方法及其应用》，《管理世界》2005 年第 3 期。

曹明霞、徐元明：《县域农业综合竞争力的时空演化特征与提升策略——基于江苏省的实证分析》，《现代经济探讨》2014 年第 7 期。

韩守富：《我国区域农业经济综合竞争力的实证研究》，《经济问题》2010 年第 7 期。

姚爱萍：《中国省域农业竞争力测度及分析——指标体系构建及其相关关系研究》，《农村经济》2017 年第 6 期。

B.4
2017~2018年江西设区市现代
服务业综合竞争力报告

麻智辉 何雄伟*

摘　要：　江西各设区市现代服务业发展稳中有进，对经济增长的贡献不断提升。为合理评估江西设区市现代服务业发展水平，我们从发展规模、结构、效益、基础、潜力五大方面17项指标，对11个设区市现代服务业综合竞争力进行了评估，提出了促进设区市现代服务业发展的政策建议。

关键词：　设区市　服务业　综合竞争力　江西

近年来，全省坚持稳中求进的总基调，扎实推进供给侧结构性改革，持续优化经济结构，江西各设区市现代服务业发展稳中有进，对经济增长的贡献不断提升，已成为新一轮区域经济发展的主要增长点。本报告对江西各设区市现代服务业发展进行科学评估，分析其发展优势与不足，立足江西各设区市现代服务业发展的客观条件和现实需求，认为要把推动服务业大发展作为产业结构优化升级的战略重点，营造有利于服务业发展的政策和体制环境，拓展新领域，发展新业态，培育新热点，不断提高服务业比重和水平，进一步推动江西现代服务业发展。

* 麻智辉，江西省社会科学院经济所所长，研究员，研究方向为区域经济；何雄伟，江西省社会科学院《企业经济》编辑部副主编，副研究员，研究方向为数量经济。

一　江西设区市现代服务业综合竞争力
评价指标体系构建

（一）设区市现代服务业综合竞争力评价指标选择

为合理评估江西设区市现代服务业发展水平，需构建一套科学合理的综合评价指标体系。

本报告在借鉴国内外学者关于现代服务业综合竞争力评价的思路和方法的基础上，以现代服务业发展的内涵和特征为依据，按照现代服务业综合评价的科学性、可比性和数据可获得性等原则来构建本指标体系。

按照当前关于衡量现代服务业发展水平的通行标准，参照国家统计局、国内相关学者的研究成果，本报告主要从发展规模、发展结构、发展效益、发展基础、发展潜力等五个方面反映江西设区市现代服务业发展水平和发展阶段。

一是发展规模指标层，反映的是一个地区现代服务业整体规模水平，主要包括现代服务业增加值、现代服务业从业人数和现代服务业固定资产投资额三项具体指标。其中，现代服务业增加值是现代服务业各行业增加值之和，它说明一个地区服务业的经济总量，集中反映服务业经济规模的大小。现代服务业从业人数反映的是现代服务业吸纳劳动力数量。现代服务业固定资产投资额是现代服务业各行业固定资产投资之和。

二是发展结构指标层，反映的是现代服务业在整个国民经济结构中的比例情况，也体现其在国民经济中的作用。主要包括现代服务业产值占GDP比重、现代服务业产值占第三产业比重、现代服务业就业比重这三项指标。现代服务业产值占GDP比重、现代服务业产值占第三产业比重这两项指标数值越高，就越能说明区域服务业发展的程度和水平，也越能够说明区域产业结构的合理程度。现代服务业就业比重 = 现代服务业就业人数/总就业人数，反映现代服务业吸纳就业人口比例情况，现代服务业就业比重高也能从一定程度上说明区域的经济发展程度比较高。

三是发展效益指标层，反映的是不同地区现代服务业发展的质量和效益，体现区域产业核心竞争力。具体包括现代服务业综合生产率、人均现代服务业增加值、现代服务业增长率等三项指标。现代服务业综合生产率＝现代服务业增加值/现代服务业就业人数，反映现代服务业总体劳动生产率水平的高低。人均现代服务业增加值＝现代服务业增加值/地区总人口，反映地区现代服务业人均占有量，也是反映现代服务业发展能力的重要指标。现代服务业增长率反映地区现代服务业年度增长速度，也是体现区域发展效益的重要指标。

四是发展基础指标层，反映的是不同地区现代服务业发展的基础条件，这些因素是促进现代服务业发展的重要基础。具体包括人均 GDP、工业化率、城镇化率、社会消费品零售总额这四项指标。人均 GDP 反映地区经济发展水平、地区的收入，与现代服务业的发展密切相关。工业化率用工业增加值占 GDP 的比重来表示。根据产业发展规律，随着工业化程度的提高，服务业会加快发展。城镇化率的提高必然会引起人口和其他经济要素从农业部门向非农业部门转移，也会创造对服务业的大量需求。社会消费品零售总额也与现代服务业发展密切相关，根据经济发展规律，城乡居民收入水平提高和消费结构升级，将促进服务业提档升级。

五是发展潜力指标层，反映的是不同地区在现代服务业上的发展潜力，体现地区未来现代服务业发展的比较优势，是现代服务业可持续发展指标。具体包括万人在校大学生数、每千人医生数、万人专利授予数、R&D 经费支出比重这四项指标。万人在校大学生数表示区域每万人中拥有的在校大学生数，每千人医生数表示区域每千人中拥有的医生数，万人专利授予数表示区域每万人中拥有的专利授权数，R&D 经费支出比重表示 R&D 经费支出占地区生产总值的比重，这四项指标总体反映区域科教文卫发展情况，也是可反映区域现代服务业发展的潜力。

基于以上分析，本报告所构建的设区市现代服务业综合实力评价指标体系由五大部分共 17 个指标构成，详见表1。

表1　江西设区市现代服务业综合竞争力评价指标体系

一级指标	二级指标	三级指标	计量单位
现代服务业 综合竞争力	发展规模	现代服务业增加值	亿元
		现代服务业从业人数	万人
		现代服务业固定资产投资额	亿元
	发展结构	现代服务业产值占 GDP 比重	%
		现代服务业产值占第三产业比重	%
		现代服务业就业比重	%
	发展效益	现代服务业综合生产率	元/人
		人均现代服务业增加值	元/人
		现代服务业增长率	%
	发展基础	人均 GDP	元/人
		工业化率	%
		城镇化率	%
		社会消费品零售总额	亿元
	发展潜力	万人在校大学生数	人
		每千人医生数	人
		万人专利授予数	个
		R&D 经费支出比重	%

（二）设区市现代服务业综合竞争力评价方法

本报告首先设定现代服务业综合指标评价体系，主要涵盖现代服务业发展规模、结构、效益、基础、潜力五大方面 17 项指标。由于指标原始数据繁杂且指标原始数据单位各不相同，因此，我们需对原始数据进行标准化处理，本报告采用标准化计算公式如下：

如果为正向指标：

$$U_{ij} = (X_{ij} - minX_{ij})/(maxX_{ij} - minX_{ij})(j = 1,2,\cdots,n);$$

如果为逆向指标：

$$U_{ij} = (maxX_{ij} - X_{ij})/(maxX_{ij} - minX_{ij})(j = 1,2,\cdots,n)。$$

其中，X_i（$i=1$，2，$\cdots$，n）是现代服务业发展规模、结构、效益、基础、潜力指标层的第 i 个指标，X_{ij} 是第 i 个样本的第 j 个指标，其值为 X_{ij} $(j = 1，2，\cdots，m)$。U_{ij} 为标准化后的数据，$maxX_{ij}$、$minX_{ij}$ 是第 i 个指标的上、下限。

经标准化处理后的数据的值都在 0～1 之间，虽不影响排名，但看起来还是不太直观，为便于对各个设区市现代服务业进行比较，这里拟使用功效系数法对标准化数据进行再处理，处理的得分表达式为：

$$Y_{ij} = 4 * (X_{ij} - minX_{ij})/(maxX_{ij} - minX_{ij}) + 6 (j = 1,2,\cdots,n);$$

其中，$minX_{ij}$ 与 $maxX_{ij}$ 分别指各指标层标准化得分中的最小值与最大值，处理之后各个指标层的最终得分将控制在 6 至 10 分之间，也即得分最高的可达 10 分，最低的也有 6 分。

最后，区域现代服务业综合竞争力水平可以采用线性加权法得到：

$$U_i = \sum_{j=1}^{n} W_{ij} U_{ij} \qquad \sum_{j=1}^{n} W_{ij} = 1$$

式中：U_i 表示区域现代服务业综合竞争力水平，w_{ij} 为各个指标层的权重。

权重的确定主要借鉴了相关权威评价指标体系评估经验，采取定性与定量相结合的方法，即结合专家评价法和客观赋权法熵值法，确定本报告对各设区市经济指标进行统计分析。江西设区市数据主要来自《江西省统计年鉴（2017）》，部分主要经济指标数据来自江西统计局网站。

二 江西设区市现代服务业综合竞争力评估

（一）江西设区市现代服务业综合竞争力比较

根据指标分析计算，比较江西设区市现代服务业综合竞争力后发现，南昌市综合竞争力得分排在第 1 位，得分远高于全省各设区市平均水平，宜春市和赣州市分别排在全省设区市的第 2 位和第 3 位。其余的吉安市、萍乡市、抚州市、新余市、九江市、景德镇市、鹰潭市、上饶市分别位于第 4～11 位（详见表 2）。

表 2　江西设区市现代服务业综合竞争力得分排名

地区	得分	名次	地区	得分	名次
南　昌	8.7526	1	新　余	7.2631	7
宜　春	7.7607	2	九　江	7.2224	8
赣　州	7.6805	3	景德镇	7.2154	9
吉　安	7.5540	4	鹰　潭	7.2028	10
萍　乡	7.4762	5	上　饶	7.0325	11
抚　州	7.4703	6			

（二）江西设区市现代服务业分领域比较

在现代服务业发展规模方面，南昌市排在第 1 位，赣州市和上饶市分别排在第 2 位和第 3 位。其余的宜春市、九江市、吉安市、抚州市、萍乡市、景德镇市、新余市和鹰潭市分别位于第 4～11 位（详见表 3）。

表 3　江西设区市现代服务业发展规模得分排名

地区	得分	名次	地区	得分	名次
南　昌	2.85453	1	抚　州	2.04072	7
赣　州	2.56212	2	萍　乡	1.88040	8
上　饶	2.27783	3	景德镇	1.85488	9
宜　春	2.18832	4	新　余	1.83417	10
九　江	2.15520	5	鹰　潭	1.83133	11
吉　安	2.12048	6			

在现代服务业发展结构方面，南昌市排在第 1 位，赣州市和吉安市分别排在第 2 位和第 3 位。宜春市、抚州市、上饶市、萍乡市、九江市、鹰潭市、景德镇市和新余市分别位于第 4～11 位（详见表 4）。

在现代服务业发展效益方面，宜春市排在第 1 位，新余市和萍乡市分别排在第 2 位和第 3 位。抚州市、吉安市、景德镇市、鹰潭市、九江市、南昌市、赣州市和上饶市分别位于第 4～11 位（详见表 5）。

表4 江西设区市现代服务业发展结构得分排名

地区	得分	名次	地区	得分	名次
南 昌	1.96544	1	萍 乡	1.50400	7
赣 州	1.89375	2	九 江	1.49157	8
吉 安	1.66285	3	鹰 潭	1.47792	9
宜 春	1.65754	4	景德镇	1.44517	10
抚 州	1.63486	5	新 余	1.25459	11
上 饶	1.52499	6			

表5 江西设区市现代服务业发展效益得分排名

地区	得分	名次	地区	得分	名次
宜 春	2.62982	1	鹰 潭	2.42268	7
新 余	2.59829	2	九 江	2.15957	8
萍 乡	2.58551	3	南 昌	2.01311	9
抚 州	2.55132	4	赣 州	1.94591	10
吉 安	2.50789	5	上 饶	1.93731	11
景德镇	2.42647	6			

在现代服务业发展基础方面，南昌市排在第1位，新余市和萍乡市分别排在第2位和第3位。鹰潭市、景德镇市、九江市、上饶市、宜春市、赣州市、吉安市和抚州市分别位于第4～11位（详见表6）。

表6 江西设区市现代服务业发展基础得分排名

地区	得分	名次	地区	得分	名次
南 昌	0.91948	1	上 饶	0.66942	7
新 余	0.85483	2	宜 春	0.66639	8
萍 乡	0.80930	3	赣 州	0.64532	9
鹰 潭	0.79981	4	吉 安	0.63896	10
景德镇	0.79717	5	抚 州	0.62497	11
九 江	0.72287	6			

在现代服务业发展潜力方面，南昌市排在第1位，新余市和萍乡市分别排在第2位和第3位。九江市、景德镇市、鹰潭市、赣州市、吉安市、上饶市、宜春市和抚州市分别位于第4～11位（详见表7）。

表7　江西设区市现代服务业发展潜力得分排名

地区	得分	名次	地区	得分	名次
南　昌	1.00000	1	赣　州	0.63344	7
新　余	0.72125	2	吉　安	0.62379	8
萍　乡	0.69697	3	上　饶	0.62297	9
九　江	0.69319	4	宜　春	0.61865	10
景德镇	0.69175	5	抚　州	0.61840	11
鹰　潭	0.67105	6			

（三）结论

1. 从江西11个设区市综合竞争力比较来看

南昌市的现代服务业综合竞争力在全省处于核心地位，无论是从综合排名来看，还是从分领域的发展规模、发展结构、发展基础、发展潜力排名来看，南昌市都位于11个设区市的最前列。其他设区市在现代服务业综合竞争力方面与南昌市的差距都比较大。另外，宜春市和赣州市在江西设区市综合竞争力排名中具有一定竞争优势。其他设区市相对比较落后，上饶市在现代服务业发展方面不足尤其明显。因此，江西必须加快这些设区市的现代服务业发展，做大做强区域的现代服务产业，提升其综合竞争力，这也是未来这些设区市必须努力实现的目标。

2. 从分项竞争力指标比较来看

南昌市虽然在综合竞争力以及许多分项指标竞争力方面领先于全省其他设区市，但是在发展效益指标方面，排在全省的第9位。这说明南昌市在现代服务业发展效益方面还具有提升的空间。另外，在发展规模指标方面，南昌市、赣州市、上饶市排在全省前三位，而景德镇市、新余市、鹰潭市排在后三位，这一排名也与各设区市经济总量在全省的排名相一致。在发展效益指标方面，宜春市、新余市、萍乡市排在全省设区市前列，这反映经济发展水平相对较高、工业化水平较高的地区，其现代服务业发展效益也相对较高。在发展基础方面，也存在类似结论。在发展潜力方面，南昌市、新余市和萍乡市排在全省前三位，说明未来这些设区市在现代服务业发展方面具有潜在优势。

三　促进江西设区市现代服务业发展的建议

（一）提高认识，进一步做大做强现代服务业

当前，我国经济发展已由高速增长转向高质量发展阶段，必须切实把转方向调结构促升级放在更加重要的位置，这也对江西各设区市发展现代服务业提出了更高要求。而加快发展现代服务业，对于推动全省产业转型升级、构建现代产业体系，促进决胜全面建成小康社会、建设富裕美丽幸福江西具有重要意义。因此，江西各设区市要按照《江西省服务业发展"十三五"规划》的要求，充分认识发展现代服务业在缓解资源要素和环境瓶颈制约、缓解就业压力、提升工业化和城市化水平、增强地方财力等方面的重要作用，进一步加快发展生产性服务业、拓展提升生活性服务业、大力发展新兴服务业，努力构建各地区服务业发展体系，使之能成为各地经济增长的重要支撑、就业增长的重要渠道、税收增长的重要来源。

（二）因地制宜，努力找准发展定位

各设区市要按照全省发展现代服务业的要求，认真分析本地区发展现代服务业所面临的机遇和挑战，明确符合本地区实际的发展路径，研究制定相关扶持政策。在发展现代服务业的过程中，各设区市应该结合实际，因地制宜，充分发挥现有资源、政策、人才优势，找准发展定位，明确发展重点领域。南昌市建设以服务外包、总部经济和楼宇经济、商务会展、金融、物流、文化创意、旅游休闲、大健康等为重点的现代服务业体系。九江市构建区域商贸物流中心、总部楼宇、金融业、文化旅游等功能齐全、体制完善的现代服务业体系。鹰潭市、上饶市大力发展现代物流业，加快建设鹰潭现代物流业、上饶国际现代物流中心（无水港）、上饶综合现代物流中心、江西鄱阳湖

现代物流园等物流园区，培育江西省核心物流中心。景德镇要大力发展陶瓷文化创意产业，建设创意经济城市，推进古陶瓷研究与发展。宜春市、萍乡市重点发展旅游休闲、健康养老、电子商务、文化创意、研发设计、节能环保服务等产业。着力打造江西国家级中医药综合改革试验区、南昌国家中医药健康产业示范区、上饶全国中医药健康旅游示范区、樟树"中国药都"。

（三）多措并举，推进现代服务业集聚区建设

现代服务业集聚区建设为加快全省服务业发展、培育和扶持一批服务业发展平台和载体发挥典型示范引领作用。江西省 2014 年出台了《江西省省级现代服务业集聚区认定管理办法》，对全省现代服务业发展提供政策引导。因此，各设区市要按照要求，从规划、平台、招商、政策等多个方面来推进现代服务业集聚区建设。南昌市重点打造 699 文化创意园、江西樟树林文创产业园、南昌国际动漫产业园、豫章 1 号省级广告产业园、南昌古玩城等文化产业聚集区；上饶市重点打造三清山外双溪旅游接待区、婺源县赋春旅游服务业聚集区、广丰县铜钹山国家森林公园生态旅游等旅游业聚集区；景德镇重点打造陶溪川陶瓷文化创意园、三宝国际陶艺村、陶瓷名坊园、景德镇市大学生陶瓷小微企业创业园等陶瓷产业聚集区。推进景德镇市陶溪川文创街区、德兴市凤凰湖休闲服务业集聚区、靖安县中源养生休闲服务业集聚区、永丰县现代农业示范园、崇仁县江西欧伦特葡萄酒庄园等休闲服务业集聚区发展。各地应制定服务业集聚区招商引资优惠政策，着力引进关联性、带动性强的大企业和大项目。

（四）与时俱进，大力发展新兴产业

各设区市要紧扣区域现有的优势产业，结合目前"互联网＋"和移动互联网的发展趋势，积极推进电子商务产业的发展。要大力引进国内知名电子商务企业，打造一批区域性电子商务平台，促进特色产业与电子商务融合发展。如南昌要推进华南城、"梦想小街"电商基地建设；九江要推进共青城电子商务示范基地建设，搭建中小电商孵化器平台，加快孵化、催生一批

中小电商。赣州市重点打造宁都电商产业园、瑞金市电商产业园、赣州飞天电商园等电子商务产业聚集区；各地要因地制宜开展"智慧城市"活动，推进南昌红谷滩智慧城市管理、新余市智慧能源与环境监测管理、鹰潭市龙虎山风景区智慧旅游、赣州市章贡区"服务＋管理"智慧社区、萍乡海绵城市试点建设。大力推动物联网、云计算、大数据、AR/VR协同发展，积极推进中国电信江西云基地、中国（南昌）VR产业基地、鹰潭窄带物联网试点城市、上饶及抚州大数据中心等新一代信息技术平台建设。

（五）政策扶持，营造良好市场环境

强化政策支持，保障关键要素供给，各设区市从组织领导到政策扶持都要积极为现代服务业发展营造良好的市场环境。各设区市服务业发展领导小组应加强组织领导，完善服务业工作统筹推进体制，建立定期联席会议制度，研究解决服务业发展中存在的困难和问题，促进区域的服务业快速健康发展。要加大促进现代服务业发展的政策支持力度，各设区市政府应有针对性地通过制定财政补贴、信贷优惠及投资、土地等支持政策，鼓励现代服务产品的开发和推广。对现代服务业集聚区内服务业的建设项目，在用地指标上优先安排，在融资及财政资金扶持等方面加大倾斜力度；扩大现代服务业企业的授信额度，优先支持符合条件的现代服务业企业上市融资，实现低成本扩张。在政务服务环境上，各设区市要进一步落实服务承诺制、首问责任制和限时办结制，简化审批程序，规范审批行为，提高审批效率；加强对企业的指导帮扶，严格规范检查企业行为，严肃查处违规违纪行为，加强整顿和规范服务业市场秩序。同时，积极有效地把支持服务业发展各项政策落实到位，努力形成政策引导效应，营造良好的服务业发展环境。

参考文献

江西省发展和改革委员会：《江西省服务业发展"十三五"规划》，2016年12月2日。

中共江西省委、江西省人民政府：《关于加快发展新经济培育新动能的意见》（赣发〔2017〕6号），2017年2月24日。

江西省社会科学院：《奋力打造生态文明建设的江西样板——绿色崛起干部读本》，江西人民出版社，2015。

吴晓军：《江西省人民政府关于我省服务业发展情况的报告》，江西省发改委网站，2016年6月14日。

B.5
2017~2018年江西设区市
文化产业竞争力报告

高玫 薛飞*

摘　要：　本文系统分析江西各设区市文化产业发展的态势，构建综合评价指标体系，采用主成分分析方法（PCA）对江西各设区市文化产业的竞争力进行综合评估，并根据评估结论有针对性地提出提升江西设区市文化产业竞争力的相关政策建议。

关键词：　设区市　文化产业　竞争力　江西

文化产业竞争力是指一个国家（或地区）文化企业的产品或服务开拓市场、占有市场、获取利润、保持竞争优势的能力。当前，我国正处于消费结构转换的关键时间节点，适应人民群众日益增长的文化产品和服务消费需求，提升江西文化产业竞争力和发展水平，既是建设文化强省的内在要求，也是江西实现新旧动能转换、绿色崛起的必然选择。对江西各设区市文化产业竞争力进行综合评估，准确判断各地文化产业的综合竞争力和分项竞争力，并有针对性地提出提升各地文化产业竞争力的政策建议，有助于推动文化产业成为江西经济的支柱产业和经济增长的新引擎，提升全省文化产业整体竞争力。本文在借鉴文化产业竞争力已有研究成果的基础上，采取定性研

＊　高玫，江西省社会科学院经济所副所长、研究员，研究方向为产业经济；薛飞，江西省社会科学院经济所助理研究员，研究方向为数量经济。

究和定量分析相结合的方法，以文化产业发展的主要经济指标为依据，开展江西省 11 个设区市文化产业竞争力的综合评估。

一 文化产业竞争力评价指标体系构建

为了全面科学评估江西各设区市文化产业竞争力，本文结合江西各设区市文化产业发展现状，按照文化产业综合评价的科学性、可比性和数据的可得性等原则，从文化产业规模总量、行业地位、创新能力、发展潜力、市场需求以及投资水平等 6 个方面设计文化产业竞争力评估指标体系，包含一级指标 6 项、二级指标 16 项（如表 1 所示）。

一是文化产业规模总量指标层，反映一个地区文化产业整体的规模水平和经营总量，主要包括文化产业主营业务收入、文化产业企业单位数、文化产业资产等 3 项指标。

二是文化产业行业地位指标层，主要包括两方面的内容：一是该地区文化产业在全省范围的占比；二是该地区文化产业的竞争力。主要包括地区文化产业营业收入占全省产业收入比重、地区从业人员占全省从业人员比重等 2 项指标。

三是文化产业创新能力指标层，主要体现该地区文化产业科技创新能力，主要包括地区普通中专在校生人数占全省比重以及地区专利授权数量占全省专利授权数的比重等 2 项指标。

四是文化产业发展潜力指标层，反映的是文化产业未来发展壮大的底蕴，主要包括规模以上文化制造业主营业务收入占全省比重、限额以上文化批发和零售企业主营业务收入占全省比重、规模以上文化服务业主营业务收入占全省比重等 3 项指标。

五是文化产业市场需求指标层，反映了一个地区消费者的文化消费需求，主要包括地区人均消费支出、地区城镇居民人均可支配收入、地区农村居民人均可支配收入以及地区人均 GDP 等 4 项指标。

六是文化产业投资水平指标层，反映了当地政府文化产业需求及重视程度，主要包括文化事业基建投资占该地区总投资的比重，及文化事业费占该地区财政支出的比重等2项指标。考虑到数据的可得性，文化事业基建投资主要包括文化、体育和娱乐业的固定资产投资；文化事业费（支出）主要包括教育和医疗卫生支出。

表1　江西11个设区市文化产业竞争力评价指标体系

一级指标层	二级指标层	指标名称	指标备注
文化产业规模总量	X1	文化产业主营业务收入（万元）	反映文化产业经营总量
	X2	文化产业企业单位数（个）	
	X3	文化产业资产（万元）	
文化产业行业地位	X4	地区文化产业营业收入占全省文化产业收入比重（%）	反映地区文化产业的竞争力
	X5	地区从业人员占全省从业人员比重（%）	
文化产业创新能力	X6	地区普通中专在校生人数占全省比重（%）	反映文化产业科技创新能力
	X7	地区专利授权数量占全省专利授权数的比重（%）	
文化产业发展潜力	X8	规模以上文化制造业主营业务收入占全省比重（%）	反映文化产业发展潜力
	X9	限额以上文化批发和零售企业主营业务收入占全省比重（%）	
	X10	规模以上文化服务业主营业务收入占全省比重（%）	
文化产业市场需求	X11	地区城镇居民人均可支配收入（元）	反映地区人民生活及购买力
	X12	地区农村居民人均可支配收入（元）	
	X13	地区人均消费支出（元）	
	X14	地区人均GDP（元）	
文化产业投资水平	X15	文化事业基建投资占该地区总投资的比重（%）	反映当地政府文化产业需求及重视程度
	X16	文化事业费占该地区财政支出的比重（%）	

二　实证分析

（一）数据来源

数据来源于《江西省统计年鉴》、江西各设区市统计局网站、江西省商务厅等政府部门，并经过了笔者仔细加总核算。

（二）评价方法与分析

由于二级指标变量有 16 项，而数据有 11 个（11 个设区市），变量数量多于数据数量，为了更好地分析数据，通过参考前期研究成果，本文采取主成分分析方法（PCA），通过 SPSS 软件完成数据的计算分析，具体结果如下。

1. 因子分析

鉴于指标原始数据繁杂且数据单位不一致，本文首先需要将指标数据标准化（SPSS 软件自动执行），并进行因子分析。

公因子是表示各变量中所含原始信息能被公共因子解释的程度，如表 2 所示，除了文化事业基建投资占该地区总投资的比重（X15）共同度较小以外，其余变量共同度都在 75% 以上，充分说明提取出的这些公共因子对变量的解释能力是较强的。

表 2　公因子方差

指标	初始值	提取值	指标	初始值	提取值
X1	1.000	.960	X9	1.000	.942
X2	1.000	.896	X10	1.000	.941
X3	1.000	.973	X11	1.000	.885
X4	1.000	.960	X12	1.000	.907
X5	1.000	.821	X13	1.000	.922
X6	1.000	.887	X14	1.000	.917
X7	1.000	.757	X15	1.000	.609
X8	1.000	.800	X16	1.000	.903

提取方法：主成分分析法。

2. 得到主成分的方差贡献率

表 3 给出了主成分的方差贡献率和累计贡献率，结合图 1 的碎石图可以看出，前三个特征根大于 1，所以 SPSS 程序提取了前三个公共因子。其中前三个公共因子的方差累计贡献率达到 88.011%，尤其是第一公共因子的

表3　总方差的贡献率

成分序号	初始特征值			提取平方和载入后		
	合计	方差的占比（%）	累积的占比（%）	合计	方差的占比（%）	累积的占比（%）
1	8.192	51.199	51.199	8.192	51.199	51.199
2	4.022	25.136	76.334	4.022	25.136	76.334
3	1.868	11.677	88.011	1.868	11.677	88.011
4	.848	5.302	93.314			
5	.449	2.804	96.117			
6	.293	1.829	97.946			
7	.196	1.225	99.171			
8	.075	.470	99.641			
9	.052	.327	99.968			
10	.005	.032	100.000			
11	3.971E－16	2.482E－15	100.000			
12	1.953E－16	1.220E－15	100.000			
13	4.586E－17	2.866E－16	100.000			
14	－1.104E－16	－6.902E－16	100.000			
15	－2.951E－16	－1.844E－15	100.000			
16	－3.651E－16	－2.282E－15	100.000			

提取方法：主成分分析法。

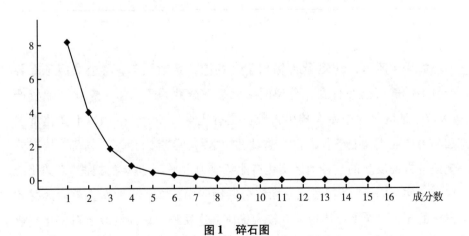

图1　碎石图

方差占比 51.199%，多于所有方差的 50%，因此选取前三个公共因子已经能够解释所含信息，足够评价和分析各地区文化产业竞争力水平。

3. 得出成分矩阵

经过正交化旋转，得到公共因子系数矩阵。

表4　成分矩阵

指标	成分		
	1	2	3
X1	.893	.347	.207
X2	.705	.619	-.126
X3	.966	.194	.045
X4	.893	.347	.206
X5	.536	.587	.434
X6	.906	.149	-.210
X7	.558	-.355	-.564
X8	.621	.579	.282
X9	.932	-.147	-.227
X10	.894	-.125	-.355
X11	.735	-.587	.018
X12	.369	-.753	.451
X13	.851	-.423	-.138
X14	.503	-.791	.193
X15	.122	-.017	.771
X16	-.154	.882	-.319

注：旋转法为具有 Kaiser 标准化的正交旋转法。矩阵 a 旋转在 22 次迭代后收敛。

如表4所示，SPSS 软件输出了公共因子系数矩阵，各公共因子在各变量上的载荷已经得到充分说明。从第一公共因子来看，文化产业资产（X3）、地区普通中专在校生人数占全省比重（X6）、限额以上文化批发和零售企业主营业务收入占全省比重（X9）等指标有较大载荷，从产业规模等方面反映的是各地区文化产业竞争力水平，可以考虑称其为文化产业综合实力因子（F1）。而在第二公共因子中，文化事业费占该地区财政支出的比重（X16）等指标有较大载荷，这反映了该地区政府对文化产业的投入重视程度，这奠定了该地区文化产业未来发展的扎实基础，可称其为文化产业发展投资因子（F2）。最后从第三公共因子来看，地区从业人员占全省从业人员比重（X5）、地区农村居民人均可支配收入（X12）、文化事业基建投资占该地区总投资的比重（X12）等指标有较大载荷，反映了各地区文化产业发展受产业人员、当地收入和基础设施建设等多方面的因素影响，体现了文化产业的发展潜力，可称其为文化产业潜力因子（F3）。

4. 得出主成分得分系数矩阵

通过回归方法，得出因子得分函数，SPSS 输出的函数系数矩阵如表 5 所示。

表5　主成分得分系数矩阵

指标	成分		
	F1	F2	F3
X1	.109	.086	.111
X2	.086	.154	−.067
X3	.118	.048	.024
X4	.109	.086	.110
X5	.065	.146	.232
X6	.111	.037	−.112
X7	.068	−.088	−.302
X8	.076	.144	.151
X9	.114	−.037	−.121
X10	.109	−.031	−.190
X11	.090	−.146	.010
X12	.045	−.187	.242
X13	.104	−.105	−.074
X14	.061	−.197	.103
X15	.015	−.004	.413
X16	−.019	.219	−.171

由系数矩阵，本文得到由 16 个指标的线性形式组成的三个公共因子，因子得分函数为：

F1 = 0.109X1 + 0.086X2 + 0.118X3 + 0.109X4 + 0.065X5 + 0.111X6 +
　　　0.068X7 + 0.076X8 + 0.114X9 + 0.109X10 + 0.090X11 + 0.045X12 +
　　　0.104X1 + 0.015X14 − 0.019X15

F2、F3 表达式与 F1 类似。

三个公共因子分别从不同的角度说明解释了各地区文化产业竞争力水平，通过三个公共因子的组合，以各因子对应的方差贡献率（a1、a2、a3）为权重计算，可以综合评价各地区文化产业竞争力水平。由此得到各地区文化产业竞争力的总得分 F，表达式为：

$$F = a1 * F1/(a1 + a2 + a3) + a2 * F2/(a1 + a2 + a3) + a3 * F3/(a1 + a2 + a3)$$

三　江西设区市文化产业竞争力比较

（一）文化产业竞争力综合评估排名

江西各地区文化产业竞争力综合得分如表 6 所示。在江西省 11 个设区市中，南昌市排名第一，因子得分为 1.50。从三个因子得分来看，南昌在第一个因子上得分较高（达到 2.83515），说明其文化产业的综合实力远远高于其他地区。从原始数据来看，南昌市的文化产业主营业务收入、文化产业资产、限额以上文化批发和零售企业主营业务收入占全省的比重等指标远远高于其他地区。

九江市排名第二，综合得分为 0.44。从三个因子得分来看，有两方面的原因，一是九江市在第二个因子上得分较高，该因子说明九江文化产业投资实力较强。二是第一因子和第三因子与其他地区相比，不算很突出，但数值也不算低，说明九江文化产业的潜力和综合实力较强。三项因子综合下来，九江的文化产业均衡发展，不存在明显的短板。

萍乡市、宜春市排名第三位、第四位，其中萍乡市的第三个因子得分在全部设区市中最高，说明萍乡市文化产业发展的潜力很大，建议下一步要采取得力的政策措施，加强投资引导，充分地把潜力转化为产业优势。宜春市的第二个因子和第三个因子得分都较高，说明当地对文化产业的投资力度也较大、发展潜力大，如果持续发展下去，宜春的文化产业综合实力能够显著增强。

在 11 个设区市中，鹰潭市的文化产业竞争力水平排名靠后，通过结合原始数据分析，该地区几乎在所有指标排名中均靠后，说明鹰潭要发展文化产业，既要补足产业短板，也要打造产业优势，需要从供需两端全方位地延伸文化产业链。

表 6　江西设区市文化产业竞争力得分

排　名	地　区	F1 综合实力	F2 投资因子	F3 潜力因子	得　分
1	南　昌	2.83515	− 0.28931	− 0.47218	1.50
2	九　江	0.27138	0.72489	0.54067	0.44
3	萍　乡	0.18966	− 0.02071	1.91234	0.36
4	宜　春	− 0.11494	0.91602	0.79073	0.30
5	赣　州	− 0.25312	1.31060	− 0.80434	0.12
6	吉　安	− 0.27965	0.80663	− 0.59163	− 0.01
7	上　饶	− 0.48322	0.54982	− 0.73997	− 0.22
8	抚　州	− 0.87198	0.11306	0.39406	− 0.42
9	新　余	− 0.32224	− 1.74365	1.07115	− 0.54
10	景德镇	− 0.23290	− 1.29644	− 1.32292	− 0.68
11	鹰　潭	− 0.73816	− 1.07090	− 0.77791	− 0.84

（二）文化产业竞争力分项评估排名

1. 文化产业规模总量评估排名

根据评估（如表 7 所示），南昌市得分遥遥领先于其他设区市，九江市和赣州市分别排在第二、第三名，名次排列也和江西省设区市的经济实力相一致。景德镇市、新余市、鹰潭市分别排在倒数第三、第二、第一位，从选取的指标看，文化产业企业单位数、文化产业主营业务收入、文化产业资产等指标中，景德镇市、新余市、鹰潭市均有指标排名末位。

表 7　江西设区市文化产业规模总量评估排名

地区	南昌	九江	赣州	宜春	萍乡	吉安	上饶	抚州	景德镇	新余	鹰潭
得分	2.41	0.81	0.29	0.23	0.18	− 0.10	− 0.21	− 0.80	− 0.90	− 0.92	− 0.99
排名	1	2	3	4	5	6	7	8	9	10	11

2. 文化产业行业地位评估排名

根据评估，排名前三的设区市为南昌市、萍乡市、宜春市。从指标来看，南昌市文化产业营业收入占全省文化产业收入比重达到了19.55%，萍乡市文化产业从业人员占全省从业人员比重为16.34%，均排名全市榜首。而景德镇市、新余市、鹰潭市依旧排名后三，文化产业的规模总量偏小，导致其行业地位排名也靠后（如表8所示）。

表8 江西设区市文化产业行业地位评估排名

地区	南昌	萍乡	宜春	九江	赣州	吉安	上饶	抚州	景德镇	新余	鹰潭
得分	1.76	1.15	0.95	0.455	0.3	-0.07	-0.53	-0.81	-0.97	-1.015	-1.23
排名	1	2	3	4	5	6	7	8	9	10	11

3. 文化产业创新能力评估排名

评估显示，南昌市排名榜首（如表9所示），从原始数据可以看出，地区专利授权数占全省专利授权数的比重和地区普通中专在校生人数占全省比重分别达到了41.95%和38.81%。景德镇市和赣州市排名第二、第三位，其他8个设区市之间相差不大。这说明南昌市作为省会城市，聚集了江西省主要的人才资源，显示出了远高于其他地区的创新能力。

表9 江西设区市文化产业创新能力评估排名

地区	南昌	景德镇	赣州	上饶	鹰潭	宜春	吉安	九江	抚州	萍乡	新余
得分	1.76	0.85	0.14	-0.33	-0.34	-0.37	-0.38	-0.42	-0.48	-0.6	-0.77
排名	1	2	3	4	5	6	7	8	9	10	11

4. 文化产业发展潜力评估排名

根据评估，南昌市文化产业发展潜力以1.76的得分独占鳌头，优势明显（如表10所示）。其中，限额以上文化批发和零售企业主营业务收入占全省比重这一项指标就达到83.95%，显示出强大的虹吸效应。其他设区市之间有差距，但不明显，说明其他地区文化产业潜力比较均衡但亟待提高。

表10　江西设区市文化产业发展潜力评估排名

地区	南昌	九江	吉安	景德镇	萍乡	宜春	上饶	赣州	新余	抚州	鹰潭
得分	1.76	0.1	0.07	-0.01	-0.22	-0.26	-0.28	-0.32	-0.62	-0.65	-0.71
排名	1	2	3	4	5	6	7	8	9	10	11

5. 文化产业市场需求评估排名

评估显示，南昌市、新余市排名前两位（如表11所示），而上饶市、抚州市、赣州市分别排在倒数第三位、第二位、第一位。从数据上看，南昌市人均消费支出为39175元、排名第一；新余市人均GDP达到88548元，排名第一。而赣州市作为欠发达地区，人均GDP、城镇居民人均可支配收入、农村居民人均可支配收入均排名全省末尾。

表11　江西设区市文化产业市场需求评估排名

地区	南昌	新余	景德镇	萍乡	鹰潭	九江	吉安	宜春	上饶	抚州	赣州
得分	1.76	1.34	0.43	0.37	0.17	-0.16	-0.68	-0.71	-0.73	-0.88	-1.19
排名	1	2	3	4	5	6	7	8	9	10	11

6. 文化产业投资水平评估排名

文化产业投资水平一定程度上可反映文化产业的发展后劲，新余市、萍乡市、抚州市排名前三，上饶市、赣州市、吉安市排在倒数第三位、第二位、第一位（如表12所示）。从文化事业基建投资占该地区总投资的比重这项指标来看，各个地区文化事业基建投资占该地区总投资的比重都很低，基本都在1%左右，其中景德镇更是低至0.19%，说明各地对文化事业基础设施建设投入力度不大。

表12　江西设区市文化产业投资水平评估排名

地区	新余	萍乡	抚州	南昌	九江	宜春	景德镇	鹰潭	上饶	赣州	吉安
得分	1.78	1.22	0.77	0.48	-0.05	-0.13	-0.17	-0.34	-1	-1.01	-1.54
排名	1	2	3	4	5	6	7	8	9	10	11

（三）主要结论

1. 从文化产业竞争力综合评价来看

江西各设区市文化产业发展在综合竞争力、发展潜力、投资收益和发展速度等方面各有优势，形成了江西各地区文化产业竞相发展的局面。南昌市显出了一枝独秀的态势，远强于其他地区；而九江市、萍乡市、宜春市文化产业竞争力较高。同时其他地区的文化产业发展与之相比，还处于明显落后的态势，说明江西省当前文化产业竞争力总体偏弱且发展不均衡。

文化产业是国民经济体系的重要组成部分，按照惯例，地区经济越发达，该地区的文化产业发展得越好。现阶段江西省部分地区经济发展水平相对较低，但如果能顺应经济文化一体化的历史潮流，立足实际，利用资源优势，将文化产业与科技、金融、旅游等融合发展，消除行业管理壁垒，积极引导文化与相关产业科学对接、互助发展，把文化产业培育成新的经济增长点，也能走出一条独特的发展道路。

2. 从文化产业竞争力分项指标来看

省会城市南昌，在文化产业规模总量、文化产业发展潜力、文化产业行业地位、文化产业创新能力、文化产业市场需求这五项指标方面领先于江西其他地区，但是其文化产业投资水平排在第四位，说明为保持文化产业领先地位，其文化产业投资需加大。在行业地位指标方面，萍乡市、宜春市虽然经济实力在江西省不突出，但是其文化产业行业地位排进了全省前三名，这主要得益于这两个地区烟花鞭炮产业规模较大。在市场需求指标方面，南昌市、新余市、景德镇市排名靠前，说明这些地区的文化市场培育良好，当地对文化产品的需求较强。从投资水平指标来看，新余市、萍乡市、抚州市排名前三，说明当地政府很重视文化产业的发展，文化产业发展有较大的后劲。

四　提升江西设区市文化产业竞争力的政策建议

（一）补齐文化服务业短板，优化文化产业结构

从江西各设区市文化产业内部结构来看，文化服务业发展不充分，占比

较低是共性。众所周知，文化产业作为内容产业和创意产业，其高级形态是文化服务业，而文化服务业发展不足恰恰是江西各设区市的"短板"。在传统文化制造业市场相对饱和、新兴文化服务业蓬勃发展的新时代，提升各设区市文化产业竞争力，首先应当以文化服务业为突破口，做大内容和创意产业规模，积极培育文化新业态，加快发展广告服务、建筑设计服务和专业设计服务业，通过文化产业供给侧结构性改革，解决文化产业发展中"供需错配"这个结构性失衡问题，着力发展文化服务业，增加优质文化产品供给，推动文化产业结构优化升级。

（二）打造特色文化产业集群，推动传统文化产业转型升级

产业集群作为当前最具活力的一种产业发展模式，与文化产业的区域性、特色地方文化等高度契合，是文化产业发展的重要模式。为优化产业空间布局，实现错位发展，各设区市要在区域行业分布雏形的基础上，整合地域文化资源，打造区域性特色文化产业集群，推动传统文化产业转型升级。如萍乡、宜春市要围绕烟花鞭炮这个传统产业，着力构建集烟花爆竹生产经营、原材料供应、机械制造、烟花燃放、包装印刷、仓储物流、文化创意于一体的完备产业链，提升产业附加值。同理，其他设区市也要依托当地的非遗资源，集中打造景德镇陶瓷、余江雕刻、婺源砚台、铅山连史纸、进贤毛笔、新余夏布绣等产业集群，培育区域文化品牌。

（三）促进产业融合，培育文化产业新业态

产业融合是文化产业的本质特征和内在要求，是文化产业"爆发式"增长的关键，"文化＋"已成为文化产业与外部相关产业双向深度融合的典范。只有加快与其他产业的融合，创新文化产品和服务的形态，才能提升文化产业竞争力。具有科技创新优势的南昌市要着力推进"文化＋科技"发展，通过文化产业与互联网、传媒产业融合，不断推进影视、出版、艺术品等传统版权内容产业实现网络化全产业链跨界运营，推进广播电视、音像、印刷、舞台、文化遗产等产业不断整合，实现数字化、智慧化，加快网游、

江西蓝皮书

动漫等新兴产业发展。具有旅游资源优势的上饶、鹰潭、九江、吉安、赣州、景德镇等市要加快构建江西文化旅游概念，促进旅游和文化融合发展，实现优势互补、合作共赢。宜春、吉安、抚州、萍乡、新余等设区市可通过文化产业与农业相融合，开发形成休闲观光型农业、创意型农业、科普教育型农业等业态，拓展文化产业发展空间。

（四）实施重大项目带动战略，扩大文化产业有效投资

重大项目建设是做大做强文化产业的重要抓手，没有一批投入大、产出高的文化产业项目，各设区市文化产业很难实现超常规发展，产业竞争力难以得到大幅提升。各设区市可建立文化产业重大项目库，吸引中外投资商，推动建设一批影响力大、带动能力强的文化产业重大项目，形成布局合理、优势明显的项目集群和产业高地。为保障满足重大项目建设的资金需求，各地要创新文化产业投融资方式，探索建立"以国资为引导、以民资为主体"的多元投融资体系，形成投资、贷款、贴息、奖励多种形式相结合的投入方式。要探索设立文化产业投资基金、鼓励发展私募股权投资基金，构筑文化产业投融资服务平台。要重视银企对接，破解中小文化企业融资难的问题。

（五）拓展文化消费市场，满足群众多样化文化需求

各设区市要发展壮大文化产业，拓展文化需求市场很重要。各设区市文化企业要密切关注文化消费市场的变化，了解消费者的诉求，开发适销对路的文化产业，满足人民群众日益增长的文化需求。南昌市、新余市要着力抓好扩大文化消费试点工作，积极推动文化消费功能性平台建设，激发城乡居民文化消费需求，尽快形成可复制、可推广的促进文化消费的新模式新经验。要紧跟个性化定制文化产业发展新趋势，适时开发多样化的文化产品，满足不同消费群体的个性化需求。要着力扩大市、县及农村基层文化消费范围、提升城乡居民消费能力，着重开发网络、儿童书籍、动漫、电子音像等文化产品，培育农民消费热点，把民众喜闻乐见的文化产品快捷地送到消费者手中。

参考文献

庄锴、王虹：《区域文化产业竞争力评价实证研究》，《统计与决策》2012 年第 15 期。

彭翊：《中国省市文化产业发展指数报告》，中国人民大学出版社，2014。

朱菊萍、潘时常、董磊：《遵循产业发展规律打造特色文化产业集群》，《现代经济探讨》2015 年第 3 期。

薛勇军、申登明：《我国省际文化产业竞争力评价及对策》，《资源开发与市场》2015 年第 3 期。

赵利：《我国文化产业竞争力要素贡献度的测算》，《统计与决策》2016 年第 2 期。

陈丽君：《区域文化产业竞争力评价指标体系研究：以青海省为例》，《青海金融》2013 年第 2 期。

B.6
2017~2018年江西设区市物流产业
竞争力报告

钟群英[*]

摘　要：　本文通过构建物流业竞争力指标评价体系，对江西11个设区
　　　　　市从总量规模、发展增速、人力资源、基础设施水平、区域
　　　　　经济贸易实力等方面进行物流业竞争力分析排名。研究表明：
　　　　　南昌市领跑全省发展态势，赣州市、九江市紧随其后处于第
　　　　　一层次，竞争优势明显强于其他地区；上饶、宜春、吉安三
　　　　　市处于第二层次，竞争力优势明显，各项指标均衡发展；萍
　　　　　乡、新余、抚州、鹰潭、景德镇五市处于第三层次，竞争力
　　　　　总体偏弱且各项指标发展不均衡。本文有针对性地提出设区
　　　　　市物流业竞争力提升的相关建议措施。

关键词：　江西　设区市　物流产业　竞争力

　　物流是将资源、商品与社会生产、生活紧密结合起来的综合概念。物流
业是国民经济发展的基础产业，是衡量一个国家或者地区现代化程度和综合
国力的重要标志。物流业在江西经济中具有重要的地位，对区域经济发展有
重要的促进作用。某种程度上可以从竞争力方面来衡量江西设区市物流业发
展水平，设区市物流业竞争力，就是设区市在同对手相比较的过程中表现出

---

　　* 钟群英，江西省社会科学院产业经济研究所副所长、研究员，研究方向为产业经济。

的争取物流资源、获取物流发展要素、开拓物流市场以及获得增长动力的能力。物流业竞争力是一种动态能力，会随着时间的推移发生变化。目前，物流成本偏高仍然困扰着园区企业生产，江西各地市在检验、调整物流发展策略时还缺乏相应的科学依据。因此，有必要对江西设区市物流业竞争力进行综合评估，准确判断设区市物流产业综合竞争力和分项竞争力，把握地区物流发展水平及其未来发展趋势，推动物流业扩大规模和全省物流业提升整体竞争力。

一　江西设区市物流业竞争力综合评价指标体系构建

为全面合理评价江西各设区市物流产业竞争力，需构建一套科学合理的综合评价指标体系。本报告根据裴长洪和波特的产业竞争力理论模型，借鉴国内外其他学者对区域物流产业竞争力评价的研究成果，按照物流产业综合评价的科学性、可比性和数据的可得性等原则构建本指标体系。

（一）设区市物流业竞争力综合评价指标选择

与发达地区相比较，江西物流业发展处于初级阶段，目前物流的主要功能还是运输和仓储。对设区市物流竞争力的分析，采用交通运输、邮电和仓储数据。将评价指标分为显示性指标和分析性指标两类，用来反映竞争力分析的结果和具有竞争力的原因。其中：竞争力显示性指标由物流产业规模、物流产业发展增速、人力资源拥有情况构成；分析性指标由基础设施水平、区域经济贸易实力构成。然后，根据综合评价要求，围绕上述五个方面设计物流业竞争力指标体系。

一是物流产业规模指标，反映一个地区物流业发展整体规模，主要包括交通运输、邮电和仓储产值（又称物流产值），货物运输量，货物周转量。其中，交通运输、邮电和仓储产值是反映物流业发展的核心指标。一般来说，在没有中间投入的情况下，交通运输、邮电和仓储产值等于物流增加值，它反映物流服务经济规模的大小。货物运输量是一年内各种运输工具实

际运送的货物重量，是反映运输业为国民经济和人民生活服务的数量指标。货物周转量是一年内由各种运输工具运送的货物与其相应运输距离的乘积之总和（运输业生产的成果总和），是计算运输效率、劳动生产率和运输单位成本的主要指标。

表1　江西设区市物流产业竞争力评价指标体系

	一级指标	二级指标	三级指标
物流产业竞争力指标体系	物流产业竞争力显示性指标	物流产业规模	交通运输、邮电和仓储产值
			货物运输量
			货物周转量
		物流产业发展增速	交通运输、邮电和仓储产值增长率
			货物运输量增长率
		人力资源拥有状况	交通运输、邮电和仓储从业人数占全省比
	物流产业竞争力分析性指标	基础设施水平	公路里程
			年末固定电话用户数
			互联网用户数
		区域经济贸易实力	地区生产总值
			社会消费品零售总额
			海关货物进出口总额
			外商直接投资额

二是物流产业发展增速指标，反映不同地区物流业发展速度，主要包括物流产值和货物运输量分别比上年增长情况。一般以物流产值增长率和货运量增长率反映物流增长速度，增长率高说明物流经济发展水平高。

三是人力资源拥有状况指标，反映物流从业人员数量和质量，主要包括交通运输、邮电和仓储从业人数占全省从业人数比。在我国，物流处于劳动密集型发展阶段，能为人力资本投资较低的劳动力提供较多的就业机会。因此，就业人数主要是交通运输业、邮电和仓储业等工作场所的所有从业人员。占比高，说明该行业吸纳就业人口容量大。而从业人员质量，一般以物流专业在校生为代表，江西分为普通高校的交通运输大类、普通中专的交通运输类和职业高中交通运输类三种情况，但设区市没有该项统计数据。

四是基础设施水平指标,应该包括铁路、港口、公路等运输线路长度。指标有公路里程,年末固定电话用户数和互联网用户数。公路里程反映公路建设发展规模和公路运输密度,是地方年末实际验收使用公路里程数。物流信息基础设施为固定电话和互联网上网的用户数。

五是区域经济贸易实力指标,反映区域经济的整体活跃程度,主要有地区生产总值、外商直接投资额、社会消费品零售总额、海关货物进出口总额四项指标。而第一产业、第二产业以及第三产业中的批发贸易零售和餐饮业,会对物流活动产生巨大需求,是物流业发展最重要的相关和支持产业,直接影响地方物流市场的需求规模和物流市场的供给结构和投入水平。

基于以上分析,结合江西物流业发展自身特点,本报告所构建的设区市物流业竞争力综合评价指标体系,由三级指标共20个子指标构成,详见表1。

(二)各设区市物流业竞争力评价方法

本报告首先设计设区市物流业竞争力评价指标体系,评价指标主要涵盖设区市物流产业规模、发展增速、人力资源、基础设施、经济贸易实力五个方面,共设计三级、20个指标。由于物流数据繁杂且指标单位各不相同,根据裴长洪和波特的产业竞争力模型,结合各地区物流业发育程度,构建求和模型。然后,按各项指标采集数据,进行各层级计算可以得到竞争力量化评估水平。

1. 竞争力计量方法和权重的确定

第一,计算出各个三级指标系数值,参照胡伟和倪良新的研究方法和思路,计算的逻辑原理是:各设区市三级指标系数值为其各项三级指标数值与相应的全省平均值的比值。计算公式:

$$三级指标系数值 = 三级指标数值 / 该指标全省平均值。$$

运用显示性指标数学方式,对上述描述定义如下:$RCA_i = X_i \div (\sum_{i=1}^{N} X_i^W \div N)$,

即设区市三级显示性比较优势指标（RCA）。

式中 RCA_i = 本地区第 i 个三级显示性比较优势指数；X_i = 本地区第 i 个三级指标数值；X_i^W = 第 i 个三级指标全省数值合计；$i = 1$，$2\cdots N$；共有 N 个地区 M 个三级指标进行比较。

第二，根据公式并将计算结果进行分析处理：如果某地 RCA_i 值大于 1，说明该指标优于全省水平，其值越大，竞争优势越明显；在此基础上，用三级指标系数标准值乘以其权重，本报告将显示性指标和分析性指标的权重均设定为 0.5，获得各设区市二级指标系数值，依次得到一级指标系数值和各地区物流产业竞争力系数值。

而对一、二级权重的确定，都采取等权相加的方法。二级指标合成一级指标以及一级指标合成区域物流竞争力指数系数，最后对各设区市物流经济指标进行统计分析。

由 RCA_i 指数值，设 $U = \{U_1，U_2，\cdots，U_m\}$，作为评价体系中的一级指标，即 $U = \{$产业规模，发展增速，人力资源，基础设施，经贸实力$\}$，对 11 个设区市物流竞争力进行综合评价。

2. 设区市物流数据统计表

以《江西统计年鉴（2017）》、设区市国民经济和社会发展统计公报为根据，编制设区市物流数据统计表（见表 2），作为衡量设区市物流业竞争力的基础数据。

表 2　2016 年江西设区市物流数据统计

地区	物流产值（亿元）	货运量（万吨）	货物周转量（万吨公里）	从业人员占全省比（%）	公路里程（公里）	固话用户（万户）	互联网用户（万户）	GDP（亿元）	外商直接投资（万美元）	消费品零售总额（亿元）	进出口总额（万美元）
南昌市	172.51	12377	2822360	3.55	11386	102.1	143	4401.65	288964	1868	938000
景德镇市	43.48	3120.18	—	0.43	4799	18	37.9	849.57	18772	300.61	66599
萍乡市	50.54	—	—	0.39	7106	26.1	37.8	1001.82	33664	338.08	139048
九江市	102.31	13355	3349000	0.88	20256	73.5	92.9	2104.05	180313	565.78	523753
新余市	59.88	17063	3911482	0.3	4440	12.8	28.6	1036.19	39868	239.95	187955

地区	物流产值（亿元）	货运量（万吨）	货物周转量（万吨公里）	从业人员占全省比（%）	公路里程（公里）	固话用户（万户）	互联网用户（万户）	GDP（亿元）	外商直接投资（万美元）	消费品零售总额（亿元）	进出口总额（万美元）
鹰潭市	38.11	4625.1	—	0.32	4186	14.0	22.7	713.55	26460	194.67	354032
赣州市	102.15	24483.9	2263230	0.92	30904	90.2	135.0	2207.20	151543	790.24	411861
吉安市	59.34	10309	4059987	0.65	22922	40.1	70.2	1467.03	97473	448.66	503368
宜春市	65.93	21257.6	5860300	0.79	19901	53.5	92.1	1781.95	70769	596.25	262789
抚州市	74.69	—	4368170	0.31	14913	19.2	59.2	1215.79	32373	480.27	184377
上饶市	73.88	22858.3	2896000	0.37	21025	68.0	90.3	1817.77	103857	721.12	431057

二 江西设区市2016年度物流业竞争力综合评估

借鉴国内外学者对区域物流业竞争力评价的研究成果，采取定性研究和定量分析相结合的方法，围绕设区市物流业竞争比较优势，计算分析一、二、三级竞争力指标系数（RCA），开展物流产业竞争力的综合评价。

表3为三级竞争力指标系数，是根据公式先求出三级指标系数，将计算结果进行处理，然后评价城市优势：系数值大于1，说明该指标优于全省水平，其值越大，竞争优势越明显。

表4由二级指标系数和一级指标系数构成，充分体现各地区的物流业竞争力优势，其中显示性指标反映各地的竞争力结果，分析性指标说明产生这种结果的原因。

（一）江西设区市物流产业竞争力综合比较

由上述各表，计算各设区市物流产业竞争力综合排名如表5所示。南昌市综合排名第1，赣州市和九江市分别排第2、第3。其余上饶市、宜春市、吉安市、萍乡市、新余市、抚州市、鹰潭市、景德镇市分别排在第4到第11位。

江西蓝皮书

表3 2016年江西设区市物流产业三级竞争力指标系数

二级系数	物流产业规模			物流产业发展增速		人力资源	基础设施水平			区域经济贸易实力			
三级系数	物流产值（亿元）	货运量（万吨）	货物周转量（万吨公里）	产值比上年增长（%）	货运量比上年增长（%）	从业人员占全省比（%）	公路里程（公里）	固话（万）户	互联网户（万）户	GDP（亿元）	外商直接投资（万美元）	消费品总额（亿元）	进出口总额（万美元）
南昌市	2.2515	11.1963	0.7645	1.0348	0.8523	4.382	0.7738	2.1702	0.176	0.0026	3.0444	3.1401	2.5776
景德镇市	0.567	2.8225	—	0.8526	0.7506	0.530	0.3261	0.3826	0.516	0.5025	0.1977	0.5053	0.1830
萍乡市	0.6596	—	—	0.9968	—	0.481	0.4829	0.557	0.513	0.5925	0.3546	0.5683	0.3821
九江市	1.3352	12.063	0.9072	0.9318	1.1246	1.086	1.3767	1.5623	1.262	1.244	1.899	0.9510	1.4392
新余市	0.7815	15.435	1.0596	0.9207	0.8726	0.370	0.3017	0.2720	0.388	0.6129	0.4200	0.4033	0.5165
鹰潭市	0.4974	4.1839	—	0.8494	0.5853	0.395	0.2845	0.2975	0.308	0.4220	0.2787	0.3272	0.9728
赣州市	1.3332	22.148	0.6131	0.9366	2.943	1.135	2.1005	1.9173	1.833	1.3055	1.5966	1.3284	1.1318
吉安市	0.7744	9.3256	1.0998	0.6481	0.875	0.802	1.5627	0.8523	0.953	0.8677	1.0269	0.7542	1.3832
宜春市	0.8604	19.2298	1.5875	0.8906	0.7777	0.975	1.3526	1.1372	1.251	1.0540	0.7456	1.0022	0.7221
抚州市	0.9748	—	1.1833	1.7527	—	0.382	1.0136	0.4038	0.804	0.7191	0.3410	0.0873	0.5066
上饶市	0.9642	20.6778	0.7845	1.1917	0.2262	0.456	1.4290	1.4454	1.226	1.0752	1.0942	1.2122	1.1845

注：表中有3列数据不完整，为此在计算各级竞争力指标系数时，需要整理并酌情对指标数据进行适当处理。

表4   2016年江西设区市物流产业竞争力系数

一级系数	物流产业竞争力显示性指标			物流产业竞争力分析性指标	
二级系数	发展规模系数	发展增速系数	人力资源系数	基础设施系数	经贸实力系数
南昌市	1.1257	0.174	2.191	1.56	4.3823
景德镇市	0.2835	0.4263	0.266	0.612	0.6942
萍乡市	0.3298	0.4986	0.2405	0.7764	0.9487
九江市	0.6676	0.4659	0.543	2.1005	2.7666
新余市	0.3907	0.4603	0.185	0.4808	0.9763
鹰潭市	0.2487	0.4247	0.1975	0.445	1.0003
赣州市	0.6666	0.4683	0.5675	2.9254	2.6811
吉安市	0.3872	0.3240	0.401	1.684	2.016
宜春市	0.4302	0.4453	0.4875	1.8704	1.7619
抚州市	0.4874	0.8763	0.191	0.1107	0.827
上饶市	0.4821	0.5958	0.228	2.0502	2.2830

数据来源：根据《江西统计年鉴（2017）》以及11个设区市国民经济和社会发展统计公报计算所得。

表5   江西设区市物流产业竞争力排名

地区	竞争力系数	排名	地区	竞争力系数	排名
南 昌 市	2.3582	1	萍 乡 市	0.6985	7
赣 州 市	1.8272	2	新 余 市	0.6232	8
九 江 市	1.6359	3	抚 州 市	0.6231	9
上 饶 市	1.4098	4	鹰 潭 市	0.5790	10
宜 春 市	1.2488	5	景德镇市	0.5705	11
吉 安 市	1.2030	6			

在11个设区市中，南昌市综合竞争力系数2.3582，为全省最高，其竞争力一级、二级、三级系数均高于全省设区市平均水平，主要得益于其物流产值总体规模、人力资源拥有状况、经济贸易实力的比较优势排名全省第1位。从统计数据中可以明显看出，它的这些指标值远远高于其他地区。

排名第2的赣州市，综合竞争力系数为1.8272，这主要归因于三个方面：一是物流基础设施系数在全省排名第1，说明赣州市重视公路建设投资。二是经济贸易实力较强，尤其是南康家具产业集群发展，及赣州港中欧

班列常态化运营，带动了物流业稳定发展。三是拥有专业技能水平较高的人才队伍，其对特色产业发展和信息化处理能力较强。

九江市排名第3，综合竞争力系数1.6359，这主要归功于两方面：一是物流总量规模、基础设施、经济贸易实力全省排名第2，二是九江的各项竞争力指标系数与其他地区比较，虽然不是十分突出，但是发展较为平均，人力资源排名第3、发展增速排名第5，这说明九江市物流的支持性产业优越，物流产业发展均衡，没有明显的短板，物流资源利用效率高。

上饶市排名第4，综合竞争力系数1.4098。其优势在于发展增速全省排名第2，说明上饶市的区位交通优势明显、发展潜力巨大，建议进一步提高其物流运作技术管理水平，提高其物流生产效率，将区位交通优势转化为产业优势。

排名第5、第6的分别是宜春市和吉安市，其综合竞争力系数为1.2488、1.2030。比较而言，宜春市的货物周转量优势居全省第1、达到1.5875，其他指标数值较为均衡，说明宜春市物流的资源要素得到有效利用，如果持续发展下去，能够显著增强其物流产业综合实力；吉安市具有公路通车里程、进出口贸易总额和货物周转量方面的数值优势，公路里程优势全省第2、达到1.5627，说明吉安重视对公路的建设投资，公路货物运输基础好。

在11个设区市中，排名最后的景德镇竞争力系数0.5705为全省最低，从统计数据中可以看出，景德镇市几乎所有指标均排名靠后，说明景德镇需要努力培育物流龙头企业，既要补物流产业短板，又要打造产业优势，从提高物流资源配置效率和产业集聚方面发展供应链，需要延伸与经济贸易服务有关的物流服务业。

（二）江西设区市物流产业竞争力分项比较

第一，在物流产业规模方面，排名如表6所示：南昌市遥遥领先于其他设区市排名第1，九江市和赣州市分别列第2、第3，说明总量规模名次排列和江西省设区市的经济实力相匹配。其余抚州市、上饶市、宜春市、新余市、吉安市、萍乡市、景德镇市、鹰潭市分别位于第4到第11位。而萍乡、景德镇、鹰潭排位倒数第3、第2、第1，在货运量、货物周转量等指标中，可以看到三市均有指标排位末名。

表6　江西设区市物流产业规模评估排名

地区	规模系数	排名	地区	规模系数	排名
南昌市	1.1257	1	新余市	0.3907	7
九江市	0.6676	2	吉安市	0.3872	8
赣州市	0.6666	3	萍乡市	0.3298	9
抚州市	0.4874	4	景德镇市	0.2835	10
上饶市	0.4821	5	鹰潭市	0.2487	11
宜春市	0.4302	6			

第二，在物流产业发展增速方面，如表7所示：抚州市排名第1，上饶市和萍乡市分别列第2、第3。其余赣州市、九江市、新余市、宜春市、景德镇市、鹰潭市、吉安市、南昌市分别位于第4到第11位。这种情况说明，物流产业发展增速与上年度自身发展规模有关，一定程度上，抚州需要加快发展步伐，做大物流产业规模。

表7　江西设区市物流产业发展增速评估排名

地区	发展增速	排名	地区	发展增速	排名
抚州市	0.8763	1	宜春市	0.4453	7
上饶市	0.5958	2	景德镇市	0.4263	8
萍乡市	0.4986	3	鹰潭市	0.4247	9
赣州市	0.4683	4	吉安市	0.3240	10
九江市	0.4659	5	南昌市	0.174	11
新余市	0.4603	6			

第三，在物流业人力资源方面，如表8所示，从业人员占比方面，南昌市排名第1，赣州市和九江市分别列第2、第3。其余宜春市、吉安市、景德镇市、萍乡市、上饶市、鹰潭市、抚州市、新余市分别位于第4到第11位。在11个设区市中，从业人数占比排位靠前，说明南昌市、赣州市和九江市的物流管理技术水平高，从业人员整体素质和管理水平高于其他地区。

尤其是在南昌的各大专院校，普遍重视物流职业技能培养教育，2016 年物流专业在校生有 39261 人。

表8　江西设区市物流从业人数评估排名

地区	从业人员占比	排名	地区	从业人员占比	排名
南 昌 市	2.191	1	萍 乡 市	0.2405	7
赣 州 市	0.5675	2	上 饶 市	0.228	8
九 江 市	0.543	3	鹰 潭 市	0.1975	9
宜 春 市	0.4875	4	抚 州 市	0.191	10
吉 安 市	0.401	5	新 余 市	0.185	11
景德镇市	0.266	6			

第四，在物流基础设施水平方面，如表 9 所示：在 11 个设区市中，赣州市排名第 1，九江市和上饶市分别列第 2、第 3。其余宜春市、吉安市、南昌市、萍乡市、景德镇市、新余市、鹰潭市、抚州市分别位于第 4 到第 11 位。这说明各地普遍重视对公路设施和通信网络等物流信息基础的建设，以及重视对物流园区和分拨中心的建设投资，这对提高物流运作效率、拉动物流增长作用明显。

表9　江西设区市物流基础设施评估排名

地区	基础设施	排名	地区	基础设施	排名
赣 州 市	2.9254	1	萍 乡 市	0.7764	7
九 江 市	2.1005	2	景德镇市	0.612	8
上 饶 市	2.0502	3	新 余 市	0.4808	9
宜 春 市	1.8704	4	鹰 潭 市	0.445	10
吉 安 市	1.684	5	抚 州 市	0.1107	11
南 昌 市	1.56	6			

第五，在地区经济贸易实力方面，如表 10 所示：在 11 个设区市中，南昌市排名第 1，九江市和赣州市分别列第 2、第 3。其余上饶市、吉安市、宜春市、鹰潭市、新余市、萍乡市、抚州市、景德镇市分别位于第 4 到第 11 位。各地排名结果，充分说明较强的经济实力和较高的贸易发展水平，

能够令物流业加速集聚发展，且其服务于经济发展的能力也更强、其作用也更明显；南昌、九江、赣州的排名优势反映这种良性互动关系能够促进经济社会效益的双重提升。而相比排名靠后的地区，资源利用率不高、产业发展方面存在短板，需要延长物流服务链。

表10 江西设区市经济贸易实力评估排名

地区	经贸实力	排名	地区	经贸实力	排名
南 昌 市	4.3823	1	鹰 潭 市	1.0003	7
九 江 市	2.7666	2	新 余 市	0.9763	8
赣 州 市	2.6811	3	萍 乡 市	0.9487	9
上 饶 市	2.2830	4	抚 州 市	0.827	10
吉 安 市	2.016	5	景德镇市	0.6942	11
宜 春 市	1.7619	6			

（三）评估结果

1. 从物流产业竞争力综合评价看

江西各设区市物流产业在产值规模、发展增速、人力资源、基础建设、经贸实力等方面各不相同，形成当前物流产业竞争力强弱不同的基本格局。南昌市领跑全省发展，比较优势明显强于其他地区。紧随其后的赣州市、九江市物流产业竞争力高，三者处于江西物流发展水平的第一方阵；而上饶市、宜春市、吉安市物流产业竞争力优势明显，各项指标数值均衡发展，处于跟跑的第二方阵，具有强大的发展后劲；与之相比，其他地区物流产业发展还比较落后，说明江西物流产业竞争力总体偏弱且发展不均衡。

2. 从物流产业竞争力分项评价看

省会城市南昌，物流产业总体规模、从业人员占比、经济贸易实力这3项指标的竞争力远远领先于江西其他地区，均为全省第1；但是在发展增速方面排名最后，为保持在物流业竞争中的领跑地位，需要加速集聚发展、提高专业化物流能力和综合服务水平；在基础设施指标方面，赣州市、九江市、上饶市的建设投资排位全省前3名，主要是由其自身的地理位置所

致——省际通道、水陆交通枢纽,毗邻我国经济发达的珠三角、长三角地区,物流的需求和供给旺盛,辐射带动能力强;宜春市、吉安市,虽然经济实力在江西省不是十分突出,但各项指标数值均衡发展,在基础设施投资、从业人员占比、经济贸易实力排名中居全省第5、第6,两地都重视物流园区和其他基础设施建设,物流产业发展后劲较大。

三 江西设区市物流业存在的问题

一是地区差异非常明显,竞争力参差不齐。从竞争力的区域比较看,如表11所示:南昌市竞争力最强,竞争力系数高达2.3582,最弱的为景德镇市,竞争力系数只有0.5705,最强竞争力系数是最弱的4倍多,地区差距巨大;将竞争力系数按地区分为三个层次,各区域竞争力参差不齐,最弱5城市的竞争力系数在0.7以下,最强6城市大约是最弱的2倍。竞争力区域差异的存在,说明物流产业发展与其经济发展水平相对应,物流竞争力与经济发展状况呈现正相关关系。表11还说明省内大部分地区物流业的资源配置没有达到最优状态,如最弱的5个城市,系数值比较接近,物流资源的配置效率还有待提高。就排名落后的地区来说,需要加快发展、提高技术管理水平。

表11 江西设区市物流产业竞争力层次分布差异

竞争力层次	系数参考	等级	各地区竞争力层次差异
第一层次	系数 > 1.5	上	南昌 2.3582 > 赣州 1.8272 > 九江 1.6359
第二层次	1.5 > 系数 > 1.0	中	上饶 1.4098 > 宜春 1.2488 > 吉安 1.2030
第三层次	系数 < 1.0	下	萍乡 0.6985 > 新余 0.6232 > 抚州 0.6231 > 鹰潭 0.5790 > 景德镇 0.5705

二是各地区物流规模不大。表3、表4显示,省内大部分地区的物流业规模不大,除南昌市的竞争优势大于1外,九江、赣州产值规模优势接近1,其他8个设区市还需要不断扩大产业规模,提高货物运输量,创新服务

方式，争取为客户提供更加有效的服务。

三是仍然缺乏现代意义的物流园区平台。设区市物流园区发展不平衡，经营管理能力有限，直接影响产业集聚和物流竞争力增强。全省大约有80个物流园、在运营中的有28个，其中：南昌市6个，九江市、萍乡市、吉安市分别为4个，鹰潭市、新余市、上饶市、宜春市各2个，赣州市、景德镇市各1个，其余均在规划和建设中；在物流园区发展的龙头企业较少，这反映物流园区综合服务能力和集聚效应有限。尤其是对物流园区概念界定不清、信息化程度低、管理系统功能简单，达不到现代物流园区对信息化应用的基本要求，影响园区的吸引力。而伴随城市化进程的加快，城市物流园和分拨中心建设滞后甚至空白、供应链管理落后，都会影响经济高质量发展。

四是物流专业人才短缺。目前，设区市普遍存在从业人员素质不高、高层次物流人才缺乏的现象；人员配置仅停留在运输、搬运、装卸等基础作业方面，对急需的专业物流管理人才重视不够，这不能适应物流园区长远发展的需要。对高层次物流专业人才，各地主要依靠校址设在南昌的普通高校、普通中专、职业高中培养输送。据统计，2016年全省物流专业在校生合计不足4万人，对于全省物流产业发展而言，高层次人才储备数量明显不足。

四 提升江西设区市物流业竞争力的建议

要提高江西设区市物流产业整体竞争力，亟须从经济发展、物流产业集聚、技术进步方面寻求动力，围绕特色打造自身的核心优势，为提升全省物流产业效率、更好地服务工业园区降本增效，为此建议如下。

（一）建设区域性物流中心枢纽，改善物流产业发展不平衡状况

分析显示江西各地区差异非常明显，竞争力参差不齐。要缩小地区间的发展差距，全面提升全省物流竞争力水平，促进省内物流资源集聚效应的发挥，就要有针对性地建设区域性物流中心，打造南昌国家级物流枢纽，促使物流产业在最具有优势的地区集聚。比如在赣州市，加速引导南康家具、赣

南脐橙、钨和稀土、新能源汽车等物流产业转型升级；在南昌、九江、上饶、鹰潭等市鼓励发展多式联运，打通铁路、公路、水运、航空运输方式的相互衔接障碍，从而促进地方经济发展；而对竞争力最弱的 5 个城市，需要培育一批龙头物流企业，改变服务链条短、竞争力不强、专业化程度低的状况。

（二）建设现代化物流园区，推动物流标准化建设

物流竞争力与经济发展状况呈正相关关系。竞争力评估结果表明，物流竞争力水平较高的地区，均为经济发达的地区，这反映了物流服务业态发展的从属性。因此，加强南昌多式联运物流园区、省级零担分拨中心和国家级物流示范园区的建设，改善物流企业作业环境，为区域提供高质量物流服务。针对各地还没有现代化物流园区的状况，要像抓工业园区建设一样抓物流园区建设，建设国际化、信息化、集约化、现代化的物流园区平台，实现生产企业和物流企业无缝对接。全面推进物流标准化建设，引导物流企业围绕供应链管理环节实现标准化，提升物流企业核心竞争力。

（三）实施"互联网＋高效物流"，助推经济高质量发展

物流业是国民经济的基础产业，经济越发达，越需要功能完善的物流业提供配套服务。物流高效运作能够降低社会流通成本，有利于实现经济高质量发展。因此，要改变各园区物流功能简单、企业信息化水平较低状况，落实江西"互联网＋高效物流"工作方案，重点推进各地物流公共信息平台建设，推动物流企业向智慧物流配送转型，形成新的经济增长点，有效提升江西整体竞争力和招商引资发展环境。

（四）培养高素质物流专业人才队伍

虽然，目前各地区交通运输仓储行业的全体从业人员对物流竞争力的发展起了重要作用，但拥有高水平专业人才，是获得竞争优势的关键。发展现代物流业，实现高效物流运作，达到更畅通的物资流动效果，一要加大专业

人才引进和培养力度，二要与院校挂钩定向培养人才，三要适当引进高级物流管理人才，培养造就服务于江西地方特色产业的高素质物流人才队伍。

（五）发挥比较优势，着力推进重大项目建设

南昌市、九江市、赣州市的竞争力居于全省前列，这既有其资源禀赋原因，如经济基础雄厚、区位优势明显、靠近交通枢纽，也是其充分利用自身优势，拓展地区物流发展空间的结果。如赣州充分利用原中央苏区振兴政策，利用家具产业优势，建设江西第一个陆路口岸——赣州港，助推赣州连接"一带一路"的重要节点城市和国际货物集散地，实现赣欧班列双向运行，为区域经济发展提供新的动力。因此，要推进传化集团"一枢纽五中心"智能公路港建设运营，支持赣江新区、向塘物流园引进知名物流企业、投资重大项目，支持昌北快递物流园、南昌肉联厂冷链配送中心、九江城市配送中心仓储项目、赣州家具物流集散中心、樟树医药物流集散中心等加快建设。

参考文献

姚建华：《物流产业竞争力评价指标体系研究》，《商业经济文荟》2006年第1期。

李坚飞：《区域物流产业竞争力评价体系研究》，《商品储运与养护》2007年第1期。

胡伟、倪良新：《安徽区域物流产业竞争力评价指标体系研究》，《市场周刊（理论研究）》2012年第5期。

张乐：《区域物流产竞争力评价研究》，中南大学硕士学位论文，2011。

丁俊发：《中国物流竞争力研究》，中国物资出版社，2011。

陈立敏、谭力文：《评价中国制造业国际竞争力的实证方法研究——兼与波特指标及产业分类法比较》，《中国工业经济》2004年第5期。

田新豹：《物流产业竞争力评价研究——以山西省为例》，知识产权出版社，2016。

江西省商务厅、江西经济管理干部学校：《江西省物流业发展报告（2015~2016）》，2018。

B.7
2017～2018年江西设区市科技
创新竞争力报告

高平　盛方富　马回*

摘　要： 进入新时代，创新是引领江西高质量发展的"牛鼻子"。文章通过构建区域科技创新竞争力评价指标体系，分析研判全省11个设区市科技创新竞争力，从科技创新政策环境、科技创新平台、科技创新成果转化等方面深入剖析存在的短板因素，并从着力完善科技政策制度、着力深化科技体制机制改革等方面提出相关思考与建议，对推动各设区市乃至全省科技创新具有重要的现实意义。

关键词： 科技创新　设区市　竞争力

　　科技创新是引领高质量发展的核心驱动力，为高质量发展提供了新的成长空间、关键的着力点和主要支撑体系。对江西而言，走好经济发展与生态文明建设相辅相成相得益彰的路子，科技创新是关键。一直以来，科技创新竞争力不强是制约江西绿色崛起的关键短板。为此，分析研判江西11个设区市科技创新竞争力，对比剖析存在的短板因素，有针对性地提出增强全省科技创新竞争力的思考与建议，对助推富裕美丽幸福现代化江西建设具有重要的现实意义。

---

* 高平，江西省社会科学院江西社会科学杂志社社长、主编，研究员，研究方向为区域经济；盛方富，江西省社会科学院应用对策研究室助理研究员，研究方向为区域经济；马回，江西省社会科学院应用对策研究室助理研究员，研究方向为区域经济。

一 对江西11个设区市科技创新竞争力评估

定性与定量相结合、主观与客观相对接，是开展综合评估的普遍做法，都需要反映到指标体系的构建上。为此，为评价江西11个设区市的科技创新竞争力，结合已有理论研究和具体实践，本文尝试构建了一套指标体系。

（一）评价体系

借鉴参考《中国区域创新能力报告》《国家创新能力评价指标体系》以及国内外关于创新能力评价的文献资料，鉴于数据的可获得性，构建了如表1所示的指标体系，这套指标体系共包含5个方面的27个指标。

——创新资源投入。反映一个地区对创新活动的投入力度、创新人才状况及创新资源配置结构等，主要包括4个二级指标，即R&D内部研发经费支出、万人R&D研究人员等。

——知识创造水平。反映一个地区科研产出能力和科技综合实力，主要包括5个二级指标，即每万人专利申请受理量、每亿元R&D内部研发经费支出产生的专利申请量等。

——企业创新能力。企业是区域创新的主体，主要用来反映企业创新活动的投入强度、企业创新人才构成、企业创新能效等，主要由规模以上工业企业R&D研究人员占全社会R&D研究人员比重、规模以上工业企业R&D经费投入强度等5个指标来体现。

——创新综合环境。环境也是生产力，创新环境的优劣间接影响区域创新的潜力，主要包括6个指标，即存贷比、百人平均电话用户数、万人互联网宽带接入用户数等。

——创新活动绩效。这是结果性指标，用于反映一个地区通过开展创新活动所产生的效果和社会经济影响，主要包括7个指标，即人均GDP、地区GDP增长率、高新技术产业增加值占GDP的比重、单位能源消耗的经济产

出等。

构建的指标体系详见表1。

表1 江西省11个设区市科技创新竞争力评价指标体系

一级指标	二级指标	单位
创新资源投入 （4）	R&D 内部研发经费支出	亿元
	R&D 内部研发经费支出占 GDP 比重	%
	R&D 内部研发经费支出增长率	%
	万人 R&D 研究人员	人
知识创造水平 （5）	每万人专利申请受理量	件
	每万人专利申请授权量	件
	每万人有效发明专利拥有量	件
	每亿元 R&D 内部研发经费支出产生的专利申请量	件
	每亿元 R&D 内部研发经费支出产生的专利授权量	件
企业创新能力 （5）	规模以上工业企业 R&D 研究人员占全社会 R&D 研究人员比重	%
	规模以上工业企业 R&D 研究人员占企业 R&D 人员比重	%
	规模以上工业企业 R&D 经费投入强度	%
	有研发活动的规模以上工业企业中拥有研发机构数的比重	%
	规模以上工业企业新产品销售收入占全部产品销售收入的比重	%
创新综合环境 （6）	存贷比	%
	百人平均固定、移动电话用户数	户
	电话用户数增长率	%
	万人互联网宽带接入用户数	户
	教育经费支出占公共财政预算支出比重	%
	教育经费支出增长率	%
创新活动绩效 （7）	人均 GDP	元
	地区 GDP 增长率	%
	高新技术产业增加值占 GDP 的比重	%
	出口额	亿元
	出口额占进出口额比重	%
	出口额增长率	%
	单位能源消耗的经济产出	万元/吨标准煤

（二）评价方法

评价方法最核心的是权重的确定，这里为避免主观赋权法与客观赋权法的短处，取各自的长处并进行综合赋权。主观赋权中使用层次分析法（使用 AHP 软件）来确定，客观赋权则使用因子分析法（使用 SPSS 软件）来确定，然后对主客观分析方法分别计算得出的权重进行标准化处理，并采取算术平均的方法来计算综合权重。

鉴于在数据标准处理过程中会出现正负值，为适应比较习惯，这里拟采用功效系数法对原始计算结果进行简单的转换与处理，具体处理方法如下所示：

$$y = 40 * \frac{x - x_{\min}}{x_{\max} - x_{\min}} + 60$$

其中，$x_{\min}$ 与 $x_{\max}$ 分别指某一项指标中初始得分的最小值与最大值，通过功效系数法的转换和处理，最终各个设区市的得分将分布在 60 至 100 分之间，这样比较会比较直观。

（三）数据处理与主要结论

文中所使用的数据均来源于《江西统计年鉴（2016）》，以及江西省科技厅与江西省统计局联合发布的《江西科技统计数据（2017）》。

1. 科技创新竞争力综合评估排名

经计算整理，2016 年江西 11 个设区市科技创新竞争力综合得分前三位的分别是南昌市、鹰潭市和新余市，排在倒数第一位的为上饶市（详见表 2）。2016 年上饶市研发投入、每万人有效发明专利拥有量、企业创新能力等指标均排在 11 个设区市的末位，这与上饶市综合竞争力相对偏弱的现状是吻合的。

据表 2 可知，江西 11 个设区市的科技创新竞争力区域差异较大，南昌市处于绝对领先的地位，鹰潭市、新余市、景德镇市处于第二梯队，其他设区市相差不大。

2. 科技创新竞争力分项指标评估排名

（1）创新资源投入评估排名

根据评估，2016 年创新资源投入得分排名与科技创新竞争力综合排名

表2　江西11个设区市科技创新竞争力综合评估排名

地区	南昌市	鹰潭市	新余市	景德镇市	赣州市	宜春市
得分	100	79.46	77.11	70.60	66.40	65.29
名次	1	2	3	4	5	6
地区	九江市	萍乡市	吉安市	抚州市	上饶市	
得分	64.67	64.04	60.45	60.37	60.00	
名次	7	8	9	10	11	

高度相关，表明创新资源投入是提升科技创新竞争力的重要举措。在选取的指标中，2016年九江市R&D内部研发经费支出占GDP比重（0.58%）、R&D内部研发经费支出增长率（18.77%）在全省11个设区市中分别排倒数第2位、倒数第4位，创新资源投入排倒数4位；赣州市R&D内部研发经费支出（19.86亿元）、R&D内部研发经费支出占GDP比重（0.9%）、R&D内部研发经费支出增长率（27.39%）在全省11个设区市中分别排第3位、第6位、第6位，创新资源投入排第6位；吉安市R&D内部研发经费支出（8.80亿元）、R&D内部研发经费支出占GDP比重（0.6%）、R&D内部研发经费支出增长率（10.43%）、万人R&D研究人员（3.18人）在全省11个设区市中分别排倒数第3位、倒数第4位、倒数第1位、倒数第2位，创新资源投入排倒数第2位（详见表3）。

表3　江西11个设区市创新资源投入评估排名

地区	南昌市	鹰潭市	新余市	景德镇市	宜春市	赣州市
得分	100	79.88	72.39	71.20	66.07	64.98
名次	1	2	3	4	5	6
地区	萍乡市	九江市	上饶市	吉安市	抚州市	
得分	61.59	61.71	60.12	60.05	60.00	
名次	7	8	9	10	11	

（2）知识创造水平评估排名

根据评估，除南昌市、鹰潭市、新余市得分领先于其他设区市之外，其他8个设区市之间的差别不大，比较均衡并且水平均亟待提高；在选取的5个指标中，2016年宜春市每万人专利申请受理量（9件）、每万人专利申请授权量（2.9件）、每亿元R&D内部研发经费支出产生的专利授权量（88.7件）在全省11个设区市中分别排倒数第3位、倒数第2位、倒数第3位，知识创造水平排倒数2位（详见表4）。

表4　江西11个设区市知识创造水平评估排名

地区	南昌市	鹰潭市	新余市	景德镇市	萍乡市	赣州市
得分	100	84.70	78.81	69.69	69.41	69.13
名次	1	2	3	4	5	6
地区	九江市	吉安市	抚州市	宜春市	上饶市	
得分	66.20	65.45	65.24	63.77	60.00	
名次	7	8	9	10	11	

（3）企业创新能力评估排名

评估显示，企业创新能力评估得分排名前三位的分别是南昌市、宜春市、鹰潭市，吉安市、萍乡市、九江市分别排倒数第3位、第2位、第1位（详见表5）。企业创新能力基础指标数据主要来源江西省科技厅、江西省统计局联合发布的《关于发布全省科技进步统计监测评价结果的通知》，在选取的5个指标中，2016年宜春市规模以上工业企业R&D研究人员占全社会R&D研究人员比重（64.15%）、规模以上工业企业R&D研究人员占企业R&D人员比重（64.16%）、规模以上工业企业R&D经费投入强度（0.41%）、有研发活动规模以上工业企业中拥有研发机构数的比重（67.13%）在全省11个设区市中分别排第2位、第1位、第6位、第3位，企业创新能力排第2位；九江市规模以上工业企业R&D研究人员占全社会R&D研究人员比重（40.74%）、规模以上工业企业R&D经费投入强度（0.21%）、企业新产品销售收入占全部产品销售收入的比重（4.49%）在全省11个设区市中分别排倒数第1位、倒数第1位、倒数第2位，企业创新能力排倒数第1位。

表5   江西11个设区市企业创新能力评估排名

地区	南昌市	宜春市	鹰潭市	新余市	景德镇市	上饶市
得分	100	89.42	88.94	88.06	87.27	73.80
名次	1	2	3	4	5	6
地区	抚州市	赣州市	吉安市	萍乡市	九江市	
得分	73.80	72.02	67.54	62.45	60.00	
名次	7	8	9	10	11	

（4）创新综合环境评估排名

创新综合环境主要使用一些金融、信息等基础设施方面的指标，根据评估，南昌市创新综合环境得分排名第一位；新余市、鹰潭市、萍乡市、景德镇市分列第2至第5位；抚州市、上饶市、吉安市分别排倒数第3位、第2位、第1位（详见表6）。从选取的6个指标来看，2016年吉安市存贷比（55.48%）、百人电话用户数（67.99户）、万人互联网宽带接入用户数（1438.52户）、教育经费支出增长率（3.08%）在全省11个设区市中分别排倒数第1位、倒数第3位、倒数第2位，创新综合环境排倒数第1位。

表6   江西11个设区市创新综合环境评估排名

地区	南昌市	新余市	鹰潭市	萍乡市	景德镇市	九江市
得分	100	84.36	76.10	75.45	74.95	72.85
名次	1	2	3	4	5	6
地区	赣州市	宜春市	抚州市	上饶市	吉安市	
得分	71.75	67.27	63.86	62.36	60.00	
名次	7	8	9	10	11	

（5）创新活动绩效评估排名

评估得分前三位的分别是南昌市、鹰潭市和九江市，宜春市、萍乡市和抚州市分别排倒数第3位、第2位、第1位（详见表7）。从选取的7个指标来看，2016年新余市、南昌市、鹰潭市人均GDP在全省11个设区市排名前三位，并且明显高于其他设区市，宜春市、抚州市、吉安市、上饶市、赣州市人均 GDP 处于 2.5 万至 3.5 万元之间，最高新余市（88548 元）是最低赣州市（25761 元）的 3 倍以上；宜春市单位能源消耗的经济产出（1.61 万元/吨标准煤）在全省 11 个设区市中排倒数第 3 位。

表7　江西11个设区市创新活动绩效排名

地区	南昌市	鹰潭市	九江市	新余市	吉安市	赣州市
得分	100	81.89	77.35	73.55	72.71	70.23
名次	1	2	3	4	5	6
地区	上饶市	景德镇市	宜春市	萍乡市	抚州市	
得分	68.17	66.43	63.55	61.12	60.00	
名次	7	8	9	10	11	

通过评估可得出如下几点结论。

第一，从评估结果来看，江西 11 个设区市科技创新竞争力梯队较为鲜明，南昌市、鹰潭市、新余市、景德镇市稳居前几位，其他设区市之间的差距不大，这与 11 个设区市在江西的基本现状相符。江西 11 个设区市科技创新竞争力普遍偏弱的基本现实，也折射出江西全省的科技创新水平较低。

第二，通过结果分析可知，科技创新竞争力的提升不是一朝一夕的事情，需要久久为功、持续发力，并且要持续加大科技创新方面的资源投入，这是增强科技创新竞争力的最有效途径。

第三，受数据可获取性的影响，在指标设计上存在次优选择，这难免会对最终评估排名结果带来一定程度的影响，但整体而言与江西现实状况比较吻合，具有一定的参考价值。

二　各设区市科技创新竞争力影响因素分析

党的十九大报告指出："创新是引领发展的第一动力，是建设现代化经济体系的战略支撑。"江西要发展，关键靠创新。2017 年，江西省各设区市在创新发展上做了大量工作，但总的来看，仍然存在一些问题和困难。

（一）创新人才缺乏

党的十九大报告指出，人才是实现民族振兴、赢得国际竞争主动权的战略资源。与周边及发达省份和地区相比，江西省的创新人才数量明显不足。截至2016年底，江西省科研从业人员仅9.5万人，在9个地区当中排名末位，不足排名第一江苏省的1/10（详见图1）；拥有最多科技创新人才的南昌市，规模以上工业企业科研从业人员共19593人，与周边省会城市相比也存在较大差距，不到排名第一广州市的1/4（详见图2）。不仅如此，江西省的创新人才在质量上也存在短板。截至2016年底，江西省各设区市研究机构的科研从业人员有35940人，其中拥有博士学位的仅2304人，占比仅6.4%；全省仅有两院院士3人，严重缺乏科技创新领军人才。

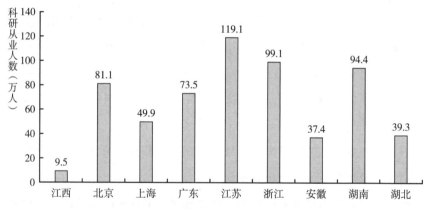

图1　2016年江西与周边城市规模以上工业企业科研从业人员比较

数据来源：《中国统计年鉴（2017）》。

（二）企业创新主体地位偏弱

科技创新，企业是主体。当前，江西省科技成果与科研活动大多来自高校及科研院所，企业科研能力较弱、科研中心较少。以2016年为例，江西省R&D项目（课题）共28175项，企业主持（负责）的项目仅6476项，不到总数的1/4；高校及科研院所主持（负责）的项目则多达21057项，占

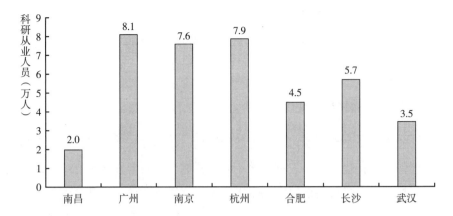

图2　2016年南昌市与周边省会城市规模以上工业企业科研从业人员比较

数据来源：根据各省2017年统计年鉴资料整理。

总数的74.74%。2016年江西省规模以上工业企业10938家，有R&D活动的仅有2214家，有研发机构的企业更少，仅1112家，分别占总数的20.24%和10.17%。同期的江苏省有规模以上工业企业47899家，有R&D活动的有19186家，有研发机构的有23564家，分别占总数的40.06%和49.20%。2016年，全省11个设区市中规模以上工业企业中有研发活动的企业数最多的南昌市为213个，仅占合肥市643个的1/3，相差较大。

（三）创新投入不足

截至2016年底，全国各省份地方财政科技投入占地方财政支出比重平均值为2.42%，江西11个设区市无一达到这一平均水平，最高的宜春市，投入比重仅为2.27%，较全国平均水平还低了0.15个百分点；各设区市R&D经费来源以政府投入为主，企业投入过少；R&D经费投向以高校及科研院所为主，企业获得经费过少，而且其中投向适宜企业的经费更少；全省R&D经费投入企业，集中于南昌市、新余市、景德镇市、上饶市，如南昌市的江西铜业集团公司和江铃汽车集团公司、新余市的钢铁集团有限公司、上饶市的晶科能源有限公司、景德镇市的华意压缩机股份有限公司等，它们的R&D经费内部支出都超过1.5亿元，合计超过60亿元，占全省规模以上

工业企业研发经费内部支出的 46.5%。并且从其他规模以上工业企业看，全省 1032 家有研发活动的企业中，研发经费投入在 5000 万元以上的仅为 24 家，5000 万至 1000 万元的 163 家，其余都在 1000 万元以下。

（四）市场化程度偏低

江西省科技创新资源市场化配置程度低，市场在配置研发创新资源中的决定性作用亟待提升，研发创新效率有待提高。全省各设区市有些科研活动远离市场前沿，仅仅是低层次的重复，无市场转化价值；有些高端、前沿的科研成果缺少有实力的企业来承接转化，导致外地企业充分吸纳后进一步压制江西本土的科技创新。虽建有诸多的科技成果转化平台，但这些科技成果转化平台大多挂靠在政府相关部门，工作人员多为编制内人员，平台运转更多地依靠政府权力，而不是市场规律，这种转化平台无法满足科研成果市场化的要求。

（五）政策亟待细化

江西省虽出台了《江西省科技型中小企业技术创新基金项目管理暂行办法》《江西省主要学科学术和技术带头人培养计划》《中共江西省委江西省人民政府关于深入实施创新驱动发展战略推进创新型省份建设的意见》《江西省加大全社会研发投入攻坚行动方案》《江西省人民政府关于创新驱动"5511"工程的实施意见》等，但这些计划、意见、办法、条例尚需完善和细化，而且缺乏市场力量的参与。各设区市还需在财政科技投入机制创新、创业风险投资创新、科技信贷创新、科技保险创新、资本市场建设创新、创业活动创新、城市合伙人、临空产业园、临港产业园等方面出台激励与扶持政策。

三 提升设区市创新能力的对策建议

2018 年是贯彻落实党的十九大精神的开局之年，是改革开放 40 周年，是决胜全面建成小康社会、实施"十三五"规划承上启下的关键一年。江西应紧紧围绕建设创新江西的目标，以加大全社会科技创新投入为重点，突出重点领域的研发突破，努力增加科技创新有效供给，为建设富裕美丽幸福现代化江西提供强有力的科技支撑。

（一）完善科技创新政策体系

为更好适应新时代科技创新发展需要，江西省级层面应尽快调研起草《江西省技术转移体系建设实施方案》，加快推动重大科技成果转化应用，更好发挥技术转移对提升科技创新能力、促进经济社会发展的重要作用；借鉴发达地区的经验做法，抓紧出台《江西省关于加快新型研发机构发展的若干意见》，对新型研发机构的概念与类型进行界定，并从部门职责、优惠政策、资金支持、项目安排、人才扶持、税收优惠、科技金融等方面提出支持政策措施。通过建立健全科技创新政策体系，为各设区市科技创新发展提供方向。

（二）创新科技资源配置

一是各设区市应围绕航空及先进装备制造、锂电及电动汽车、新材料、新能源、新一代信息技术、新一代人工智能等领域，重点攻克一批关键技术，开发一批新产品和新装备。强化国家及省级高新区、高新技术产业化基地、科技企业孵化器、众创空间等高新技术创新载体建设。积极推进科技型中小企业评价，落实科技型中小企业研发费用加计扣除优惠政策，激发中小企业创新活力。二是各设区市应围绕绿色农业生产、现代种业和农产品精深加工、农业农机装备和农业农村信息化等重点领域，以产学研用联合机制，组建农林产业技术创新中心，组织开展关键技术及产品研发，突破一批重大关键技术。三是各设区市应围绕民生和生态文明领域，积极争取将针灸（热敏灸技术）纳入国家级临床医学研究中心建设，围绕"净空、净水、净土"，开展关键技术研究。四是各地应深入实施"科贷通"，扩大地区覆盖面和科技型中小企业受益面；因地制宜探索并推广科技担保模式，为更多科

技企业提供科技贷款担保；开展知识产权质押融资，完善科技型企业"投、贷、债、保"联动机制。

（三）强化科技成果转化应用

南昌、鹰潭、新余和景德镇等区域科技创新基础较好地区，应充分发挥现有优势条件，加大科技成果转化力度。南昌市可以着力凸显企业作为科技创新主体的作用，对于企业的自主创新活动给予一定的政策倾斜，从而充分发挥南昌在全省范围内科技创新的引领示范作用；鹰潭市可以国家科技重大专项转移转化试点示范为依托，结合中国信通院、华为、中兴、浪潮等及三大运营商的技术优势，打造包括重点实验室、双创中心、产业联盟在内的移动物联网产业公共服务体系，建设国内领先、国际一流的新一代宽带无线移动通信网公共技术服务平台、公共应用服务平台、产业发展服务平台三大平台，加强鹰潭市科技创新成果的转化；新余市应继续保持知识创造能力发展的良好势头，促进企业转型为创新型企业，加快新产品研发技术的改进，从而提升新余科技创新产出；景德镇市则需要强化知识产权创造、保护和运用，重点营造良好的科技创新成果转化环境。

（四）扩大科技开放合作

赣州、宜春、九江和萍乡等已具备一定科技创新基础的地区，应继续坚持各自科技创新的发展特点和优势，重点夯实区域创新基础和加大区域创新投入。赣州市应加快建设技术创新体系，实施科技入园入企工程，强化企业的创新主体作用，支持和引导企业增加研发投入，重点支持建设一批企业技术中心，提升企业创新能力；九江市应加大创新资源投入力度，提高 R&D 经费支出占 GDP 比重，提升企业的创新能力；萍乡市应重视区域创新的产出，在继续增加政府对科技教育投入的基础上，加强对于创新成果化的激励，同时还要继续提升企业创新能力，尤其是在企业数量激增的情况下，积极引进高新技术企业，带动当地企业创新转型。

（五）持续加大全社会科技创新投入

吉安、抚州和上饶等市，亟须开展全方位、多层次的科技创新，加大投入，三市应以深入实施《全社会研发投入攻坚行动考核办法》为抓手，推动完善各部门和省、市、县三级联动机制，主动会同统计、税务等部门建立企业研发投入动态信息监测机制，及时监测跟踪重点企业及高新技术企业创新活动情况，适时开展评估总结，褒奖先进、问责问效。进一步开展研发投入后补助，充分调动三市研发投入主体的积极性，力争2018年全社会研发投入占GDP的比重有效提升。

参考文献

江西省科技厅、江西省统计局：《2017年江西科技统计数据》。

冷雄辉：《基于集对分析法的江西省设区市区域自主创新能力评价》，《企业经济》2014年第7期。

周文泳、项洋：《中国各省市区域创新能力关键要素的实证研究》，《科研管理》2015年第1期。

姜玮、梁勇：《江西设区市发展报告（2017）》，社会科学文献出版社，2017。

B.8
2017~2018年江西设区市
生态竞争力报告

李志萌　马　回　尹传斌*

摘　要：　本报告通过科学构建江西省11个设区市生态竞争力评价指标
　　　　　体系，从生态基础、资源禀赋、环境承载、治理能力、循环
　　　　　能力、绿色生活、生态潜力七个方面对江西省各设区市生态
　　　　　竞争力进行评价，并根据评价结果分析江西省及各设区市生
　　　　　态经济发展的优劣势，对进一步推进江西省生态示范创建、
　　　　　巩固建设成果、全面提高生态质量有着重要的参考意义。

关键词：　生态竞争力　评价指标体系　江西　设区市

　　江西生态秀美、名胜甚多。习近平总书记视察江西时指出，"绿色生态
是最大财富、最大优势、最大品牌，一定要保护好，做好治山理水、显山露
水的文章，走出一条经济发展和生态文明水平提高相辅相成、相得益彰的路
子"。多年来，江西省各设区市以改善生态环境质量为核心，以保障和维护
生态功能为主线，以绿色循环低碳发展为路径，以体制机制创新为动力，突
出"生态优先"的绿色发展理念，为打造美丽中国"江西样板"奠定了良
好的基础。科学评价全省各设区市生态竞争力，正确认识全省各设区市之间

---

* 李志萌，江西省社会科学院应用对策研究室主任、研究员，研究方向为生态经济；马回，江
西省社会科学院应用对策研究室助理研究员，研究方向为生态经济；尹传斌，江西省社会科
学院应用对策研究室助理研究员，博士，研究方向为生态经济。

的生态竞争优劣势，从而制定具有针对性的绿色发展政策，对进一步推进江西省生态示范区创建、巩固建设成果、全面提高生态质量有着重要意义。

一 江西设区市生态竞争力评价指标体系构建

（一）基本原则

生态是经济、社会的基础，城市的生态竞争力是国家和地区综合竞争力的核心组成部分。生态竞争力评价与单一的生态环境评价或城市竞争力评价不同，考量的是社会、经济和自然生态系统保持长期稳定、协调发展的能力，涉及人们生产生活的方方面面。因此，设区市生态竞争力评价指标体系的构建应遵循以下五项基本原则。

1. 全面科学性

生态竞争力的参与主体是一个生态学意义上的城市生态系统，追求协调性与循环发展，所以要将生态学原理运用于城市经济发展，要全面充分地考量生态产业、城市生态安全和复合生态系统可持续发展等方方面面。

2. 综合导向性

在设计过程中，让每一个指标所标明的属性具有代表性，从而层次化地描述生态竞争力。这也就意味着每一个指标对于整个指标体系的贡献度是不一样的，要确保各指标之间的关联性，彼此之间有联系却又互有区别。

3. 典型代表性

在构建评价指标体系时，能选用的指标有很多。因此，在指标选择上必须具有代表性。由于许多指标具有较强的相关性，因此需要尽量避免重复选择，抽取关键的信息，指标的选取并不是越多越好，在建立指标体系时既要尽力避免疏漏，又要努力减少重复。

4. 客观可测性

应尽量选取可测度的客观指标来保证数据的可靠度，少选取那些需要依靠专家经验、通过调查打分评价给出的主观指标。通过具有实际经济意义并

容易量化的指标，能更好地反映各设区市生态与经济发展的状况。

5. 可操作可比性

选取的评价指标不但用以从不同的角度定义城市生态竞争力的内涵，而且需要用来对其进行测量分析，因此，指标体系中的各项数据要能被广泛认可且容易获取。

（二）指标设定

借鉴中国科学院地理与湖泊研究所制定的区域生态环境竞争力评价体系和江西财经大学生态文明制度建设协同创新中心制定的江西绿色发展指数评价体系，同时辅以部分修改和完善，本报告构建了一套由 7 个一级指标和 36 个二级指标构成的评价体系，并通过一级指标对江西省各设区市生态竞争力进行评价。

一是生态基础。反映各设区市当前的自然资源状况，包括生物多样性、水资源总量、空气质量指数、森林覆盖率、自然保护区占国土面积比重五项指标。

二是资源禀赋。反映各设区市的生产生活造成的生物资源的消耗，包括农民人均耕地面积、人均水资源量、人均活立木蓄积量、城市人均绿地面积、城市建设用地比重五项指标。

三是环境承载。反映各设区市生产发展过程中的污染排放量，包括单位耕地面积化肥负荷、单位耕地面积农药负荷、单位农业产值水耗、万元地区生产总值废污水排放量、万元工业增加值废气排放量、万元工业增加值工业固体废物产生量六项指标。

四是治理能力。反映各设区市生态治理的投入情况，包括化肥施用量降低率、农药使用量降低率、工业废水排放量降低率、工业二氧化硫排放量降低率、工业氮氧化物排放量降低率、工业烟（粉）尘排放量降低率、空气质量达标天数占比七项指标。

五是循环能力。反映各设区市的循环发展能力，包括工业废水重复利用率、一般工业固体废物综合利用率、城市生活垃圾无害化处理率、建成区绿化覆盖率四项指标。

六是绿色生活。反映各设区市的生态宜居水平。包括城市每万人公共交通运营线路网长度、城市每万人拥有公共车辆数、城市每万人污水处理能力、城市每万人天然气消费量四项指标。

七是生态潜力。反映各设区市生态发展的未来潜力，包括节能环保类与科学技术类支出占财政支出比重、教育类支出占财政支出比重、生态环保和环境治理业投资占固定资产投资比重、规模以上工业企业 R&D 投入占企业总值比重、第三产业占地区生产总值比重增加率五项指标。

具体构建的指标体系详见表 1 所示。

表 1　江西省 11 个设区市生态竞争力评价指标体系

一级指标	二级指标	单位
生态基础（5）	生物多样性	%
	水资源总量	亿立方米
	空气质量指数	%
	森林覆盖率	%
	自然保护区占国土面积比重	%
资源禀赋（5）	农民人均耕地面积	平方公里/万人
	人均水资源量	亿立方米/万人
	人均活立木蓄积量	万立方米/万人
	城市人均绿地面积	平方公里/万人
	城市建设用地比重	%
环境承载（6）	单位耕地面积化肥负荷（折纯量）	吨/平方公里
	单位耕地面积农药负荷	吨/平方公里
	单位农业产值水耗	亿立方米/亿元
	万元地区生产总值废污水排放量	吨/万元
	万元工业增加值废气排放量	立方米/万元
	万元工业增加值工业固体废物产生量	万吨/亿元
治理能力（7）	化肥施用量降低率	%
	农药使用量降低率	%
	工业废水排放量降低率	%
	工业二氧化硫排放量降低率	%
	工业氮氧化物排放量降低率	%
	工业烟（粉）尘排放量降低率	%
	空气质量达标天数占比	%

续表

一级指标	二级指标	单位
循环能力(4)	工业废水重复利用率	%
	一般工业固体废物综合利用率	%
	城市生活垃圾无害化处理率	%
	建成区绿化覆盖率	%
绿色生活(4)	城市每万人公共交通运营线路网长度	公里/万人
	城市每万人拥有公共车辆数	辆/万人
	城市每万人污水处理能力	万立方米/万人
	城市每万人天然气消费量	万立方米/万人
生态潜力(5)	节能环保类与科学技术类支出占财政支出比重	%
	教育类支出占财政支出比重	%
	生态环保和环境治理业投资占固定资产投资比重	%
	规模以上工业企业 R&D 投入占企业总产值比重	%
	第三产业占地区生产总值比重增加率	%

（三）评价方法

1. 权重设置

本研究拟采用主客观结合的组合赋权法，以避免主观权重和客观权重二者的短处，取二者长处使赋权的结果尽可能与实际结果接近。

具体操作过程分为三步：第一步主观赋权，通过使用层次分析法（AHP 软件）来确定；第二步客观赋权，通过使用因子分析法（SPSS 软件）来确定；第三步对主客观赋权分别计算得出的权重进行标准化处理，并采取算数平均的方法来计算综合权重。

2. 数据处理

鉴于数据标准处理过程中会出现正负值，拟采用功效系数法对原始计算结果进行简单的转化与处理，具体处理方法如下：

$$Y = 40 \times \frac{X - X_{\min}}{X_{\max} - X_{\min}} + 60$$

其中，$X_{\max}$ 与 $X_{\min}$ 分别代表某项指标的最大值和最小值，通过功效系数法处理转换后，各设区市得分将分布在 60 至 100 之间，结果简明直观。

（四）计算结果

数据来源于《江西省统计年鉴（2017）》《江西省统计年鉴（2016）》《江西省环境公报（2017）》及《江西省环境公报（2016）》。

1. 生态竞争力总分排名

2016年江西省11个设区市生态竞争力得分前三位的分别是吉安市、宜春市、赣州市。吉安市生态竞争力在全省各设区市中处于强优势地位，资源禀赋、绿色生活及生态潜力方面均较其他设区市有一定优势。

排名后三位的是上饶市、九江市、萍乡市（详见表2）。因为指标选取和设定并未考虑太多经济方面的因素，因此省会城市南昌市不仅在生态竞争力的综合排名上并没有相对优势，而且在生态基础、资源禀赋、生态潜力等多项指标上均呈劣势。

表2　江西省11个设区市生态竞争力排名

地区	吉安	宜春	赣州	抚州	景德镇	南昌	鹰潭	新余	上饶	九江	萍乡
得分	100	93.51	86.18	85.38	80.00	79.00	78.80	78.55	75.77	74.18	60.00
名次	1	2	3	4	5	6	7	8	9	10	11

2. 生态竞争力分项排名

生态基础排名。2016年江西省11个设区市生态基础得分前三位的分别是赣州市、吉安市、上饶市。赣州市的生物多样性指标、水资源总量指标和森林覆盖率均为全省首位，其中森林覆盖率高达76.24%，远远超过其他设区市。

排名后三位的是九江市、南昌市、萍乡市（详见表3）。九江市空气质量指标排名全省第10位，南昌市在生物多样性指标和森林覆盖率指标上排名全省第11位，萍乡在水资源总量指标和空气质量指标上分别排名全省第10、第11位。

表3　江西省11个设区市生态基础排名

地区	赣州	吉安	上饶	宜春	抚州	新余	景德镇	鹰潭	九江	南昌	萍乡
得分	100	87.90	86.26	83.64	81.93	76.56	74.17	68.46	63.58	60.77	60.00
名次	1	2	3	4	5	6	7	8	9	10	11

江西蓝皮书

资源禀赋排名。2016年江西省11个设区市资源禀赋得分前三位的分别是吉安市、赣州市、景德镇市。吉安市人均活立木蓄积量全省最高,达16.75万立方米/万人,超过排名第2的赣州市近3万立方米/万人。

排名后三位的是上饶市、南昌市、萍乡市(详见表4)。上饶市的城市人均绿地面积排名全省第11位,南昌市的人均水资源量、人均活力木蓄积量均排名全省第11位,萍乡市的多项指标均排名全省的后三位。

表4 江西省11个设区市资源禀赋排名

地区	吉安	赣州	景德镇	抚州	宜春	鹰潭	九江	新余	上饶	南昌	萍乡
得分	100	90.29	89.31	86.62	84.09	82.68	79.38	76.60	73.04	62.42	60.00
名次	1	2	3	4	5	6	7	8	9	10	11

环境承载排名。这一项属于逆向指标,得分越高说明环境承载能力越强,污染排放越少。2016年江西省11个设区市环境承载得分前三位的分别是南昌市、鹰潭市、吉安市(见表5)。南昌市化肥、农药"双控双降"取得良好成效,单位耕地面积化肥、农药负荷均处于全省低位。同时,南昌市新型工业化基础良好,万元地区生产总值废污水排放量、万元规模以上工业增加值废气排放量、万元规模以上工业增加值工业固体废物产生量均为全省最低。

排名后三位的是上饶市、萍乡市、九江市。上饶市万元规模以上工业增加值工业固体废物产生量远超其他10个设区市。萍乡市单位耕地面积农药负荷、万元农业产值水耗、万元地区生产总值废污水排放量及万元工业增加值废气排放量均居全省第2位。九江市单位耕地面积化肥和农药负荷量均排名全省第1位,这两项指标得分全省最低。

表5 江西省11个设区市环境承载排名

地区	南昌	鹰潭	吉安	宜春	景德镇	新余	抚州	赣州	上饶	萍乡	九江
得分	100	92.50	84.71	82.61	77.50	73.17	70.39	70.21	64.21	62.30	60.00
名次	1	2	3	4	5	6	7	8	9	10	11

治理能力排名。2016 年江西省 11 个设区市治理能力得分前三位的分别是抚州市、宜春市、吉安市（见表6）。抚州空气质量达标天数排名全省第1；宜春市化肥、农药使用量降低率分别排名全省第1、第2位；吉安市主抓工业废物排放，工业氮氧化物排放量、工业烟（粉）尘排放量降低率分别排名全省第4、第3位。

排名后三位的是九江市、鹰潭市、萍乡市。虽然九江市在化肥施用量降低率上取得了一定的成效，排名全省第3位，但工业氮氧化物排放量降低率、工业烟（粉）尘排放量降低率、空气质量达标天数占比指标排名全省第9位。鹰潭市化肥施用量和农药使用量不降反增，分别较2015年增长了5.52%和0.81%。萍乡市工业废水排放量较2015年增长了1.8倍。

表6　江西省11个设区市治理能力排名

地区	抚州	宜春	吉安	新余	上饶	赣州	南昌	景德镇	九江	鹰潭	萍乡
得分	100	99.47	96.60	96.36	95.28	95.20	94.52	92.78	86.72	81.76	60.00
名次	1	2	3	4	5	6	7	8	9	10	11

循环能力排名。2016 年江西省 11 个设区市循环能力得分前三位的分别是景德镇市、南昌市、新余市（详见表7）。景德镇市拥有良好的绿化基础，建成区绿化覆盖率最高，达51.37%，居全省第1位。南昌市工业废水重复利用率、一般工业固体废物综合利用率指标均排名全省第2位。新余市自2015年成为国家首批海绵城市建设试点以来，循环能力有效提升，在城市修补方面，城市排水系统逐渐完善，老、新城区在溢流污染和雨污分流方面治理得当，并取得良好成效；在生态修复方面，通过海绵化改造，城市空气质量得到有效改善，生物多样性得到有效提高，人居条件得到显著提升。

排名后三位的是鹰潭市、赣州市、上饶市。鹰潭市建成区绿化覆盖率指标排名全省第11位，赣州市工业废水重复利用率指标和一般工业固体废物综合利用率指标分别位于全省第10和第9位。上饶市一般工业固体废物综合利用率仅7.3%，在全省各设区市中排名最后。

表7　江西省11个设区市循环能力排名

地区	景德镇	南昌	新余	抚州	吉安	九江	萍乡	宜春	鹰潭	赣州	上饶
得分	100	94.08	92.07	90.20	89.89	85.42	76.19	73.92	73.15	72.40	60.00
名次	1	2	3	4	5	6	7	8	9	10	11

绿色生活排名。2016年江西省11个设区市绿色生活得分前三位的分别是吉安市、宜春市、抚州市（见表8）。吉安市在城市每万人公共交通运营线路网长度指标、城市每万人拥有公共车辆数指标上均领先于其他设区市，排名全省第1位。宜春市各项指标仅次于吉安市，排名第2位。抚州市城市每万人污水处理能力最强，达4100立方米/万人，但城市每万人公共交通运营线路网长度、城市每万人拥有公共车辆数排名靠后。

排名后三位的是上饶市、景德镇市、萍乡市。上饶市城市每万人公共交通运营线路网长度、城市每万人拥有公共车辆数和城市每万人污水处理能力均排名全省第9位上下。景德镇市虽然有较好的城市公共交通网络，但城市公共交通车辆数量偏少，仅排名全省第10位。萍乡市城市每万人公共交通运营线路网长度、城市每万人拥有公共车辆数和城市污水处理能力均排名全省最末位。

表8　江西省11个设区市绿色生活排名

地区	吉安	宜春	抚州	九江	赣州	新余	南昌	鹰潭	上饶	景德镇	萍乡市
得分	100	94.77	76.40	75.73	74.67	74.18	72.74	68.13	66.92	65.51	60.00
名次	1	2	3	4	5	6	7	8	9	10	11

生态潜力排名。2016年江西省11个设区市生态潜力得分前三位的分别是吉安市、宜春市、抚州市（见表9）。吉安市教育类支出占财政支出比重指标排名全省第1，生态环保类和环境治理业投资占固定资产投资比重指标排名全省第2，生态发展潜力领先于其他各设区市。宜春市第三产业发展较快，第三产业占地区生产总值比重增加率排名全省第1，达17.0%。

排名后三位的是萍乡市、南昌市、新余市。萍乡市生态环保类和环境治理业投资占固定资产投资比重较低（0.04%），排名全省第11位。南昌市虽然有良好的经济基础，每年节能环保类与科学技术类支出占财政支出比重都较高（47.80%），但教育类支出占财政支出比重较低（15.44%），第三产业占地区生产总值比重增加率最低（5.14%）。新余市多项指标在全省排名靠后。

表9 江西省11个设区市生态潜力排名

地区	吉安	宜春	抚州	赣州	上饶	鹰潭	九江	景德镇	萍乡	南昌	新余
得分	100	95.58	88.33	83.59	78.07	76.45	73.84	73.73	69.07	65.74	60.00
名次	1	2	3	4	5	6	7	8	9	10	11

二 江西省各设区市生态竞争力评价结果分析

（一）优势分析

1. 生态基础良好

绿色生态是江西的最大财富、最大优势、最大品牌，全省生态环境质量稳居全国前列，各设区市生态基础良好。具体表现为，天蓝：空气质量总体稳定，截至2017年底，全省各设区市空气质量达标天数占比均值为83.3%；主要污染物排放量进一步减少，各设区市可吸入颗粒物（PM_{10}）、细颗粒物（$PM_{2.5}$）、二氧化硫（SO_2）均达到二级标准以上，部分城市达到一级标准；酸雨得到有效控制，全省降水pH值年均为5.23，较2016年上升0.12，酸雨频率下降3.8个百分点，酸雨污染有所减轻。地绿：森林覆盖率居全国前列，截至2017年底，全省森林覆盖率稳定在63.1%，居全国第2位，赣州市森林覆盖率最高，达76.24%，远超全国大部分地区；创建生态示范，宜春市靖安县、抚州市资溪县、上饶市婺源县被命名为第一批国家生态文明建设示范县，全省46个乡（镇）被命名为"江西省省级生态乡（镇）"，77个村被命名为"江西省省级生态村"；完善生态红线，全省已初

步完成对原划定的生态保护红线的校核调整，构成了以鄱阳湖、赣东-赣东北山地、赣西-赣西北山地、赣南山地森林生态屏障以及赣江、抚河、信江、饶河、修河五河源头区和重要水域为主体的"一湖五河三屏"生态保护红线空间分布格局。水清：地表水水质良好，截至 2017 年底，江西省各设区市地表水水质优良率为 88.5%，主要河流水质优良率为 95.2%，其中抚州市抚河流域、长江九江段断面水质优良率为 100%，九江市修河流域、景德镇市饶河流域、萍乡市袁水流域断面水质优良率均达 92% 以上。

2. 产业逐渐壮大

近年来，江西各设区市不断探索生态文明建设新模式，大力培育绿色发展新动能，逐渐走出了一条生态与经济协调发展新路。具体表现为，生态农业扎实推进。截至 2016 年底，江西省"三品一标"保有量 3657 个，其中无公害农产品 1969 个、绿色食品 590 个、有机产品 1024 个、农产品地理标志 74 个；各设区市中南昌市发展最快，全年新增"三品一标"获证单位 22 个、农产品 40 个，累计"三品一标"获证企业达 417 个、农产品 1216 个。工业绿色发展势头良好。截至 2016 年底，江西省各设区市高新区中，7 个国家级高新区有 6 个实现进位，其中南昌市高新区由第 49 位上升到第 40 位，进入国家高新区的第一方阵；新余市高新区上升 32 位，是全国进位最快的高新区。现代服务业快速发展。截至 2017 年底，全省服务业增加值 8892.6 亿元，同比增长 10.7%，增速比全省 GDP 增速快 1.8 个百分点，比全国快 2.7 个百分点；各设区市中南昌市现代服务业增加值最高，达 1358.91 亿元，较 2015 年提高 18.89 个百分点。

3. 资源利用效率提升

江西各设区市始终坚持节能降耗、低碳发展，生态文明建设质量有效提升，传统粗放式发展方式逐步向现代化绿色发展方式转变。具体表现为，单位 GDP 能耗持续下降。截至 2017 年底，全省万元 GDP 能耗 0.4501 吨标准煤，比 2016 年下降 5.5%，超额完成年度节能"双控"目标任务；万元规模以上工业增加值能耗下降 5.9%，超额完成下降 4% 的年度目标任务。其中，萍乡市降幅最高，达 9.8%。资源利用率稳步提高。全省主要再生资源回收利用率达65%，工业固体废弃物综合利用率达57%，农作物秸秆综合利用率达80%；其中，萍乡市工业废水重复利用率和一般工业固体废物综合利用率全省最高，分别达93.36%和97.75%。循环体系初步形成。江西已初步形成以新余市为代表的国家"城市矿产"示范基地、以鹰潭（贵溪）市为代表的铜产业循环经济基地，以宜春（丰城）市为代表的资源循环利用产业基地、以萍乡市经开区和宜黄为代表的塑料资源再生利用产业基地的循环体系。

4. 理念逐步建立

江西积极引导全省上下树立生态文明理念，初步形成生态文明建设广泛参与、生态文明成果广泛共享的良好局面。具体表现为，强化生态保护制度。截至2016年底，江西省先后出台了多项规章制度，探索建立了水资源、矿产资源、森林资源等领域的生态补偿机制，在各级政府政绩考核体系中创新纳入了生态环保指标。弘扬绿色文化。南昌市连续举办了两届世界低碳与生态经济大会暨技术博览大会，发布了国内首个低碳经济发展白皮书。引导绿色共建。2016年，宜春市、新余市、吉安市、上饶市、抚州市持续开展环保赣江行等专项活动，加大打击违法排污行为的力度；低碳生活、绿色消费的发展理念得到广泛认可。

（二）劣势分析

1. 生态保护压力较大

近年来，江西省不断加大环境保护力度，但由于整体发展水平不高，旧的问题还没有解决，新的问题又频繁出现，新旧问题叠加导致污染机理更加复杂，在水、土壤、大气等方面环境治理难度较大。具体表现为，生态约束趋紧。截至2016年底，全省各设区市水资源总量近半数呈下降趋势，包括南昌市、景德镇市、鹰潭市、宜春市和上饶市，其中，南昌市下降程度最大，达17.89%。资源压力加大。江西省第二次土地调查数据显示，全省人均耕地面积为1.045亩，大大低于全国人均1.52亩的水平，更远低于世界人均水平。大气污染治理不平衡。2017年除南昌、九江、鹰潭、抚州外，其他

设区市均未完成 PM$_{10}$ 年度考核任务，全省空气质量未达到国家二级标准。

2. 环境治理能力不足

当前，江西省环境科技支撑和服务能力较为薄弱，环境治理能力距生态文明建设要求存在一定差距。具体表现为，投入力度不够。以生态竞争力得分最高的吉安市为例，2016 年生态环保类投资占全社会固定资产投资比重仅 0.41%，远低于全国 1.6% 的平均水平。环保基础设施滞后。全省纳入国家考核的 89 家省级及以上工业集聚区还有 11 家未按要求完成污水集中处理设施建设，其中，九江市 1 家，赣州市 8 家，吉安市 2 家。部分地区体制、机制不完善，环保监管能力不强。如宜春市就存在矿山生态恢复治理体制机制缺位、非法采砂行为屡禁不止等现象。

3. 产业绿色发展滞后

江西省生态自然禀赋优异，但产业绿色发展滞后。具体表现为，农业"双控双降"① 效果不理想。截至 2016 年底，鹰潭市、新余市、抚州市和上饶市化肥施用量分别增加 5.52%、4.78%、1.71% 和 0.55%；鹰潭市和景德镇市农药使用量分别增加 0.81% 和 0.06%。工业废水排放量持续增加。多个设区市工业废水排放量不降反增，其中萍乡市排放量增加值最高，是 2015 年的 2.8 倍；抚州市工业废水重复利用率不足 50%。第三产业基础薄弱。全省第三产业增加值占 GPD 比重 42.0%，低于全国 51.6% 的平均水平，近半数设区市产业结构调整还未到位，匹配国家生态文明试验区发展要求的环保、清洁、循环、绿色产业体系有待进一步构建。

4. 主体责任落实不到位

江西省委省政府对建设生态文明、加强生态环境保护高度重视、高位推动。但是，落实生态环境保护主体责任的意识和力度存在层层递减的现象。具体表现为，有的设区市、县党委政府和有关部门，对绿色发展认识不足、能力不强、行动不实，尤其是在经济发展和环境保护出现矛盾的时候，不敢担当，责任缺位。有的企业环保意识淡薄，往往追求短期利益，违法违规问

---

① "双控双降"：即农药、化肥控制用量，降低用量。

题突出，工业企业治污设施改造进展较为缓慢，已建治污设施不完善或运行不正常，废气泄漏、"走旁路"① 现象较为普遍。

三　提升江西省各设区市生态竞争力的对策建议

党的十九大把生态文明建设上升为新时代中国特色社会主义建设的重要组成部分，对标生态文明建设新方针新任务，江西省应着力提升各设区市的生态竞争力，建设国家生态文明试验区，打造美丽中国"江西样板"。

（一）强化生态系统功能建设

鹰潭市、九江市、南昌市和萍乡市这类设区市在生态基础上落后于其他设区市，同时还面临较大的资源、环境压力，应重点抓好生态系统建设。一是要推进绿化建设，提高森林质量，修复保护湿地，提升生物多样性，逐步完善生态廊道建设和构建生物多样性保护网络，夯实当地的生态系统稳定能力。二是要全面落实主体功能区战略格局和市域空间规划，牢牢守住永久基本农田、生态保护红线等控制要求。三是要进一步强化对当地自然保护区、湿地、重要水源等生态功能区的保护，合理加大生态保护补偿投入。

（二）落实政府职能，提高治理能力

南昌市、鹰潭市、新余市、上饶市、九江市这类设区市除南昌市在环境承载方面具有一定优势以外，其余均处于中等及以下水平，需要政府主导，强化落实政府职能。一是制定完善相关法律法规，理清各种利益相关群体在城市生态建设中的责任和权力，建立高效的利益协商和沟通机制，寻找行之有效的生态环境保护和恢复路径。二是逐步加大生态监管力度，建立系统的监控、监测政策，规定排放标准，在日常工作中加强对重点行业、重点企业的动态监控，并根据目前各行业的技术水平和需求，分别制订节能减排时间

---

① "走旁路"：即通过其他渠道或管道排放。

表。三是加大财政支持力度，建立生态环境建设财政支持机制，将其纳入财政预算，划拨专项资金用于发展公共交通、推广生态公益项目、优化城市布局、建设公园绿地等。同时，对低碳产业提供多方面政策优惠，综合运用财政补贴、政府采购、税收政策等，在税收、信贷等方面给予政策倾斜。

（三）转化生态优势，促进绿色发展

赣州市、抚州市、景德镇市这类设区市在生态基础、治理能力、循环能力方面具备一定的生态竞争力优势，可在巩固原有生态竞争力的基础上，不断创新方式方法，将生态优势转化为发展优势。一是要不断促进发展方式向绿色转型，坚决落实过剩、落后产能淘汰制度，广泛推广传统产业升级改造、强化落实节能减排考核、积极应用清洁能源等。二是要加快发展绿色产业，支持电子信息、智能制造、新材料、新能源等新兴产业发展，全面落实全省绿色生态农业"十大行动"要求，推广全域旅游。三是要建立健全绿色市场，完善绿色金融服务体系、绿色技术创新体系、企业环境信用评价体系等，培育壮大环保产业。

（四）创新生态制度，提供试点示范

吉安市、宜春市这类设区市在资源禀赋、绿色生活及生态潜力方面均具备一定的生态竞争力优势，可在生态制度上为其他地区提供更多试点示范。一是要积极创新生态文明制度建设，争取形成多项可复制、可推广的创新成果。二是要建立自然资源资产管理机构，推进环保监测监察执法垂直管理改革，健全环境资源行政执法与刑事司法衔接机制。三是要全面开展生态文明建设目标考核，推行自然资源资产离任审计、生态环境损害责任终生追究等制度。

参考文献

蒋金法、谢花林等：《江西绿色发展指数绿皮书（2014～2016）》，江西财经大学生

态文明研究院，2017年12月24日。

江西省统计局：《江西统计年鉴》，中国统计出版社，2016~2017。

吕楚群：《中部省会城市生态竞争力研究》，中南林业科技大学硕士毕业论文，2017年5月。

黄欢：《"五位一体"视角下城市生态竞争力评价研究》，江西财经大学硕士毕业论文，2017年6月。

何炎炘：《安徽省各市生态竞争力理论研究与评价》，安徽大学硕士毕业论文，2012年6月。

陈文俊等：《湖南省城市生态竞争力比较研究》，《经济数学》2016年第6期。

吴世昌：《基于因子分析法的长江三角洲核心中心城市综合竞争力》，《改革与开放》2016年第1期。

黄和平、孔凡斌等：《鄱阳湖生态经济区生态经济指数评价》，《生态学报》2014年第11期。

李晓静等：《加权综合指数法在贵州省生态经济评价中的应用研究》，《生态经济》2015年第9期。

杨桂山：《经济快速发展地区生态环境竞争力的评价方法——以安徽沿江地区为例》，《长江流域资源与环境》2008年第1期。

区域报告

Regional Reports

B.9
南昌历史文化资源挖掘、保护和利用的调研与思考

江西省社会科学院课题组*

摘　要：　南昌市作为国家历史文化名城，历史文化资源底蕴深厚，近
　　　　　年来按照"保护为主、抢救第一、合理利用、加强管理"方
　　　　　针，努力守住城市根脉，传承历史文脉，取得积极成效。但
　　　　　是在挖掘、保护和利用过程中面临保护意识有待加强、历史
　　　　　文化资源内在价值挖掘不到位、资源"点式"开发利用未形
　　　　　成"线联动、面带动"效应等不足，文章从强化管理机制建

---

*　课题组组长：梁勇，江西省社会科学院院长，研究员，研究方向为区域经济。副组长：龚建
文，江西省社会科学院副院长，研究员，研究方向为区域经济；李志萌，江西省社会科学院
应用对策研究室主任、研究员，研究方向为生态经济。成员：陈刚俊，江西省社会科学院办
公室副主任、副研究员，研究方向为江西历史文化；盛方富，江西省社会科学院应用对策研
究室助理研究员，研究方向为区域经济；尹传斌，江西省社会科学院应用对策研究室助理研
究员、博士，研究方向为生态经济。

设、推进历史文化资源信息库建设、深化历史文化资源保护与研究阐发、以"文化＋"推动历史文化资源向文化产业转化等方面提出建议。

关键词： 历史文化资源 挖掘 南昌 文化产业

文化是一个民族的灵魂，也是一个地方的灵魂。挖掘地方历史文化资源，保护和利用好地方文化遗产，是传承千年历史文脉、提升地区软实力、增强竞争力重要途径。南昌是江西省省会，有着悠久的历史文化，是国家历史文化名城，是全省政治、经济、科技、文化中心。南昌风景秀丽，名胜古迹众多，有"物华天宝、人杰地灵"之称。南昌市在历史文化资源的挖掘、保护和利用方面做了大量的工作，有成功的经验做法，取得了显著的成效，但也存在很多问题与困难，对此课题组提出了具有针对性的政策建议。

一 历史文化资源概况

作为国家历史文化名城，南昌具有2200多年的历史，人文底蕴深厚，历史文化资源丰富。

（一）英雄城文化

1927年8月1日，震惊中外的"八一南昌起义"爆发，写下了中国现代史上重要的一页。南昌由此一举成为"军旗升起的地方"，从此"英雄城"驰名天下、彪炳史册。南昌以"八一"命名的街道、地名、建筑等有30多处，八一广场、八一大道、八一大桥、八一公园等，八一精神已融入南昌市的血脉。特别是南昌现有以"南昌八一起义纪念馆"为主体，贯穿中国革命和建设时期的各类红色文化资源。

表1　南昌红色文化资源

历史时期	红色文化资源
第二次国内革命战争 （土地革命战争）	1. 南昌八一起义纪念馆,辖有五处革命旧址:南昌起义总指挥部旧址、贺龙指挥部旧址、叶挺指挥部旧址、朱德军官教育团旧址和朱德旧居,为首批全国重点文物保护单位,第一批全国中小学生研学实践教育基地,国家4A级旅游景区 2. 方志敏烈士陵园,国家重点纪念建筑物保护单位、国家级爱国主义教育示范基地
抗日战争	新四军军部旧址,国家重点文物保护单位,全国爱国主义教育示范基地、国防教育基地、青少年教育和活动基地、4A级红色旅游经典景区
第三次国内革命战争 （解放战争）	陈赓解放南昌指挥部旧址(待修复)
新中国建设	1. 邓小平小道纪念馆,省级文物保护单位,爱国主义、革命传统和改革开放及邓小平理论教育基地 2. 陈云旧居陈列馆 3. 中共中央东南分局旧址

（二）滕王阁文化

唐永徽四年（公元653年），唐太宗之弟"滕王"李元婴任洪州都督时创建滕王阁，迭废迭兴达28次。因初唐诗人王勃所作《滕王阁序》而名传千古，与黄鹤楼、岳阳楼并称江南三大名楼。自王勃的"千古一序"之后，王绪曾为滕王阁作《滕王阁赋》，王仲舒又作《滕王阁记》，传为"三王记滕阁"的佳话。后大文学家韩愈又作《新修滕王阁记》。由此王勃、韩愈等人开了"诗文传阁"的先河，使后来的文人学士登阁题诗作赋相沿成习。韩愈曾赞道："江南多临观之美，而滕王阁独为第一，有瑰玮绝特之称。"故又素享"西江第一楼"之美誉。历朝历代文人雅士以滕王阁为歌咏主题的诗作数不胜数，其中不乏张九龄、白居易、杜牧、苏轼、王安石、朱熹、黄庭坚、辛弃疾、李清照、文天祥、汤显祖等文化巨子留下的优美诗文。滕王阁是南昌市的一张名片，其所蕴含的深厚文化积淀也使之成为中华文化上的一座丰碑。1989年10月8日（阴历"九·九"重阳节），第29次重建的仿宋式滕王阁竣工落成。2001年被评为国家首批4A级旅游区，2004年被评为国家重点风景名胜区。

（三）万寿宫文化

万寿宫既是道教宫观，又是江西会馆。万寿宫因祭祀"江西福主"许真君而起，因朝廷对许真君功德的尊崇而兴，因江西移民的迁徙和江右商帮的崛起而盛。位于新建区的西山玉隆万寿宫和南昌市铁柱万寿宫同是天下江西万寿宫的祖庭。玉隆万寿宫起自许真君故宅及飞升福地，是净明道的宗坛；铁柱万寿宫是为纪念许逊降服水患、伏波安澜，是江西人不畏艰险、勇于担当精神的体现，被奉为天下万寿宫的"宗盟"。在千余年的历史中，玉隆万寿宫和南昌万寿宫由最初的祠改名观，最后被皇帝升格为宫，逐渐成为赣都大地的符号象征。明清时期，随着江西人口的大量外迁，万寿宫作为江西移民、江右商人联谊乡情的纽带，被带到全国各地甚至海外，成为外迁赣人心系乡梓的精神寄托，联谊乡情、携手发展的认同平台。江西人的亲情、乡情借由万寿宫纽结强化，江西的历史文化、风俗习惯和气节精神通过万寿宫提炼升华。由此而形成的万寿宫文化，更成为博大精深、辉煌灿烂的江西文化的表征。万寿宫既是江西古人奋斗历程、辉煌历史的最好见证和缩影，更是最能代表江西、展示江西、宣传江西的文化窗口。

（四）高士群体文化

南昌钟灵毓秀、人杰地灵，孕育了以徐孺子为代表的高士文化。汉代高士徐稚以道德、操行和学识名冠一时，为世人所称誉。以至后世每逢谈到江西或南昌，很少不会联想起徐孺子。这固然与初唐王勃《滕王阁序》称颂徐孺子是洪州人杰的代表有关，也证实王勃之前自汉末魏晋以至唐初，徐孺子已经蜚声九州、名重累代。最脍炙人口的是他曾被"四察孝廉、五辟宰府，三举茂才"，以及一次被"请署功曹"，一次被"举有道"而"家拜太原太守"，两次被皇帝礼征。此外，西汉至清代，南昌孕育了西汉高士徐稚（徐孺子），晋代道教净明派祖师许逊，五代南唐的丹青家董源，宋代词宗晏殊，元代散曲家刘时中，航海家汪大渊，明代天文学家欧阳斌元，明末清初四大画僧之一的八大山人（朱耷）和三大医家之一的喻嘉言，清代《四库全书》编

辑彭元瑞、裘曰修和曹秀先等杰出人物。此外，自上古洪涯到清代裘白修共 114 位名人，或乡土英豪，或宦游过昌，王勃、韩愈、白居易、王安石、黄庭坚、朱熹、汤显祖等都在南昌留下了佳作或足迹，不仅在南昌留下了传诵千古的佳话轶事和不朽诗文，其历史文化遗迹也构成了"豫章十景"、"七门九州十八坡"等深含大蕴、交相辉映的文化特色，丰富了我国的文化宝库。

（五）海昏侯文化

2015 年中国十大考古新发现之一的西汉海昏侯墓，自 2011 年抢救性科学考古发掘以来，已出土 1 万余件（套）珍贵文物，对研究中国汉代政治、经济、文化具有重要意义：海昏侯墓是目前我国迄今发现的保存最好、结构最完整、功能布局最清晰、拥有最完备祭祀体系的西汉列侯墓园；是江西省迄今发现的出土文物数量最多、种类最丰富、工艺水平最高的墓葬；是我国长江以南地区发现的唯一一座带有真车马陪葬坑的墓葬；是我国目前发现的面积最大、保存最好、内涵最丰富的汉代侯国聚落遗址，属于重要的国家级历史文化遗产，对研究西汉侯国历史具有独特的重大意义；在其中发现了迄今为止我国最早的孔子画像；失传 1800 年之久的《齐论语》竹简重见天日。这些重大发现引起了全球考古界的强烈反响和社会各界的极大关注，在全国掀起了一股"海昏侯"文化热。2017 年 12 月，南昌汉代海昏侯国遗址被列入国家考古遗址公园立项名单。

二 历史文化资源挖掘保护利用情况

近年来，在城乡建设特别是在棚户区改造等旧城改造中，南昌市按照"保护为主、抢救第一、合理利用、加强管理"方针，努力守住城市根脉，传承历史文脉。

（一）强化文物保护，努力守住城市根脉

近年来，南昌市牢固树立文物保护理念，认真履行文物保护职责。全市

现有一般不可移动文物 2000 余处，各级不可移动文物保护单位 285 处，其中全国重点文物保护单位 9 处、省级文物保护单位 62 处、市级文物保护单位 45 处、县区级文物保护单位 169 处，国有单位馆藏文物近 2 万件套。

一是纳入了城市发展规划，始终把文物保护事业纳入各级各类城市发展规划，尤其是纳入了《南昌市国民经济和社会发展第十三个五年（2016～2020）规划纲要》和《南昌历史文化名城保护规划》。

二是落实文物保护经费，市各级财政已经将文物保护经费纳入财政预算，特别是南昌县专门设立了 1000 万元的文物保护经费，位居全省县（区）之首。加强了政策法治保障，先后出台了《南昌市历史文化名城保护条例》和《南昌市人民政府关于进一步加强文物工作的实施意见》（洪府发〔2018〕1 号），并正在研究制定《南昌市汉代海昏侯国遗址保护条例》，为保护传承文化遗产、弘扬优秀传统文化提供了重要保障。

三是实施了文物保护工程，按照修旧如旧的原则，对八一起义总指挥部旧址、贺龙指挥部旧址、朱德军官教育团旧址等旧城中文物古迹进行了维修。

四是完善了保护管理制度，建立健全了旧城文物古迹安全巡查报告制度、目标责任制度和突发事件应急机制。抓好城乡建设中的文物保护，在棚户区改造、轨道交通建设、历史文化街区建设等城乡建设中，市文物保护部门指导相关部门强化文物保护工作，妥善处理文物保护与城乡建设之间的关系，努力保护好历史文化遗产，守住了城市根脉。

（二）强化研究论证，挖掘城市文化特色

近年来，南昌市十分注重研究挖掘文物古迹的历史内涵和文化元素，在城乡建设中注重打造以"岁月千年"为内涵的历史文化品牌和以八一起义为核心的红色文化品牌，不断彰显城市独特魅力和文化特色。

一是重点开展相关研究。以徐孺子文化遗产保护利用研究、万寿宫文化研究、八一精神研究等课题为平台，深入挖掘城市文物古迹蕴含的历史内涵和文化元素。在此基础上，努力提炼挖掘城市文化特色，即以南昌汉代海昏

侯国遗址为代表的"汉代文化"，以徐孺子为代表的"高士文化"，以许逊为代表的"万寿宫文化"，以王勃为代表的"滕王阁文化"，以八一起义为代表的"红色文化"，还有以利玛窦、汪大渊为代表的海洋文化，以八大山人为代表的书画文化，以豫章书院为代表的书院文化等。

二是实施旧城历史文化再现工程。挖掘城墙、七门（九洲）十八坡、历史街区、历史风貌区、红色记忆、豫章十景等能够展现南昌城市记忆的历史文化要素，以历史街巷、历史遗迹为载体，通过环境整治、设置标志铭牌、建设历史文化街区及历史风貌区等形式，再现南昌旧城风貌，让市民在生活中受到文化的熏陶，让城市在现代化进程中留住历史的记忆。本着先易后难的原则，分步实施，第一期工程主要打造阳明路、叠山路、孺子路、永叔路、象山路、安石路、榕门路、子固路、船山路、渊明路等，已经初步成型。

三是着力彰显历史文化品牌。在城市建设中注重挖掘、利用历史文化遗产，针对滕王阁、绳金塔、万寿宫、进贤仓等历史文化以及文化资源丰富的特点，启动了绳金塔历史文化街区、万寿宫历史文化街区、进贤仓历史文化街区以及滕王阁历史风貌区、三眼井历史风貌区等项目，在保护现有历史文化遗迹的同时，注入现代文明元素。

（三）强化资源利用，传承弘扬城市文脉

按照注重服务群众、惠及民生的要求，南昌市在挖掘保护历史文化资源的基础上，不断强化历史文化资源的利用，为经济社会发展提供良好的舆论氛围、精神动力、思想保证和文化条件。

一是提高文物惠民水平。全市现有博物馆（纪念馆）17个，其中国有博物馆（纪念馆）10个、非国有博物馆7个，各级博物馆、纪念馆全部实行了免费开放，而且采取措施不断提升陈展水平和服务能力。2017年以来，完成了八一起义"一馆五址"陈展提升工程、小平小道陈云旧居陈列馆提升改造工程、中共中央东南分局旧址陈列布展项目等，受到了社会各界的高度关注和一致好评，特别是八一起义纪念馆自上年7月28日重新对

外开放以来，日均接待群众 1 万余人次，最高时达到 2.2 万人次，创历史新高。

二是加强教育基地建设。以教育基地为平台，注重文化遗产的保护利用与传承，目前有全国爱国主义教育基地 3 个、全国国防教育基地 2 个、省级爱国主义教育基地 7 个、省级高校红色育人实践基地 3 个和 10 个市级党性教育示范基地，同时推进红色文化场馆和革命旧址与学校、党校、部队、机关等共建合作，借助教育基地的平台开展"八一军旗红"系列展演、"红色历史·红色记忆"等教育活动，把原本神秘的文物殿堂变成了寓教于乐的文化客厅，有效传承弘扬了优秀传统文化，增强了文化自信。

三是大力发展历史文化旅游。积极利用文物资源发展旅游，努力打造了以八一馆、新四军馆、小平小道陈云旧居陈列馆等红色文化遗迹为核心的红色文化旅游线路和以滕王阁、八大山人纪念馆、南昌汉代海昏侯国遗址为代表的历史文化旅游线路，有力促进了南昌市旅游业的健康快速发展。

三　历史文化资源挖掘、保护和利用的问题与困难

（一）保护意识仍需加强，利用思维有待提升

随着经济社会的发展，以及党中央对文化自信的高度重视，南昌市各地各部门和民众对历史文化资源挖掘、保护和利用的意识越来越强，但是依然存在着不足，主要表现在两个方面。一是部分单位和少数干部对历史文化资源的保护意识不强。尤其值得注意的是，南昌市在旧城改造时，少数单位和干部对文物古迹保护不够重视；少数建设单位缺乏足够的文化保护意识和文物保护知识，在工程建设过程中没有采取必要的文物保护措施，导致一些文物受到损毁。二是对历史文化资源保护和利用的思维落后，历史文化资源的利用意识不强。有些单位对历史文化资源的保护停留在纯粹的保护状态，只想着让历史文化资源维持不动，利用好历史文化资源的意识不强。

（二）历史文化资源内在价值的挖掘不到位

南昌市具有丰富的历史文化资源，其中不乏具有特色和全国影响力的资源，如八一文化、徐孺子文化、滕王阁文化、万寿宫文化等，虽然这些文化都得到了一定程度的开发，如建立八大山人纪念馆、将滕王阁楼修复建设成为旅游景点、规划建设了万寿宫历史文化街区和绳金塔历史文化街区等，这些开发利用都停留在表层次，只是景观式的打造，对更具有价值的文化内涵的挖掘严重不足。主要表现在三个方面：一是对历史文化资源的研究阐发不足。对万寿宫文化、绳金塔文化的文化特色和历史底蕴未能深入挖掘，对徐孺子文化、滕王阁文化的研究依然有待深入。二是未能与教育进行良好结合以达到文化育人的效果，影响了宣传文化、传承文化的目标实现。当前，南昌市做得比较好的是将红色文化资源与教育相结合、推进红色文化传承弘扬。其他优秀的历史文化资源与教育的结合则明显不足。三是优秀历史文化资源与文化创意产品产业的结合不足。由于文创专业人才的缺乏以及激励机制不健全，相关单位将历史文化资源转化为文创产品的动力不足，比较缺乏将优秀历史文化进行深度挖掘后再创造形成的现代化文创产品。

（三）资源"点式"开发利用，但未形成"线联动、面带动"效应

南昌市虽然历史文化资源丰富，但是从保护和利用的现状来看，各历史文物保护点彼此孤立，各地区间同类历史文化资源缺乏联动交流，没有进行统一整合、实现整体性打造，降低了历史文化资源对民众的吸引力。将相似的历史文化资源进行深度整理，加强彼此之间的联动，可以提升开发利用文化资源的质量，提升市场化开发历史文化资源的经济效益，放大公益性利用历史文化资源的社会效益。如站在全省的高度，将南昌的红色革命文化资源与吉安、赣州的红色革命文化资源进行整体性开发利用，将三地的历史文化资源进行串联。"面带动"是在开发中有意识地将距离较近的历史文化资源连接起来形成一个面，实现相对集聚打造，发挥集聚放大效应，提升历史文化资源的吸引力。在这方面做得比较好的是成都，成都在武侯祠旁边打造了

蜀汉文化风格的锦里古街，两个景点融合成面的放大效应非常显著，提升了景点的魅力和吸引力，大大延长了游客在这片地区游览停留的时间。南昌市不乏知名度高、特色明显的点，但是各点之间彼此分隔、孤立，游客在各点能够停留的时间不长，"点式"开发利用大大降低了对游客的吸引力。

（四）历史文化资源保护的机制不完善

目前，南昌市历史文化资源的保护机制依然不完善，没有形成完整的机制体系。一是政府相关部门的组织机构设置不健全，工作人员配备短缺。南昌市文广新局下负责分管文物保护的三个处室总共只有三名成员，南昌市下辖各区县没有一个地方设置了专门分管文物保护的部门。从事文物保护工作的人员缺乏，尤其是专业性人才缺乏，是历史文化资源保护面临的难题。二是历史文化资源保护部门之间的工作协调机制不顺畅。历史文化资源保护涉及面广，涉及的相关部门多，如在城市建设中遇到的文物保护问题，涉及财政、住建、规划、国土、文化、宣传等多个部门，各部门间的工作协调机制没有建立，影响了城市建设中产生的文物保护问题的解决。目前，南昌依然处于经济快速发展、城市化扩张速度加快时期，新城建设、旧城改造在如火如荼地进行。在这个过程中，城市建设与文物保护的矛盾比以往更加突出。此外，还有南昌海昏侯国遗址管理局与南昌市文广新局受制于单位行政级别的关系，在处理海昏侯遗址管理事务的过程中沟通机制变得烦琐，影响了工作效率。完善各部门间文物保护工作的协调机制迫在眉睫。三是公众参与机制，以及相关扶持政策不健全。公众是保护历史文化资源的重要力量。民间博物馆是保护历史文化资源的重要方式，当前江西省对于扶持民间博物馆发展的政策比较缺乏，已有的政策比较笼统，缺乏针对性和可操作性。引导公众参与历史文化资源保护的机制也没有建立起来。调研中，南昌市文广新局同志反映目前人们的文物保护意识比以前强很多，局里接待群众反映发现新文物和举报破坏文物的次数比以前大量增加。随着公众文物保护意识越来越强，公众参与文物保护的意愿也越来越强烈，而公众参与文物保护的途径和方式缺乏，只靠向主管部门反映和举报的方式参与，会限制群众力量的发

挥，因此亟须建立起文物保护的公众参与机制。四是保护资金筹措机制未建立，资金来源单一，财政投入不足，资金短缺严重。目前，南昌市文物保护经费的资金来源主要是政府财政预算，资金来源单一，而政府财政投入也极为有限，南昌市文物保护经费的财政预算只有 150 万元，在省内虽然排在前列，但与其他省份相比差距很大，而邻省湖南长沙市文物保护预算达到了1127.91 万元。

（五）历史文化资源保护工作的方式和基础设施落后

目前，南昌市历史文化资源保护的工作方式和基础设施落后。没有建立现代化的历史文化资源电子数据库；文物保护的工作方式传统，主要依赖于人工，工作效率低。当前，外省很多地区已经逐步将卫星遥感、无人机技术等现代化的技术用于文物保护工作，改变了传统的保护方式。现代化技术对文物实施监测，可以常年连续性对不可移动文物和文物保护单位"两线"范围内的建筑变化情况进行检测，而且可以覆盖到人走不到、看不到的地方。如湖北省荆州市，在建立现代化历史文化资源电子数据库的基础上，对文物实现电子化监控，不仅能够实现对室内文物的监控，而且实现了对野外的实时监控，极大提高了文物保护工作的效率和质量。南昌市需要加强文化资源保护工作的相关基础设施建设，改进工作方式，采用现代化手段提升历史文化资源保护工作的质量和效率。

四　经验与启示

南昌市推进历史文化资源挖掘、保护与利用的成效与做法，对全省具有如下启示意义。

（一）注重顶层设计是历史文化资源挖掘、保护与利用的前提

历史文化资源保护和传承是一项复杂的系统工程，涉及方方面面，因而，坚持顶层设计以正确制定历史文化资源保护传承的战略规划和整体布

局，是挖掘、保护与利用好历史文化资源的前提。注重顶层设计，着眼全局、统筹谋划、协调联动正是南昌市挖掘、保护与利用历史文化资源的创新举措。南昌市将历史文化资源保护纳入各级各类城市发展规划，尤其是纳入《南昌市国民经济和社会发展第十三个五年（2015～2020）规划纲要》和《南昌历史文化名城保护规划》等的做法启示我们，在经济社会发展过程中，各地应在顶层设计上妥善处理好历史文化资源保护利用与城乡建设之间的关系，努力保护好历史文化资源，守护好城乡发展的文化根脉。

（二）强化法治建设是历史文化资源挖掘、保护与利用的关键

历史文化资源承载着一个地方的历史，是一种不可再生的珍稀资源，而要延续、保护好历史文化资源，需要健全的法律法规来保障。强化立法保护，提高历史文化资源保护的约束力和强制性，正是南昌市推进历史文化资源挖掘、保护与利用的有力举措。南昌市出台的《南昌市历史文化名城保护条例》是全省第一部关于历史文化名城保护管理的地方性法规。南昌市强化立法保护的做法启示我们，推进全省历史文化资源挖掘、保护与利用，应加快弥补保护机制系统架构的关键短板，结合各地各类历史文化资源的实际情况，参考省内外立法经验并广泛征求社会各界意见，制定出台历史文化资源挖掘、保护与利用相关的地方性法规，以实现有章可循、有法可依。

（三）健全管理制度是历史文化资源挖掘、保护与利用的支撑

没有完善的管理制度，任何先进的方法和手段都不能充分发挥作用。对历史文化资源挖掘、保护与利用而言同样如此，健全的保护管理制度，是确保历史文化资源挖掘、保护与利用落到实处的重要支撑。南昌市将历史文化资源保护经费纳入财政预算并建立稳定增长机制，通过建立健全旧城文物古迹安全巡查报告制度、目标责任制度、突发事件应急机制、历史文物挂牌保护制度等，实现历史文化资源挖掘、保护与利用能力的有效提升。不断健全的保护管理制度，成为南昌市推进历史文化资源挖掘、保护与利用的重要法宝。这一做法启示我们，在推进历史文化资源挖掘、保护与利用的过程中，

必须根据现实工作发展需求，不断建立健全管理制度，确保各项管理工作在制度的框架内有序有效开展。

（四）打造文化精品是历史文化资源挖掘、保护与利用的方向

挖掘、利用和传承历史文化资源，应牢固树立文化精品意识，以多出文化精品为指挥棒。南昌市在传承历史文脉的过程中，按照修旧如旧、轻重缓急的原则，高质量升级改造八一起义"一馆五址"陈展、小平小道陈云旧居陈列馆、中共中央东南分局旧址陈列布展项目等，特别是精品打造的八一起义纪念馆荣获第十五届（2017年度）"全国博物馆十大陈列展览精品奖"，这是同一题材继2009年获此项荣誉后再次获此殊荣，在全省实属首次、全国罕见。南昌市的做法启示我们，在尊重历史文化资源本真和挖掘保护规律的基础上，应以精品立世信念，借助现代科技信息技术，打造经得起历史和人民检验的文化精品力作，以工匠精神向世人更好地呈现独具地方特色的历史文化。

（五）文化产业转化是历史文化资源挖掘、保护与利用的重点

挖掘、保护的一个重要目标在于利用和传承，而如何挖掘历史文化资源、激发文化产业发展活力则是一个重要课题。作为历史文化名城，南昌市利用丰富的传统文化资源，积极作为、有的放矢，通过新的文化业态、新的表现方式、新的传播手段赋予其新的生命、新的魅力，努力打造了以八一馆、新四军馆、小平小道陈云旧居陈列馆等红色文化遗迹为核心的红色文化旅游线路和以滕王阁、八大山人纪念馆、南昌汉代海昏侯国遗址为代表的历史文化旅游线路，增强优秀传统文化资源的吸引力、感染力和影响力，推动实现历史文化资源向现代文化产业转化。这一做法启示我们，在推动历史文化资源向现代文化产业转化的过程中，应做足做好"特"字文章，向特色文化优势资源要现代文化产业发展的竞争力。

（六）注重文化惠民是历史文化资源挖掘、保护与利用的宗旨

文化惠民是亲民政策、爱民政策的重要体现，也是"执政为民"理念

在文化上的具体反映,更是历史文化资源挖掘、保护与利用的宗旨所在。为提高文化惠民水平,南昌市制定出台系列政策,免费开放大部分文物保护单位、精心打造具有地方特色的文化活动、借助"互联网 + 文化"助力文化惠民等。这一做法启示我们,在推进历史文化资源挖掘、保护与利用的过程中,需以新时代居民文化需求为导向,依托本地优势特色文化资源,精心打造富有本地特色、群众喜闻乐见的公共文化服务品牌和活动,积极打造"公共文化服务平台"等,以"互联网 + 文化"实现线上线下融合,助力文化惠民,进而大幅提升居民文化消费满意度,不断丰富广大群众的文化生活。

五 对策建议

在历史文化资源挖掘、保护和利用中,南昌市做了大量工作,也取得积极成效,但与党的十九大提出的关于满足人民群众日益增长的美好生活需要的要求相比,还要一定差距,亟须从以下方面发力。

(一)强化管理机制建设

一是加快设立南昌市历史文化资源保护利用工作领导小组,组长由分管该领域的市领导担任,小组成员由国土局、规划局、发改委、文广新局、民政局、宗教局等相关部门负责同志担任,以强有力的协调机制推动历史文化资源挖掘、保护和利用真正落到实处。二是加快组建南昌市历史文化资源保护利用专家委员会,专家委员会由国内外规划、文化(文物)、房产、建筑、园林、旅游、宗教、历史、地名、民俗、法律和传统工艺等领域的知名专家以及热衷于历史文化资源保护利用的社会民间组织志愿者组成,负责对历史文化资源保护利用的重要事项、保护范围内所有建设项目、所有历史建筑的变动等事项进行论证和评审,并尽可能向社会公开。三是强化文物管理部门能力建设。鉴于当前文物管理部门人员、经费与历史文化资源保护利用需求极不相称的现实,应进一步充实人员和经费,特别是尚未设立文物工作

管理机构的县（区）应尽快组建，以强化市、县（区）文物工作管理部门的能力建设。

（二）推进历史文化资源信息库建设

一是参照省外做法，尽快制定并出台《南昌市历史文化资源信息库建设工作方案》，明确提出利用信息化技术手段，对全市域现有历史文化资源信息进行梳理汇总，为历史文化资源保护利用、展示宣传、城市传统风貌延续、文史研究等多个领域提供信息技术支撑。二是推进历史文化资源数据库建设，制定数据入库标准规范，推动全市文化（文物）、房产、建设、城市管理、民政、园林绿化、林业、水务、农业、旅游等部门根据各自职责采集、整理相关信息，录入历史文化资源数据库，实现全市各类历史文化资源的空间定位、使用情况、保存情况和主要价值，以及相关规划保护要求等综合信息全面整合、统一入库。三是启动历史文化资源信息平台建设，开发数据共享、信息查询、辅助行政审批、数据分析决策支持、公众信息服务和数据维护等若干个子系统，为历史文化资源信息库成果展示、运用和服务提供信息化支撑。

（三）深化历史文化资源保护与研究阐发

一是切实抓好历史文化资源保护。在历史遗迹比较集中的区域内规划建设历史文化街区、历史风貌区以及近代工业文化遗产街区，如规划建设万寿宫历史文化街区、绳金塔历史文化街区的同时，加快推进进贤仓历史文化街区的规划建设和洪都、江纺等近代工业文化遗产街区的规划设计，让历史文化资源在历史文化街区、历史风貌区以及近现代工业遗产街区的建设中得到有效保护。二是深入开展历史文化资源研究阐发。依托组建后的南昌市历史文化资源保护利用专家委员会，加强同省内外科研院所的交流与合作，深入研究挖掘徐孺子文化、滕王阁文化等历史文化特色和八一精神、铁军精神等优秀革命传统文化，围绕万寿宫历史文化街区、绳金塔历史文化街区等研究提炼万寿宫文化、绳金塔文化等，使得历史文化、革命文化同我国特色社会主义先进文化一脉相承。

（四）以"文化＋"推动历史文化资源向文化产业转化

一是推动文化与制造业等融合。发展基于文化创意和设计与制造业、建筑业、农林业等相关产业融合的新设计、新工艺、新业态，创造具有南昌特色和时代气息的现代文化新产品。在产业规划、产品设计、商品营销等环节最大限度地进行融合，提高文化附加值，发挥文化产业的功能。二是推动文化与旅游融合。挖掘南昌历史文化和红色文化资源，升级改造万寿宫、绳金塔等一批历史文化街区，筹划新建洪都、江纺等近代工业文化遗产街区，建设一批类似文港的（毛笔）特色村、镇。高标准建设南昌海昏侯墓园遗址等文化旅游聚集区，实施非遗进景区工程。加强旅游纪念品、工艺品的研发设计，拓展文化旅游产业链。三是推动文化与科技融合。支持 VR 技术、数字技术、互联网、软件等高新技术成果向南昌文化领域转化应用，提升文化产品多媒体、多终端传播的制作能力。深入挖掘南昌红色文化与历史文化资源特色，推动文化产品数字化生产、网络化体验、信息化服务，加快培育文化创意、数字出版、移动多媒体等新型业态。四是推动文化与创新创意融合。将南昌地方优秀特色文化资源和创新创意成果深度融合于经济社会各领域，形成以文化为内生驱动力的产业发展新模式与新形态，培育新的经济增长点，创造新的文化产业附加价值。

（五）强化历史文化资源保护利用的支撑建设

一是加大经费投入力度。经费不足是历史文化资源挖掘、保护中普遍存在的困难，南昌市及各县（区）应借鉴南昌县专门设立 1000 万元的文物保护经费的做法，建立与当地经济发展水平相适应、与财政能力相匹配、与历史文化资源丰度相对应的经费投入保障机制。二是培育壮大人才队伍。实施人才兴文战略，建立和完善文化资源保护与开发专业人才的引进、培养的政策体系。支持和鼓励文化资源管理部门、文化企业同各级各类科研院所的合作与交流，为培养优秀文化资源管理和创新人才拓宽渠道和平台。加大人才培养投入，深化人事分配制度改革，在人事、待遇等多方面出台相关优惠政

策。三是出台优惠政策鼓励和引导社会力量参与历史文化资源保护利用。为鼓励和引导社会力量参与历史文化资源的保护与利用，南昌市应在全面贯彻落实国家和省已经出台的各项优惠政策的基础上，评估已有政策的适宜性并全面把握社会主体参与历史文化资源保护与利用的政策诉求，在现有的政策法规框架内，创新性出台有针对性、可操作的优惠政策。

（六）提升文化惠民水平

一是加强教育基地建设。依托全市一批全国爱国主义教育基地、全国国防教育基地等教育基地，围绕不同主题，继续深入开展红色教育活动，将原本神秘的文物殿堂变成寓教于乐的文化客厅，以增强社会大众的文化认同、文化自觉与文化自信。二是不断提升陈展水平和服务。在继续免费开放各级博物馆、纪念馆等文物保护单位的同时，以陈列展览为抓手，不断策划推出、积极引进精品展览，吸引人民群众免费参观；主动适应现代互联网发展，健全完善门户网站、微信公众号、APP 微信客户端等数字化平台，让人民群众足不出户就能实现网上旅游。三是打造一批精品公共文化活动。以新时代广大居民文化消费需求为导向，深入挖掘历史文化价值，提炼精选一批凸显文化特色的经典性元素和标志性符号，精心组织策划人民群众喜闻乐见的公共文化活动，进而把跨越时空的思想理念、价值标准转化为人们的精神追求和行为习惯，不断增强人民群众的文化参与感、获得感和认同感，以丰富多彩的精品公共文化活动促成向上向善的社会风尚。

参考文献

张玉文、熊河水：《南昌红色文化资源开发探析》，《红色文化资源研究》2017 年第 12 期。

魏雅妹、张作霖：《南昌市文化旅游资源的开发》，《旅游纵览（下半月）》2018 年第 7 期。

郭但婷：《唐至明代滕王阁诗研究》，江西师范大学硕士毕业论文，2016 年。

汪红亮：《略论江西万寿宫文化》，《江西广播电视大学学报》2016 年第 3 期。

李星：《江西历史文化资源的保护与利用研究——以万寿宫文化遗产为例》，《农业考古》2011 年第 6 期。

庞振宇：《论江西红色文化资源产业化开发》，《红色文化资源研究》2015 年第 12 期。

周叶：《江西文化旅游研究》，武汉大学博士毕业论文，2014 年。

B.10
赣州市原中央苏区振兴政策
落实绩效评估

江西省社会科学院课题组 *

摘　要：　《国务院关于支持赣南等原中央苏区振兴发展的若干意见》出台后，赣州市在落实苏区振兴政策、北上争资争项工作中取得了显著成效。本文从财政资金投入、产业和金融政策、生态环保投入、区域贸易投入、人才开发投入、公共服务投入等方面进行了科学评估。并从重点产业、重大基础设施、生态环保领域、民生领域等方面提出进一步推进落实振兴发展政策的建议。

关键词：　赣州　振兴政策　绩效评估

2012 年 6 月，《国务院关于支持赣南等原中央苏区振兴发展的若干意见》（下文简称《若干意见》）正式出台。六年来，在党中央殷切关怀、国家部委鼎力支持、省委省政府坚强领导下，赣州市全体干部群众苦干实干，

---

　* 课题组组长：麻智辉，江西省社会科学院经济所所长、研究员，研究方向为区域经济；副组长：高玫，江西省社会科学院经济所副所长、研究员，研究方向为区域经济。成员：郭佳，江西省社会科学院经济所助理研究员，研究方向为区域经济；余永华，江西省社会科学院经济所助理研究员，研究方向为金融学；薛飞，江西省社会科学院经济所助理研究员，研究方向为数量经济；郑雅婷，江西省社会科学院经济所助理研究员，研究方向为产业经济；龚雪，江西省社会科学院经济所助理研究员，研究方向为流通经济；麻骏斌，江西省社会科学院研究实习员，研究方向为产业经济。

赣南原中央苏区振兴发展取得阶段性重大成效。然而，赣州市在落实原中央苏区振兴政策、北上争资争项工作中也存在着一些问题和不足，需要我们进一步改进和完善。为此，受赣州市有关部门委托，江西省社会科学院组成课题组，在实地调研、部门座谈、个别访谈的基础上，对赣州原中央苏区振兴政策落实机制与绩效进行了评估，提出了进一步用好用足政策、促进原中央苏区振兴的对策建议，以期对促进赣州市经济社会可持续发展起到积极的作用。

一 赣州在落实苏区振兴政策北上争资争项[①] 工作中取得的成效

争资争项工作是促投资、稳增长、惠民生最有效、最直接的重要手段，赣州市充分利用国家和江西省给予的赣南原中央苏区振兴发展的一系列政策优势，在市委、市政府统一领导下，全市上下解放思想、内外兼修、北上南下，高位推动争资争项工作，经过精心谋划和密集调度，取得了显著成绩。

（一）争取资金情况

1. 资金总体情况

2012～2016年间，中央、省财政累计下达赣州各类补助资金达1852.5亿元（见表1）[②]，其中2012年278.7亿元、2013年321.7亿元、2014年359.1亿元、2015年415.8亿元、2016年477.2亿元，年均增长幅度达14.39%。上级财政各类补助资金额呈现逐年增长的总体态势，2016年的上级财政补助资金比2012年多出198.5亿元。

---

① 北上争资争项：指赣州市各级政府及有关部门围绕市委、市政府的统一部署，结合国家和江西省相继出台的系列政策，集中力量从国家和省里争取一批重大政策支持、重大资金支持和重大项目的支持。

② 此处1852.5亿元指赣州市财政局口径统计的，2012～2016年中央和省财政累计下达的赣州所有各类财政补助资金的总和。

江西蓝皮书

表1 2012～2016 年赣州市上级财政补助资金情况

年 份	2012	2013	2014	2015	2016	总计
上级财政各类补助资金额(亿元)	278.7	321.7	359.1	415.8	477.2	1852.5
同比增长率(%)	—	15.43	11.63	15.79	14.77	

数据来源:赣南苏区振兴发展工作办公室、赣州市财政局。

2. 资金来源情况

2012 年至 2017 年 5 月,赣州市累计争取上级基建投资资金 214.63 亿元①。其中,中央预算内投资和省级资金各为 154.48 亿元和 60.15 亿元,占比各为 71.98% 和 28.02%。2012 年至 2017 年 5 月赣州市争取的上级资金分别为 39.27 亿元、41.86 亿元、34.45 亿元、35.69 亿元、36.09 亿元、27.28 亿元。各年争取的中央预算内投资和省级资金数据见表2。

表2 2012～2017* 年赣州市争取上级基建投资资金来源情况

年份	安排上级资金(亿元)			中央预算内投资比例(%)	省级资金比例(%)
	合计(亿元)	中央预算内投资(亿元)	省级资金(亿元)		
2012	39.27	34.19	5.08	87.06	12.94
2013	41.86	29.95	11.91	71.55	28.45
2014	34.45	24.93	9.52	72.37	27.63
2015	35.69	26.22	9.46	73.47	26.51
2016	36.09	19.15	16.94	53.06	46.94
2017*	27.28	20.04	7.24	73.46	26.54
总计	214.64	154.48	60.15	71.98	28.02

数据来源:赣州市发改委。

*:此处 2017 年数据的统计日期为 2017 年 1 月 1 日到 2017 年 5 月 19 日。后文提及的 2017 年数据皆截止于 2017 年 5 月 19 日。

---

① 基于数据搜集的原因,此处 214.63 亿元是根据赣州市发改委口径统计的 2012 年至 2017 年 5 月全市上下争取的中央和省预算内基建投资资金。

3.资金投资情况

赣州市争取的资金覆盖社会经济工作的各个领域，主要集中在基础类、社会类、扶贫类、交通电网、环境保护投资等方面。2017年1～5月赣州市合计安排上级投资27.28亿元。

其中，基础类公共项目安排资金6.09亿元，占项目总资金的22.32%；社会类公共项目安排资金7.04亿元，占项目总资金的25.81%；扶贫类工程安排资金4.29亿元，占项目总资金的15.73%；交通电网项目安排资金8.16亿元，占项目总资金的29.91%；环境保护投资项目安排资金1.69亿元，占项目总资金的6.20%（见表3）。

表3　2017[①]年赣州市资金投资类型占比情况

项目分类	安排上级投资（亿元）			投资资金占比（%）
	合计（亿元）	安排中央预算内投资（亿元）	安排省配套或省预算内基建投资（亿元）	
基础类公共项目	6.09	6.04	0.05	22.32
社会类公共项目	7.04	6.88	0.16	25.81
扶贫类工程	4.29	3.85	0.44	15.73
交通电网	8.16	1.63	6.54	29.91
环境保护投资项目	1.69	1.63	0.06	6.20
合计	27.28	20.03	7.25	100.00

数据来源：赣州市发改委。

①注：此处2017年数据的统计日期为2017年1月1日到2017年5月19日。后文提及的2017年数据皆截止于2017年5月19日。

（二）争取项目情况

1.争取项目数量

2012年至2017年5月，赣州共争取中央预算内投资和省级资金项目5712个（次）[①]。从项目个数来看，呈现先增后减的发展态势。2012～2014

---

① 此处项目指根据赣州市发改委口径统计的2012年至2017年5月全市上下争取的中央和省预算内基建投资项目。

年项目数逐年增多，年度项目数为 1041、1091、1616 个。2015 年至 2017 年
5 月项目数则逐年减少，项目数分别为 1164、532、268 个。

然而，从单个项目的平均投资资金来看，则呈现逐年递增的发展态势。
经测算，单个项目的平均投资资金从 2012 年的 377.2 万元增长为 2017 年的
1017.9 万元，大幅增长了 169.86%（见图 1）。这说明中央和江西省对赣州
市的扶持资金具有重点项目聚集、投资集中发力的特征。

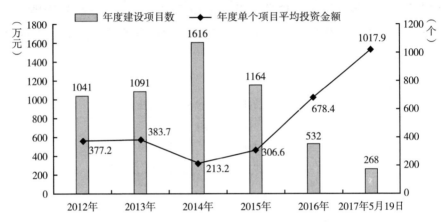

图 1　赣州争取中央和省级资金项目的数量和单个项目的资金情况

数据来源：赣州市发改委。

2. 项目类别情况

赣州市争取的项目覆盖社会经济工作的各个领域，项目主要集中在基础
类公共项目、社会类公共项目、扶贫类工程项目、交通电网项目、环境保护
投资项目等方面。

2017 年 1~5 月，赣州市合计争取中央预算内投资和省级资金项目 268
个。其中，基础类公共项目 58 个，占项目总数的 21.64%；社会类公共项
目 119 个，占项目总数的 44.40%；扶贫类工程项目 46 个，占项目总数的
17.16%；交通电网项目 19 个，占项目总数的 7.09%；环境保护投资项目
26 个，占项目总数的 9.70%。

3. 重大项目情况

2012 年起，赣州市北上争取重大资金、政策支持项目取得明显成效。

表4　2017年*赣州市争取的项目类别数量占比情况

	项目个数(个)	项目数量比例(%)
基础类公共项目	58	21.64
社会类公共项目	119	44.40
扶贫类工程	46	17.16
交通电网	19	7.09
环境保护投资项目	26	9.70
合计	268	100.00

数据来源：赣州市发改委。

*：此处2017年数据的统计日期为2017年1月1日到2017年5月19日。后文提及的2017年数据皆截止于2017年5月19日。

截至2017年5月，赣州累积争取重大资金支持项目17项，合计209.57亿元。其中，资金项目重点投资于农村危房改造、区域生态环境修复治理、稀土开发利用、革命老区转移支付等领域（见表5）。

表5　赣州市重大资金支持项目情况

序号	项目名称	项目金额（亿元）	备注
1	赣南等原中央苏区补助资金	32	从2016年起由6亿元调增为8亿元
2	革命老区转移支付	7.18	
3	农村危旧土坯房改造建房补助资金	57.7	
4	国家重点生态功能区转移支付	31	
5	区域发展专项补助资金	4.5	
6	农村环境连片综合整治资金	3	
7	新能源汽车科技城和稀金谷建设资金	4.5	
8	100个中央专项彩票公益金项目	9.6	2013年4.83亿元、2014年3.8亿元、2015年0.97亿元。"十三五"期间继续加大支持力度
9	稀土开发利用综合试点城市	9.52	2013年3.72亿元，2014年1.22亿元、2015年4.58亿元
10	山水林田湖生态修复项目试点	20	2016年20亿,2017~2019年继续获得差异奖补
11	东江流域国家生态补偿机制项目	15	2016、2017、2018年累计补助15亿元

序号	项目名称	项目金额（亿元）	备注
12	重点区域重金属污染防治	2.8	2015 年 2.80 亿元
13	东江流域国土江河综合整治试点	5.26	2015 年 5.26 亿元
14	宽带无线接入试点城市项目	3	2016 年 3 亿元
15	油茶产业发展项目	6	"十三五"期间分三年共支持 6 亿元
16	瑞金、兴国等 14 个县市纳入第二批国家电子商务进农村试点	3.01	2015 年 3.01 亿元
17	19 个县市区 3461 个行政村全部纳入农村环境连片综合整治范围	15.2	2015 年 3 亿元，"十三五"期间支持 12.2 亿元

数据来源：赣州市财政局，赣南苏区振兴发展工作办公室。

截至 2017 年 5 月，赣州累积争取重大政策支持项目 13 项。其中，政策项目重点扶持区域产业发展（稀土、家具、茶油、脐橙等）、革命老区全方位扶持和扶贫移民搬迁等民生领域（见表6）。

表6 赣州市重大政策支持项目情况

序号	项目名称	备注
1	稀土、钨、铂资源税从 2015 年 5 月 1 日起由从量计征改为从价计征	同时将稀土废弃物及拆解物列入资源综合利用产品和劳务增值税优惠政策目录
2	支持赣州市建设全省首家国家级综合保税区	
3	启动对口支援瑞金市，给予瑞金革命老区全方位的扶持	
4	新能源汽车科技城产业发展规划、江西省新能源汽车动力电池产业基地获批	
5	中国南方稀土集团组建运行，"中国稀金谷"建设纳入国家稀土行业发展规划和有色金属工业发展规划	
6	国家离子型稀土资源高效开发利用工程技术研究中心、赣州国家钨和稀土新材料高新技术产业化基地获批建设	
7	南康家具产业基地获批国家新型工业化示范基地，获批创建"中国制造 2025"试点示范城市	
8	争取移民搬迁计划指标、农村低保扩面、"救急难"综合试点等方面获得批复支持	

序号	项目名称	备注
9	赣州市被列为国家新型城镇化综合试点地区、国家级产城融合示范区,南康撤市设区,赣县撤县设区,蓉江新区获批设立	
10	"赣南茶油"获批国家地理标志保护产品和成立全省首个省级油茶工程研究中心、省油茶产品质量监督检验中心	
11	赣南脐橙入选全国名优果品区域公用品牌,获批建设国家脐橙工程技术研究中心	
12	赣州市获批国家旅游扶贫试验区、国家产城融合试点城市、国家现代物流创新发展试点城市、国家电子商务示范城市	设立总规模 300 亿元的赣南苏区振兴发展产业投资基金
13	瑞金共和国摇篮景区获批国家 5A 级旅游景区	

数据来源:赣州市财政局,赣南苏区振兴发展工作办公室。

截至 2017 年 5 月,赣州累积争取重大交通能源支持项目 6 项。其中,重大交通支持项目 5 项,涉及昌赣、赣深、赣郴、赣韶、兴泉等铁路获批,南昌至宁都、兴赣、大广复线等高速获批,以及瑞金机场和赣州黄金机场的相关规划获批。重大能源项目 1 项,主要是农村电网改造升级工程的计划投资建设(见表 7)。

表 7　赣州市重大交通能源支持项目情况

序号	项目名称	备注
1	昌赣客专、赣深客专、兴泉铁路获批建设	
2	瑞金至梅州、长沙至赣州铁路(赣州至井冈山段)、赣郴铁路、赣韶铁路扩能改造项目列入国家铁路网相关规划	
3	南昌至宁都、宁都至定南、兴国至赣州高速公路获批并建成	
4	大广高速复线、兴赣高速公路北延项目等获批推进	
5	赣州黄金机场设立航空口岸被列入国家规划,瑞金机场加快审批	
6	农村电网改造升级工程 2017 年中央预算内投资计划建设项目	投资共计 8.14 亿元。其中安排中央预算投资 1.62 亿元,安排省配套预算 6.51 亿元

数据来源:赣州市财政局,赣南苏区振兴发展工作办公室。

二 赣州市落实振兴发展政策机制建设情况

《国务院关于支持赣南等原中央苏区振兴发展的若干意见》出台以来，赣州市围绕落实振兴发展政策、北上争资争项，建立了一整套工作推动机制。

（一）组建常设机构

围绕北上争资争项，赣州市成立了由市政府常务副市长任组长，市政府分管副秘书长以及市振兴办、市发改委、市财政局主要负责同志任副组长，由北上争资争项工作任务的部门负责同志和各县（市、区）人民政府、赣州经开区管委会负责常务工作的同志为成员的市北上争资争项工作领导小组，领导小组办公室设在市振兴办，具体负责推进全市北上争资争项日常有关工作。

各县区也成立了以主要领导或常务副县长为组长，各相关单位主要负责人为成员的领导小组，下设办公室，具体负责争资争项工作的目标管理和推进工作。如于都县成立了以县主要领导为组长的领导小组，发改委下设领导小组办公室，另有一个苏区振兴办；兴国县成立了由县政府常务副县长任组长、各相关单位主要负责人为成员的争资争项工作领导小组，下设苏区振兴办公室，为正科级机构，负责争资争项的日常工作。

（二）实施目标责任机制

2016年以来，赣州市每年确定一个争资争项年度目标，并将目标任务分解到市直各相关单位和各县区。各县区也依据市里的任务，制定各自的年度目标，并进行任务分解，以确保目标任务落到实处。如兴国县于2017年4月出台了《北上争资争项百日会战活动实施方案》，提出了争取的重大政策、资金、项目共计26项。于都县印发了《于都县2017年度争资争项工作目标管理和绩效考核方案》。

（三）落实资金保障机制

为切实做好北上争资争项工作，赣州市从项目策划包装、向上争取、落地实施等多方面给予了经费保障。一是前期经费保障。为鼓励部门尽早策划包装项目，做实项目前期工作，市、县两级政府每年度年初预算中都安排专项工作经费，用于项目可研编制。二是工作经费补助。赣州市和各县区政府对于有争资争项任务的部门都有相应的工作经费补助。如兴国县，对争取上级项目资金和捐赠性资金的，按认定额的1‰补助；县财政局、发改委在完成本单位年度争资任务和完成全县争资目标任务的前提下，各补助工作经费40万元，未完成全县任务，按比例扣除工作经费；争取到事关全县经济社会发展的重大项目资金，采取"一事一议"的方式，由争资单位提出申请、领导小组办公室初审、领导小组审核，报县政府审定。

（四）制定考核评估机制

为及时掌握国家投资政策，积极跟踪国家投资方向，争取更多的资金、项目、用地指标、优惠政策及试点示范事项，推动争资争项工作有序开展，结合市县科学发展考评办法要求，市县两级均出台了争资争项考评办法，并将其列入市县年终综合绩效考核中。

（五）建立监督检查机制

为及时掌握北上争资争项工作推进情况，赣州市要求各地各相关部门建立工作台账，每月底向北上争资争项领导小组办公室报送汇报对接和争资争项工作进展情况。市振兴办、市发改委、市财政局及时对各地各相关部门的汇报对接和争资争项工作进展情况进行梳理汇总。市委、市政府定期通报有关工作情况。各县政府也相应建立了争资争项工作领导小组办公室会同县政府对争项争项工作进行定期或不定期督查、通报的制度。如于都县实行了"一月一调度，一季一通报"的督查机制，扎实推进项目的申报工作。

（六）建立激励与惩罚机制

赣州市市县两级对于北上争资争项任务完成的情况，制定了相应的激励与处罚机制。对未完成全年任务基数单位予以通报，对单位的主要负责人予以诫勉谈话，对完成情况为零的单位负责人予以问责处理。同时，追回前期拨发的工作经费。如于都县对争资争项完成情况为 70% ～ 100%（不含100%）的单位将对前期工作经费予以按比例扣回，完成情况为 70% 以下的单位对前期工作经费予以全额扣回。

三 赣州市落实原中央苏区振兴发展政策的效应评估

《国务院关于支持赣南等原中央苏区振兴发展的若干意见》实施以来，国家对原中央苏区尤其是赣南地区的发展倾注了大量的心血，各部委投入了大量的人力、物力、财力，全国人民给予了极大的关注与支持，赣州市落实原中央苏区振兴发展政策工作也取得了极大的成效，切实有效地加快了赣州市经济社会发展的步伐。为了总结经验，更好地推进下一轮苏区振兴政策落实，需要对现阶段赣州市落实苏区振兴政策的绩效进行评估，以明确下一步争取上级政策的重点、补齐产业短板、促进赣州经济社会均衡发展的方向和侧重点。

（一）构建政策效应评估体系

对赣州落实原中央苏区振兴政策效应的评估应该是全方位的评估，指标体系应构成一个多层次的系统，涵盖经济、社会、生态等各个方面。通过借鉴国内外学者对政策评估的前期研究，综合考虑数据的系统性、可操作性和可比性原则，结合赣南原中央苏区振兴政策的整体框架，本文设计一套科学、可操作的评价体系，对赣州市原中央苏区振兴政策的绩效进行评估。

本文将赣州市落实原中央苏区振兴政策的政策效应界定为：赣州市各级政府在一定时期内充分运用原中央苏区振兴政策的各种优惠条件积极向各类

上级部门、社会团体和企业集团等争取资金和项目支持，并充分利用资金与项目的导向作用，对赣州市各种社会事务和资源进行宏观调控和合理配置，使其在振兴经济发展和社会事业的各个领域内实现质的转变，充分发挥政策的综合效应。

2012 年 6 月 28 日，国务院印发国发〔2012〕21 号《国务院关于支持赣南等原中央苏区振兴发展的若干意见》文件（以下简称《若干意见》）。为了更好地分析原中央苏区振兴政策效应，本文选取《若干意见》发布前一年，即 2011 年赣州市的数据为基准组；以《若干意见》发布后五年，即 2016 年赣州市的数据为对照组，范围包括赣州市 18 个县市区：章贡区、南康市、赣县区、瑞金市、信丰县、大余县、上犹县、崇义县、安远县、龙南县、定南县、全南县、兴国县、宁都县、于都县、会昌县、寻乌县、石城县。

赣州市落实原中央苏区振兴政策效应评估体系涵盖了评估目标、评估因素和具体评估指标，具体包括财政投入、产业和金融、生态环保、区域贸易、人才开发和公共服务等一级指标 6 项，和二级指标 50 项（如表 8 所示）。

表 8 赣州落实原中央苏区振兴政策效应指标体系

目标层	领域层	指标层	单 位
赣州北上争资争项的政策效应评估	财政投入	1. GDP	亿元
		2. 当地财政总收入	亿元
		3. 固定资产投资	亿元
		4. 城镇居民人均可支配收入	元
		5. 农民人均可支配收入	元
		6. 新增铁路运营里程	公里
		7. 新增高速公路通车里程	公里
		8. 升级改造国省道	公里
		9. 电网供电能力	万千瓦
		10. 新建堤防里程	公里
		11. 治理河长	公里

目标层	领域层	指标层	单 位
赣州北上争资争项的政策效应评估	产业和金融	12. 第一产业占 GDP 比重	%
		13. 第二产业占 GDP 比重	%
		14. 第三产业占 GDP 比重	%
		15. 规模以上工业企业数	户
		16. 主营业务收入	亿元
		17. 金融机构数	家
		18. 存款余额	亿元
		19. 贷款余额	亿元
		20. 电子商务交易额	亿元
	生态环保	21. 改造低质低效林面积	万亩
		22. 五年植树造林面积	万亩
		23. 森林覆盖率	%
		24. 空气质量标准	国家等级
		25. 水质达标率	%
		26. 集中式饮用水源地水质达标率	%
		27. 治理水土流失面积	平方公里
		28. 综合治理稀土矿山面积	平方公里
		29. 矿山复绿面积	万亩
		30. 单位 GDP 能耗	%
	区域贸易	31. 进出口总额	美元
		32. 实际利用外商直接投资	亿美元
		33. 实际引进省外资金	亿元
	人才开发	34. 在校大学生数	万人
		35. 每年专利授权数	项
		36. 在校研究生	人
		37. 各类中等职业教育在校学生	万人
	公共服务	38. 城镇化率	%
		39. 实施城镇防洪工程	个
		40. 改造农村危旧土坯房	万户
		41. 棚户区改造	万户
		42. 兴建保障性住房	万套
		43. 新建改造农村公路	万公里
		44. 新建桥梁	座
		45. 脱贫人数	万人
		46. 贫困发生率	%
		47. 新建农村保障房	套
		48. 新(改、扩)建校舍	万平方米
		49. 新建村卫生室	个
		50. 兴建乡镇公办中心园	所

　　财政投入绩效，是评判政府在改善基础设施和社会事业发展方面取得成效的重要依据，财政投入绩效的好坏直接关系到赣南地区的开发质量和速度，它包括基础设施建设情况、人民生活水平以及区域经济发展状况等方面的 11 项指标。

　　产业和金融绩效是评判政府运用信贷政策和税收优惠政策在调整产业结构与改善区域金融环境等方面取得成效的重要依据，对于盘活民间资本和产业资本都具有积极的推动作用，它包括产业结构比例、金融机构质量等方面 9 项指标。

　　生态环保绩效是评判政府在生态资源保护与利用、土地资源的使用与开发等方面取得成效的重要依据，它包括土地资源利用、环境保护等方面 10 项指标。

　　区域贸易绩效是评判政府在区域开发、投资环境改善以及区域间经济协作等方面取得成效的重要依据，是争资争项工作实施好坏的重要评估维度，也是区域经济政策的核心。它包括进出口总额、实际利用外商直接投资、实际引进省外资金等方面 3 项指标。

　　人才开发绩效是评判政府在人才引进和智力开发以及管理干部培养等方面取得成效的重要依据，它包括在校大学生数、每年专利授权数、在校研究生、各类中等职业教育在校学生等方面 4 项指标。

　　公共服务绩效是评判政府在实现区域公共服务均等化方面取得成效的重要依据，公共服务均等化水平体现了一个区域的人民群众总体的幸福指数，它包括 13 项指标。

（二）六大分项政策绩效评估

1. 财政资金投入的政策绩效评估

　　为了实现赣南等原中央苏区振兴的目标任务，中央实施了一系列的财政倾斜政策，主要包括公共投资和转移支付两种形式，以公共投资的形式加快赣州市基础设施的建设和提升公共服务水平，以转移支付的形式改善生态环境和人民生活。在政策绩效评估体系的财政投入领域，评估指标有 11 项。

在体现经济发展和人民生活水平的 5 项指标中，2016 年赣州市生产总值达到 2194 亿元，比 2011 年增长了 64.2%，年均增长 10.3%。2016 年当地财政总收入、固定资产投资和农民人均可支配收入这 3 项指标几乎都在 2011年的基础上翻番。城镇居民人均可支配收入为 27086 元，比 2011 年增加11028 元。新增铁路运营里程、新增高速公路通车里程、治理河长等 6 项指标说明交通网络得到快速构建，赣州市基础设施建设取得了长足的进步。

表 9　赣州财政资金投入的政策绩效评估对照

领域层	指标层	2011 年	2016 年
财政投入	1. GDP	1335.98 亿元	2194 亿元
	2. 当地财政总收入	180.32 亿元	366.32 亿元
	3. 固定资产投资	1002.3 亿元	2205.5 亿元
	4. 城镇居民人均可支配收入	16058 元	27086 元
	5. 农民人均可支配收入	4684 元	8729 元
	6. 新增铁路运营里程	0(基准年)	178 公里
	7. 新增高速公路通车里程	0(基准年)	644 公里
	8. 升级改造国省道	0(基准年)	2884 公里
	9. 电网供电能力	180 万千瓦	350 万千瓦
	10. 新建堤防里程	0(基准年)	172.71 公里
	11. 治理河长	0(基准年)	218.3 公里

数据来源：赣南苏区振兴发展工作办公室、赣州发改委、赣州商务局。

此外，财政资金投入的政策效应可细分为基础设施建设、扶贫攻坚等方面。

（1）基础设施建设资金投入绩效分析

第一，交通基础设施建设规模不断扩大。2012 年以来，赣州市开工建设昌赣高铁，实现高铁零的突破；赣瑞龙、赣韶铁路建成通车，新增铁路运营里程 178 公里，全市铁路运营里程达 555 公里。建成通车大广高速公路龙杨段，厦蓉高速赣崇段，寻全、昌宁、宁定、兴赣等高速，新增通车里程644 公里，全市高速公路通车里程达 1443 公里，接近全省的 1/4；赣州机场2016 年旅客吞吐量突破 100 万人次，步入百万空港行列。

第二，能源基础设施项目大力推进。一是电源点建设有力推进。截至2016年底，赣州市电力装机约267.4万千瓦，与2011年相比增长64.35%。华能瑞金电厂二期扩建工程获核准并开工建设。二是电网结构大幅优化。截至2016年底，赣州电网最大供电能力约350万千瓦，与2011年相比增长94.44%，全社会电量由2011年的103.49亿千瓦时提高到2016年的155.53亿千瓦时，工业电量由2011年的67.36亿千瓦时提高到2016年的87.64亿千瓦时。三是油气储运体系初步形成。西气东输三线赣州段工程进气投产，标志赣州市实现西二线和西三线"双气源供气"，赣州市天然气长输管道总里程已经达到300.42公里，年最大输送能力达300万吨。四是新能源开发有序推进。截至2016年底，赣州市已核准风电场29个，总装机195.09万千瓦，总投资约175亿元，建成装机22.3万千瓦；已建成光伏电站装机约25万千瓦，建成生物质发电装机3.3万千瓦、地源热泵项目1个。

第三，水利基础设施取得新进展。2012～2016年各级政府对赣州市水利项目投资71.64亿元，国家安排赣州水利项目专项建设基金28.17亿元，推进了城镇防洪工程、太湖水库、章江灌区、城乡供水等工程建设。全面完成了病险水库除险加固，实施723座病险水库除险加固，全面完成290座规划内一般小（2）型水库除险加固任务；64座新出现小型病险水库已全部开工并基本完成主体工程建设。全面推进防洪工程建设，58个中小河流治理项目已基本完工，新建堤防81.41公里，治理河长218.3公里；31个主要支流治理防洪工程项目开工建设。

（2）扶贫攻坚绩效评估分析

赣南作为革命老区，当地的贫困人口基数大。通过扶贫攻坚、精准扶贫，赣南贫困地区的生产生活条件已经获得较大改善。2011～2016年赣州累计脱贫人数为151.74万人，贫困发生率从26.7%大幅下降到5.7%，降低了21个百分点。农民人均可支配收入从2011年的4684元大幅增长到8729元，接近翻番。从脱贫人数大幅减少、贫困人口占多数的农民人均可支配收入大幅提高来看，赣州的扶贫攻坚成效是显著的。

2. 产业和金融政策的绩效评估

产业和金融政策的引导将优化赣南产业结构，有效提升赣南欠发达地区的自身造血能力。从反映产业和金融发展的 9 个指标来看，五年来第三产业发展迅速，占 GDP 比重从 35.4% 增加到 42.7%。第一、第二产业比重下降，工业稳步做强，2016 年主营业务收入翻番，突破 3000 亿元；2016 年规模以上工业企业数比 2011 年增加 556 户。金融机构数、存款余额、贷款余额在五年间也实现了翻番。电子商务发展迅速，2016 年达到 260 亿元。

如表 10 所示，9 个指标的数值有 8 个指标都显示产业和金融政策效应显著，三次产业及金融服务业的发展良好，具体表现为以下几方面：

表 10　赣州产业和金融政策绩效评估对照

领域层	指标层	2011 年	2016 年
产业和金融	12. 第一产业占 GDP 比重	17.4%	14.6%
	13. 第二产业占 GDP 比重	47.2%	42.7%
	14. 第三产业占 GDP 比重	35.4%	42.7%
	15. 规模以上工业企业数	781 户	1337 户
	16. 主营业务收入	1600 亿元	3577 亿元
	17. 金融机构数	73 家	163 家
	18. 存款余额	1855.5 亿元	4154.1 亿元
	19. 贷款余额	1042.9 亿元	2847.6 亿元
	20. 电子商务交易额	—	260 亿元

数据来源：赣南苏区振兴发展工作办公室、赣州发改委、赣州商务局。其中"—"表示数据缺失。

（1）三次产业投入的绩效评价

第一，农业比重下降，特色产业巩固壮大。2016 年，赣州市农业总产值、农业增加值分别达到 521.84 亿元、325.53 亿元，比 2011 年分别增长 39.12%、39.89%，第一产业占 GDP 比重从 2011 年的 17.4% 下降到 14.6%。脐橙、油茶等特色产业巩固壮大，其中脐橙种植面积 154.85 万亩，产量 107.92 万吨，赣南脐橙连续四年位居全国初级农产品类地理标志产品价值榜榜首，品牌价值达 668.11 亿元。

第二，工业增速持续增长，新兴产业比重不断提高。2016 年赣州市规模以上工业企业数 1337 户，比 2011 年增加了 556 户；实现主营业务收入 3577.33 亿元，是 2011 年的两倍多；工业增加值 847.9 亿元，与 2011 年的 430.4 亿元相比，增加了 417.5 亿元。有色金属新材料、新能源汽车、生物医药等新兴产业迅速发展。

第三，服务业比重不断提高，旅游业逐渐成为经济新增长点。第三产业总产值持续增长，占 GDP 比重从 2011 年的 35.4% 增加到 2016 年的 42.7%，五年增长了 7.3 个百分点。旅游业发展尤为迅速，2016 年接待游客 6741.52 万人次，比 2011 年增长 282%，旅游总收入 588.88 亿元，比 2011 年增长 334%。年均增幅超过 25%，旅游总收入占全市 GDP 的比重超过 10%。

（2）金融服务业发展的绩效评估

第一，金融资产规模不断壮大。赣州市各项贷款保持快速增长势头，年增长速度均超过全省、全国及周边平均水平，本外币贷款余额从 2011 年末的 1042.89 亿元增长到 2016 年末的 2847.59 亿元，增长了 173%。信贷总量占全省比例由 2011 年末的 11.23% 增长到 2016 年末的 13.03%。金融机构本外币各项存款余额从 2011 年末的 1855.50 亿元增长到 2016 年末的 4154.09 亿元，增长了 124%。

第二，推动信贷资金投入扶贫领域。赣州市推出适合贫困户的金融产品。2016 年，赣州市累计发放扶贫贷款 241.54 亿元。其中，"产业扶贫信贷通"累计发放 81.51 亿元，支持 15 万户贫困户和 2054 家新型农业经营主体。从扶贫资金中安排 1 亿元专项资金，为建档立卡的贫困人群向商业保险机构购买补充医疗保险，贫困户住院医疗费用保障率达 90% 以上。推出"金信保"产业扶贫贷款保证保险，为扶贫贷款建立政、银、保三方风险共担机制，已发放"金信保"产业扶贫贷款保证保险 79 万元。

3. 生态环保投入的政策绩效评估

反映赣州市生态环保情况的指标有 10 个，通过对比 2011 年和 2016 年的数据，发现赣州市生态屏障得到有效构建，生态保护效果显著。2016 年

的单位 GDP 能耗比 2011 年（基期）降低了 16.3%，关闭和搬迁高能耗、高污染企业 2500 多家，主动拒绝"三高"项目 3100 多个。综合治理稀土矿山面积和矿山复绿面积达到 56 平方公里和 5.6 万亩。五年间改造低质低效林面积 1000 万亩，植树造林面积达到 511.4 万亩。

表 11　赣州生态环保投入的政策绩效评估对照

领域层	指标层	2011 年	2016 年
生态环保	21. 改造低质低效林面积	0（基准年）	1000 万亩
	22. 五年植树造林面积	0（基准年）	511.4 万亩
	23. 森林覆盖率	76.4%	76.4%
	24. 空气质量标准	国家二级	国家二级
	25. 水质达标率	—	96.6%
	26. 集中式饮用水源地水质达标率	100%	100%
	27. 治理水土流失面积	0（基准年）	2799 平方公里
	28. 综合治理稀土矿山面积	0（基准年）	56 平方公里
	29. 矿山复绿面积	0（基准年）	5.6 万亩
	30. 单位 GDP 能耗	0（基准年）	-16.3%

数据来源：赣南苏区振兴发展工作办公室、赣州发改委、赣州商务局。其中"—"表示数据缺失。

截止到 2017 年 5 月，赣州市累计创建国家级生态乡镇 11 个、国家级生态村 1 个，省级生态县 1 个、省级生态乡镇 90 个、省级生态村 112 个、市级生态村 1277 个。森林覆盖率、空气质量标准、水质达标率、集中式饮用水源地水质达标率等多项指标均达到或超过国家标准。

4. 区域贸易投入的政策绩效评估

在反映区域贸易绩效的 3 个指标中，2016 年赣州市进出口总额达到 41.1 亿美元，比 2011 年增长 40.8%；实际利用外商直接投资 15.1 亿美元，是 2011 年的 1.74 倍；实际引进省外资金 676.75 亿元，在 2011 年的基础上实现翻番。区域贸易投入的指标不仅显示当地贸易的直接投入，还间接反映了该区域贸易的频繁程度，包括与外省、外国的贸易交流、人员交流和思想交流。虽然赣州区域贸易数据在五年间有了明显的增长，但与周边省份，尤其是其发达地区相比增长率仍然不高。如 2011 年至 2016 年赣州市进出口总额年均仅增长 8%，速度相对不够，亟待提高。

表 12　赣州区域贸易投入的政策绩效评估对照

领域层	指标层	2011 年	2016 年
区域贸易	31. 进出口总额	29. 2 亿美元	41. 1 亿美元
	32. 实际利用外商直接投资	8. 7 亿美元	15. 1 亿美元
	33. 实际引进省外资金	306. 96 亿元	676. 75 亿元

数据来源：赣南苏区振兴发展工作办公室、赣州发改委、赣州商务局。

此外，赣州市贸易评估可细分为对外贸易投入绩效评估与引进外资投入绩效评估两部分。

第一，对外贸易投入绩效。2012 年至 2016 年，赣州市进出口总额 187. 63 亿美元，年均增长 5. 74%，其中出口总额 157. 41 亿美元，年均增长 4. 54%。在出口总量保持平稳增长的同时，出口结构进一步优化，出口队伍不断壮大，贸易伙伴不断增加，贸易质量全面提升。截至 2016 年末，赣州市已备案登记的外贸企业有 2219 家，其中累计实现进出口业绩的企业超过 100 家，出口商品覆盖了 13 个大类，机电、高新技术产品出口占比达到三成以上。[①]

第二，引进外资投入绩效。2012 年至 2016 年赣州市累计引进外资企业 523 家，实际利用外资总额 62. 38 亿美元，年均增长 10. 29%，引进外资项目的平均规模由 2012 年的 784 万美元提高到 2016 年的 2228 万美元。全市累计引进省外项目 985 个，省外项目实际进资 2632. 64 亿元，年均增长 17. 19%。成功引进了中国核工业建设集团清洁能源项目、中国机械工业集团有限公司在章贡区投资 100 亿元的中国汽车零部件（赣州）产业基地项目、赣州综合商贸物流园、中航新能源 20 万辆纯电动汽车项目等一批投资超 60 亿元重大项目落户。

---

① 赣南苏区振兴发展工作办公室提供的数据。

5. 人才开发投入的政策绩效评估

通过对比人才开发领域的 4 项评估指标，2016 年专利授权数达到了 5216 项，是 2011 年数量的近 8 倍，说明赣州市科技创新和人才创新取得了巨大的进步。在校研究生人数从 2000 人增加到 3176 人，增长近 60%。在校大学生数五年间也增长了 10% 以上。但各类中等职业教育在校学生从 12.69 万人下降到 7.39 万人。上述数据都说明赣州人才开发投入的政策绩效整体良好，个别方面，如技术工人、技术骨干的人才储备工作需要加强。

表 13　赣州人才开发投入的政策绩效评估对照

领域层	指标层	2011 年	2016 年
人才开发	34. 在校大学生数	8.33 万人	9.78 万人
	35. 每年专利授权数	659 项	5216 项
	36. 在校研究生	2000 人	3176 人
	37. 各类中等职业教育在校学生	12.69 万人	7.39 万人

数据来源：赣南苏区振兴发展工作办公室、赣州发改委、赣州商务局。

另外，赣州人才开发投入的政策绩效评价还包括以下面几方面。

第一，中央下派干部以提供人才支持。2012 年至 2016 年的五年间，中央先后选派 125 名干部（厅局级 10 名、县处级 105 名、科级 10 名）到赣州挂职锻炼，其中中组部、国家发改委牵头 39 个中央国家机关先后选派 2 批共 79 名（厅局级 4 名、县处级 75 名）对口支援干部到赣州开展为期 2 年的挂职锻炼；中央党校、中国日报社等 28 家中央单位选派 46 名干部（厅局级 6 名、县处级 30 名、科级 10 名）到赣州开展扶贫挂职。中央国家机关下派赣州挂职干部的数量较上一个五年增长近 25 倍，为赣州的发展提供了巨大的人才支持。

第二，重大人才平台提供科研支持。2012 年至 2016 年底，赣州市新建 10 家院士工作站、5 家博士后科研工作站。共柔性引进院士 11 人，"千人计划"专家、国贴省贴专家、博士研究生等急需紧缺高层次人才 596 人，聘请国内外顶级专家为市政府或企业顾问 60 多名。这都为赣州主攻工业、产业转型提供了科研支撑。

第三，国家人才帮扶政策提供政策支持。通过国家人才帮扶政策，赣州市成功推荐 3 人入选国家"千人计划"，实现了长期以来赣州"千人计划"零的突破。争取中组部等实施"三区"人才支持计划，赣州 11 个县（市）被列为文化工作者专项人才工程国家重点支持县，享受中央财政全额经费资助。

6. 公共服务投入的政策绩效评估

公共服务领域包含 13 个评估指标，2011 年至 2016 年间，城镇化率从 39.34% 提高到 47.13%，提高了 7.79 个百分点。贫困发生率从 26.7% 下降到 5.7%，下降了 21 个百分点，五年间脱贫人数达到 151.74 万人，说明赣州脱贫攻坚成果显著。棚户区改造、新建改造农村公路、新（改、扩）建校舍等 10 个指标数据都显示公共服务投入的政策绩效良好。

表 14　赣州公共服务投入的政策绩效评估对照

领域层	指标层	2011 年	2016 年
	38. 城镇化率	39.34%	47.13%
	39. 实施城镇防洪工程	0（基准年）	30 个
	40. 改造农村危旧土坯房	0（基准年）	69.52 万户
	41. 棚户区改造	0（基准年）	8 万多户
	42. 兴建保障性住房	0（基准年）	16 万套
	43. 新建改造农村公路	0（基准年）	2 万公里
公共服务	44. 新建桥梁	0（基准年）	580 座
	45. 脱贫人数	0（基准年）	151.74 万人
	46. 贫困发生率	26.7%	5.7%
	47. 新建农村保障房	0（基准年）	8683 套
	48. 新（改、扩）建校舍	0（基准年）	503 万平方米
	49. 新建村卫生室	0（基准年）	730 个
	50. 兴建乡镇公办中心园	0（基准年）	283 所

数据来源：赣南苏区振兴发展工作办公室、赣州发改委、赣州商务局。

下面从教育和科技等方面的资金投入来评估赣州市公共服务领域的政策绩效。

从教育投入来看，2012 年至 2017 年 4 月累计获得国家、省级教育项目

资金 86.3 亿元。江西省教育厅累计支持赣州定向招生专项计划 1822 名、支持赣州招聘"特岗计划"7568 人、"三区人才支教计划"3142 名、学前教育巡回支教志愿者 1987 人，实施国培、省培计划，免费为赣州培训教师 10.1 万人次。

从科技投入来看，《若干意见》实施以来，赣州市级财政科技投入大幅增长，2013 年市级科技人才专项资金达 1 亿元，带动赣州市科技创新主体投入科技研发经费达 10 亿元以上，建立和完善了以财政投入为引导、企业投入为主体、金融信贷为支撑的科技投入体系。从医疗卫生投入来看，2012 年至 2016 年，赣州市共获得中央预算内投资的卫生项目 1035 个、补助项目资金 8.41 亿元，共新改扩建 1045 个医疗卫生基础设施项目，新增病床位近 1.6 万张，新增业务用房建筑面积 72 万平方米。

（三）总体政策绩效评估

通过对赣州落实原中央苏区振兴政策效应评估指标体系中的财政投入、产业和金融、生态环保、区域贸易、人才开发和公共服务等 6 个一级指标、50 项二级指标进行评估，得出赣州落实原中央苏区振兴政策的总体绩效。

——从六大领域来看，政策绩效评估结果是良好的。通过上述对政策效应的分层评估，可以清楚地发现，2012 年《若干意见》实施以来，在赣州市的财政投入、产业和金融、生态环保、区域贸易、人才开发和公共服务这六大领域都取得了良好的成效。这说明赣州落实原中央苏区振兴政策效应是显著的、正面的。

——从 50 项二级指标来看，政策绩效评估总体上是正面的，在少数指标上存在不足。"电子商务交易额""水质达标率"这 2 项指标出于多种原因，缺失了 2011 年的基准数据，从而缺少了对比性。"各类中等职业教育在校学生"这项指标 2016 年为 7.39 万人，低于 2011 年的 12.69 万人，这说明赣州的技术工人、技术骨干的人才储备需要加强。除去以上 3 个指标，50 项二级指标其余的 47 项，如"GDP""财政总收入""居民人均可支配收入""主营业务收入""城镇化率""脱贫人数"等指标都显著提高或明显改善，这说明政策绩效评估结果总体上是积极正面的，政策落实取得了良好的成效。

——从横向对比来看，个别数据的增长速度不够快。2016年赣州市进出口总额达到41.1亿美元，比2011年增长40.8%，在五年间有了明显的增长。但经过逐年分摊，2011年至2016年赣州市进出口总额年均增长仅8%，与周边省份地区，尤其是发达地区相比增速仍然不高，亟待提高。这说明了赣州区域贸易尤其是对外贸易发展速度不够快，对外开放程度不够深、对外交流不够多。

四 进一步推进落实振兴发展政策的建议

根据党的十九大报告和省委省政府《关于纵深推进赣南等原中央苏区振兴发展，实现与全国同步全面小康的意见》精神，结合赣州市经济社会发展的需求，按照对标中央、补齐短板的原则，现阶段赣州市推进苏区振兴政策落实的重点应聚焦在重点产业、重大平台、重大基础设施、生态环保、民生工程等领域。

（一）促进重点产业领域振兴政策落实

苏区振兴发展、增强内生动力，大力发展产业是关键。因此，要瞄准国家投资导向，全面提升赣州市产业发展水平。在工业领域，围绕有色金属及新材料产业、新能源汽车、高端装备制造、电子信息、生物医药等产业，积极争取在智能制造、高新技术产业化、科技创新、军民融合等方面加大项目资金申报力度，加快推动产业转型升级，积极培育新的发展动能。在农业领域，要瞄准传统农业的提升改造、三产融合，积极争取上级各类项目扶持。在服务业领域，围绕物流产业、现代金融和旅游业争资争项。

1. 建议国家部委支持赣州市建设"中国稀金谷"

为加快推进供给侧结构性改革，提高我国稀土、钨战略资源在国际上的话语权、引领权和主导权，赣州市委、市政府决定高起点规划建设"中国

稀金谷"。建议：国家发改委在有色金属产业布局时，将赣州高新区列为国家稀有金属产业基地，并将稀有金属产业重大项目向赣州高新区倾斜；工信部将"中国稀金谷"建设列入《中国制造2025》重大项目库，将赣州列为稀土、有色金属高值利用示范重点城市；科技部对在"功能与智能材料"重点专项中统筹安排赣南稀土、钨新材料研发及应用予以重点支持和倾斜，支持建设"稀土、钨新材料国家重点实验室"和新材料产业研究院；推进国防科工局军民融合重大创新和产业化项目落户"中国稀金谷"，支持赣州高新区申报建立"军民融合钨和稀土有色金属新材料产业基地"，加快军民融合产业发展。

2. 建议国家部委支持赣州市新能源汽车产业发展

争取国家发改委、工信部在进行新能源汽车产业发展布局时，支持赣州市新能源汽车整车项目获得项目建设核准，并取得新能源汽车整车生产资质；将赣州经济技术开发区列为国家新能源汽车产业基地，帮助协调引进新能源汽车整车项目落户赣州。

3. 支持赣州市实行差别化产业政策

建议国家有关部委参照《中共中央国务院关于全面振兴东北地区等老工业基地的若干意见（中发〔2016〕7号）》，设立苏区振兴产业投资基金，将国家重大生产力布局特别是战略性新兴产业布局重点向赣州倾斜。争取国家有关部委将稀土、钨初加工，新能源汽车等特色优势产业列入国家鼓励类产业目录。

4. 推动国家级科研院所支援赣州发展特色产业

建议参照中央国家机关对口支援赣州市18个县（市、区）的政策，建立中国科学院、中国工程院、中国社会科学院等院所对口支援发展特色产业的机制，帮助赣州加强人才引进培养、核心技术攻关、科研平台建设等。如推进中国科学院、中国工程院在"中国稀金谷"核心区合作共建研发中心、院士工作站。

5. 继续支持赣州市优势矿产业发展

按照批准的《赣州市稀土矿产国家规划矿区矿业权设置方案》和《赣

州市稀土枯竭矿山资源接续实施方案》，通过国务院办公厅《关于印发〈矿业权出让制度改革方案〉的通知》（厅字〔2017〕12号）试点工作，争取国土资源部同意接续主体以协议出让方式获取稀土接续矿区矿业权，实施稀土资源接续，延长稀土资源示范基地建设期限，给予稀土开采总量控制指标倾斜，增加赣州市稀土开采总量控制指标3000吨，支持赣州市稀土产业发展。争取国土资源部同意按《赣州市钨矿矿业权设置方案》调整已设采矿权的矿区范围，批准协议出让扩大矿区范围，按审批发证权限办理手续，将赣州市地方钨矿山列入国家矿产资源节约与综合利用示范基地建设项目。争取环保部、国资委支持大余县打造全国钨产业集群及高科技综合利用产业基地。协调国家和省发改、工信部门将江西省寻乌稀土新材料产业基地列为国家级稀土新材料（永磁材料）产业基地。

6. 支持赣州旅游产业发展

争取国家旅游局协调国务院扶贫办、国家发改委、财政部支持赣州国家旅游扶贫试验区建设，设立国家旅游扶贫试验区专项扶持资金。建议国家旅游局对赣州全国乡村旅游扶贫重点村予以重点支持，在规划编制、资金分配、项目安排、人才培训等方面向赣州倾斜，帮助赣州市通过实施乡村旅游扶贫工程带动贫困人口脱贫致富。争取国家发改委、旅游局在编制《全国红色旅游经典景区三期总体建设方案》时，对赣州红色旅游项目给予重点支持。

7. 支持赣州市全域创建国家现代农业示范区

为进一步加快赣州市现代农业示范园区建设，整体提升园区发展档次，示范带动全省乃至全国丘陵山区现代农业建设，实现赣南苏区乡村振兴，建议农业部在安排认定新一批示范区时，比照陕西省延安市，优先支持赣州市全域创建国家现代农业示范区，并倾斜安排项目资金。

8. 协调建立赣南苏区重大项目审批核准"绿色通道"

中共中央办公厅、国务院办公厅《关于加大脱贫攻坚力度支持革命老区开发建设的指导意见》（中办发〔2015〕64号）明确"探索建立老区重大项目审批核准绿色通道"。鉴于江西是中部地区省份，赣州是江西省唯一

享受西部大开发政策的设区市，为了更好地支持赣南苏区振兴发展，使中办发64号文件精神落到实处，建立赣南苏区资金项目下达"绿色通道"非常必要。建议国家部委在产业发展、交通能源水利基础设施建设、生态环保建设等重大项目领域，建立项目审批核准"绿色通道"，加快项目审批核准，并提前介入指导项目建设。

（二）促进重大基础设施领域振兴政策落实

基础设施薄弱、公共服务不足是当前赣州比较突出的短板问题，下一步争资争项要重点围绕补齐短板，积极争取交通、电力、水利等基础设施项目补助资金，加快破解当前制约赣州经济社会发展的"瓶颈"，增强其支撑能力。

1. 支持瑞兴于快速交通走廊项目建设

瑞兴于快速交通走廊是《若干意见》重点支持项目之一，也是连接瑞金、兴国、于都三县市的产业发展和红色旅游走廊，项目起于瑞金市云石山乡，经于都县银坑镇，终于兴国县高铁西站，路线全长约137公里，目前，该项目已完成项目的可研编制。为加快建成瑞兴于经济振兴试验区，建议交通运输部同意参照西藏地区享受特殊政策，按项目总投资的100%补助该项目建设资金58亿元。

2. 支持赣州市高速铁路建设

争取国家铁路总公司、国家发改委、交通运输部支持新建瑞梅铁路。建议省政府协调中国铁路总公司尽快启动长赣铁路前期工作，将项目技术标准确定为双线、时速350公里/小时，并力争2018年开工。协调国家发改委、国家铁路局、中国铁路总公司支持将赣州至广州高速铁路纳入国家有关规划，支持将项目技术标准确定为双线、时速350公里/小时。

3. 支持赣州市电力设施建设

争取国家发改委、国家能源部支持神华国华信丰电厂2×66万千瓦项目、华能瑞金电厂二期2×100万千瓦扩建工程建设。争取国家能源局、国家电网公司进一步加大赣南苏区电网投入，加快赣州交直流特高压输变电工程的项目落地,通过建设"电力高铁"(特高压电网)来接纳大电源、提高电力承载能力。争取国家增大江西农网改造升级享受中央资本金规模,并参照执行新疆、甘肃等地农网改造投资政策,将赣南等原中央苏区、罗霄山脉片区农网改造投资中央资本金比例由20%调增至50%。支持将赣州全域列入小康电示范县。

4. 支持赣州市水利设施建设

建议国家发改委、水利部将赣州市定南县洋前坝水库、信丰县黄坑口水库、龙南县茶坑水库三座新建中型水库列入国家相关规划,尽快安排建设,并参照西南五省标准给予资金补助;建议国家水利部重点支持赣州实施48个主要支流治理和241条中小河流治理项目,从2017年至2020年,按照西部政策标准每年安排80个项目、15.6亿元加强赣州城镇防洪建设,提高城镇防洪减灾能力。建议国家发改委、能源局将赣县抽水蓄能电站纳入规划站点实施。

(三)促进生态环保领域振兴政策落实

生态文明建设和环境保护在未来很长一段时期内将是各级政府常抓不懈的工作,国家在这个方面的资金投入将会加大。赣州市作为赣江、贡江、东江等流域所在地,面临的流域保护和污染治理的压力会很大,项目资金需求也会很大,生态环保也是赣州市争取项目资金的主要方向。

——推动开展重点流域水环境综合治理和可持续发展试点。建议国家水利部、农业部等有关部委对赣州市山水林田湖生态保护修复试点、农村环境综合整治试点等给予后续资金支持;加快推动赣江源国家生态补偿试点,并加大生态转移支付力度和生态扶贫资金投入,帮助解决赣州市经济发展与生态保护的矛盾。进一步加大对赣州低质低效林改造的支持力度,支持赣州市低质低效林改造,切实提升森林质量。建议国家从2017年到2025年,每年安排4亿元改造资金,为生态屏障建设提供财力保障,进一步巩固我国南方地区重要生态屏障。

——争取财政部、环保部加大支持赣州市土壤污染防治工作力度。在实

施《土壤污染防治行动计划》时加大对赣州市土壤污染防治工作的支持力度，在土壤环境调查与监测评估、监督管理、治理与修复等工作方面给予重点支持。

——争取国土资源部将赣州市列为地质灾害综合防治体系建设试点市，在地质灾害调查评价、监测预警体系、防治工程、应急体系、地质灾害综合防治信息系统建设等方面给予项目、资金支持；支持设立赣州废弃矿山地质环境恢复治理专项；支持赣州按小流域整合打包申报特大型地质灾害治理专项。

——支持大余西华山钨矿国家矿山公园建设。《若干意见》提出，支持赣州地质公园、湿地公园等建设。大余西华山钨矿是钨矿发源地，被誉为"世界钨都"，具有百年开采历史，矿业遗迹显著，成矿模式典型，科研科普价值极高，是研究钨矿矿山发展历史的珍贵"活教科书"。建设大余西华山矿山公园，可使不可再生的重要矿业遗迹得到保护和修复，并得到永续利用。建议国土资源部，批复大余西华山钨矿国家矿山公园项目建设，并给予项目资金扶持和倾斜。

（四）促进民生领域振兴政策落实

虽然近年来国家加大了对赣南原中央苏区民生工程的支持力度，但由于赣州市历史欠账多，财政支出盘子大，收入不足的问题仍比较突出，民生工程建设仍有很大的资金缺口，需要积极争取国家和省级层面加大转移支付力度，助力地方脱贫攻坚。

——进一步加大对赣南老区脱贫攻坚的资金支持力度。建议财政部在赣南等原中央苏区转移支付、革命老区转移支付和中央集中彩票公益金等方面给予倾斜，助推赣州加快脱贫攻坚步伐。

——建议国家有关部门根据《若干意见》中"中央在赣州安排的公益性建设项目，取消县及县以下和集中连片特殊困难地区市级资金配套"，取消市、县级民生和社会事业项目配套资金。

——建议国家发改委、人社部支持赣州市县级公共实训基地建设，优先把宁都、瑞金等地公共实训基地建设项目纳入中央预算内投资计划。建议人社部、省人社厅加大对赣州市在"两城两谷一带"高新技术企业建立博士后科研工作站（博士后创新实践基地）的支持力度。

——争取国家财政部、住房和城乡建设部、水利部对赣州市申报海绵城市建设予以精心指导，支持赣州进入第二批海绵城市建设试点名单。同时，争取国家财政部、住房和城乡建设部大力支持赣州市申报地下综合管廊试点。

——建议民政部根据《国务院关于支持赣南等原中央苏区振兴发展的若干意见（国发〔2012〕21 号)》的文件精神，批准赣州市设立国家级新区——章康新区，支持上犹县撤县设区，龙南县撤县设市。争取民政部将赣州纳入全国居家和社区养老服务改革试点单位，支持赣州市养老机构建设，并给予资金扶持。争取民政部协调中宣部、国家发改委尽快对中央苏区烈士陵园建设项目立项审批。

（五）促进有效工作机制的落实

为了纵深推进赣南等原中央苏区振兴发展，提高北上争资争项的质量，有必要在完善有效落实机制方面进一步下功夫。

——统筹安排项目前期经费。搞好项目前期工作，是项目科学决策和顺利建成的关键。应参照先进地方做法，每年安排一定的市级预算内基本建设资金，用于安排重大重点项目前期工作、本级项目地方配套资金等，用于推动各地项目建设前期工作。

——合理谋划项目。吃透上级精神是争资争项的基础，为了明确争资争项的主攻目标，各地各部门在争资争项的过程中，要深挖《若干意见》政策内涵，研究中央、省级项目走向，紧扣习近平总书记、李克强总理对赣南等原中央苏区振兴发展工作的重要批示，结合党的十九大会议和《江西省委省政府关于纵深推进赣南等原中央苏区振兴发展，实现与全国同步全面小康的意见》的精神，围绕重点产业发展、重大基础设施建设、生态环境保护、民生工程、乡村振兴、脱贫攻坚等领域，精心策划一批辐射面广、带动

力强的重大项目，搞好项目储备库建设，为北上争资争项奠定基础。要注重加强对政策的操作性、配套能力等后置条件的研究，提出有针对性的方案，提高北上争资争项的精准度。

——简化项目前期手续。鉴于项目前期工作比较烦琐，建议在向上争资过程中，进一步优化程序，简化项目前期申报、核准和备案程序。例如：在争取中央预算内资金过程中，对投资规模小、技术方案简单的项目，取消可研报告审批环节，以审批项目建议书替代审批项目可研报告。对一些重大项目实行特事特办、急事快办、构建"绿色通道"，营造优良的争资争项服务氛围。

——坚持问责问效，推动争资争项。围绕争资争项，需要全市上下进一步健全相关工作落实机制，对标目标任务，倒排时间，销号完成。同时，要加大对中央预算内投资项目的稽查督办力度，建立健全问责问效机制。对已安排上级资金的项目，要推动项目尽快实施，对进展缓慢的要及时查明原因、解决问题，对涉及"不作为、慢作为"的部门和工作人员，要坚持问责问效。要通过推动项目建设，防止资金沉淀，确保中央资金及时发挥投资拉动效益。

——完善考评机制，激发争资争项动力。一是细化考核指标。针对现有考核机制中存在的注重结果、忽视过程，重到位资金、忽视后期项目监管的不足，进一步量化、实化、细化争资争项考核指标。对项目的推进、监管设计相应的考核指标，对争资争项结构、质量制定细化考核标准，加大竞争性、重大产业项目指标的权重，以提高争资争项工作的质量。二是加大奖励力度。建议赣州市委市政府出台有关制度，加大对争资争项工作的奖励力度，对成功争取到事关赣州市发展的重大产业和平台的相关人员，要给予资金奖励，对引进重大单体投资央企项目的要给予资金奖励。

——强化资金配套，保障项目落地。解决项目配套资金不足的难题，在尽力争取上级配套资金减免、做好地方财政自筹的同时，要加快投融资体制改革，开拓思路，通过PPP融资、项目融资等多种方式，吸引社会资本参与重大基础设施、生态环保等项目的建设，争取项目早落地、早见效、早出经验，为后续国家和省里加大政策、项目支持力度提供良好的条件和充足的依据。

参考文献

秦晨：《皖江示范区承接产业转移政策有效性研究》，合肥工业大学硕士毕业论文，2014。

盛昭瀚、朱桥、吴广某：《DEA 理论、方法与应用》，科学出版社，1996。

李嫒：《上海市科技资源配置效率评估及优化路径研究》，《上海经济研究》2015 年第 9 期。

赵晋平：《利用外资与中国经济增长》，人民出版社，2001。

魏建树：《浅谈我国吸收和利用外资的几个问题》1998 年第 2 期。

傅梦孜：《世界直接投资》，时事出版社，1998。

汪志鹏：《团风县"五个细化"做好争资争项工》，《黄冈日报》2010 年 3 月 8 日第 2 版。

丰章良：《我市出快手到省直部门争资争项显成效》，《九江日报》2008 年 11 月 23 日第 1 版。

肖兆生：《乘势借力建网络 完善服务求发展——江西省宁都县社积极争资争项构建"新网工程"的启示》，《中国合作经济》2012 年第 5 期。

宁都县人民政府：《宁都县 2013 年争资争项工作方案》，2013。

中共中央国务院：《关于深入实施西部大开发战略的若干意见（中发〔2010〕11 号)》，2010。

《赣南苏区振兴发展工作报告》，赣南苏区振兴发展工作办公室，2017 年 5 月。

B.11
九江市建设长江最美百里岸线的
做法成效、困难与建议

江西省社会科学院课题组*

摘　要： 打好污染防治攻坚战和生态文明建设持久战，是实现高质量发展的必答题。作为江西省唯一沿江港口城市，九江市是打造"水美、岸美、产业美"百里长江"最美岸线"的主战场。文章全面分析了九江市沿长江各地区推动长江"最美岸线"、打好污染防治攻坚战的做法与成效，并围绕实施过程中存在的主要问题与困难，从建立健全山水林田湖草系统治理统筹机制、强化城乡生态空间管控建设、强化河湖管理等方面提出建议与思考。

关键词： 最美岸线　污染防治　绿色发展　九江

　　习近平总书记强调新形势下推动长江经济带发展，关键是要正确把握"五大"关系，加强改革创新、战略统筹、规划引导，推动经济高质量发

---

　　* 课题组组长：李志萌，江西省社会科学院应用对策研究室主任、研究员，研究方向为生态经济。成员：何雄伟，江西省社会科学院《企业经济》副主编、副研究员，研究方向为生态经济；盛方富，江西省社会科学院应用对策研究室助理研究员，研究方向为区域经济；马回，江西省社会科学院应用对策研究室助理研究员，研究方向为区域经济；尹传斌，江西省社会科学院应用对策研究室助理研究员、博士，研究方向为人口、资源与环境；陈胜东，江西省社会科学院产业经济研究所副研究员、博士，研究方向为生态经济；蒋小钰，江西省社会科学院产业经济研究所副研究员，研究方向为产业经济；周晓燕，江西省社会科学院产业经济研究所助理研究员、博士，研究方向为生态经济。

展，这为深入推动长江经济带发展提供了根本遵循。九江位于长江中下游南岸，鄱阳湖入江口为长江中游和下游地理分界线，是长江经济带重要节点城市，也是江西唯一沿江港口城市，江西省委十四届六次全会明确提出，把九江打造成江西双向开放的大门户、大通道，打造百里长江"最美岸线"，九江是主战场。为助推九江市"水美、岸美、产业美"的目标实现，江西省社科院课题组对九江长江岸线沿江地区进行了深入实地考察和调研，对九江打造长江"最美岸线"、打好污染防治攻坚战的现状、存在问题及难点等进行了分析思考并提出思路建议。

一 九江打造长江"最美岸线"的做法与成效

（一）九江长江岸线基本情况

九江长江"岸线"范围西起下巢湖湖口（江西省与湖北省交界处），东至牛矶（江西省与安徽省交界处），位于长江航运水道与京九大动脉交汇处，是东部沿海开发向中西部推进的过渡地带，区域范围包括瑞昌市、湖口县、彭泽县、柴桑区、浔阳区、濂溪区和开发区（国家级九江经济技术开发区），共一市二县四区（下称"沿江地区"），其所辖长江岸线全长约152公里（不含洲岛岸线），全在九江市境内，均位于长江右岸，总面积5063.8平方公里，2017年总人口220.2万人（详见表1）。截至2017年底，沿江地区实现地区生产总值1461.8亿元，较2016年增长9.5%；完成财政收入184.7亿元，较2016年增长14.7%；全社会固定资产投资1670.0亿元，较2106年增长13.3%。

（二）九江打造长江"最美岸线"的做法与成效

1. 综合推进岸线整治和长江水质保护

全力开展沿江非法码头专项整治行动，对小散码头进行统一整合。全力开展沿江非法采矿专项整治行动，实施沿江岸线生态修复工程，推进岸线绿化美化。2017年以来，共拆除非法码头近百个。多措并举保护长江水质。

表 1　九江市沿江地区基本概况

地区	区域面积 （平方公里）	人口数量 （万人）	岸线长度 （公里）	地区生产总值 （亿元）	财政收入 （亿元）	全社会固定 资产投资 （亿元）
瑞昌市	1442.0	46.0	19.5	182.0	30.0	306.0
湖口县	669.0	30.0	24.0	142.0	30.4	262.0
彭泽县	1544.0	38.0	46.5	122.0	22.0	176.7
柴桑区	873.0	33.2	16.4	120.0	18.6	208.3
浔阳区	26.0	27.8	11.7	375.0	36.1	112.6
濂溪区	369.8	25.2	15.0	255.8	30.3	275.4
开发区	140.0	20.0	18.9	265.0	17.3	329.0
总　计	5063.8	220.2	152.0	1461.8	184.7	1670.0

数据来源：根据公开资料整理。

开展工矿企业及工业集聚区水污染专项整治，对园区化工企业生产废水进行"一企一管一池一阀"改造和"双向监测"。开展入河排污口专项整治行动，严格污水排放管理，对企业排污进行智能化监测，实现排污口达标排放。开展"清河行动"，对沿岸固废清理开展专项整治。加强生活污水处理设施建设。水环境质量稳步改善，九江市境内主要河流长江九江段、柘林湖各监测断面达到Ⅱ～Ⅲ类水质，修河监测断面水质均达到Ⅱ类水标准要求。

2. 推进工业绿色发展，促进传统产业转型升级

转变招商引资理念，推动招商升级，着力引进战略性新兴产业和高新技术产业项目以及科创型企业，对环境污染大、能耗高的项目做到坚决不引。沿江一公里内不允许新布局化工企业，对所有化工企业进行梳理，实施关停并转。九江市以新型工业化为核心，把培育战略性新兴产业作为产业升级的突破口，重点培育了精细化工、装备制造、新材料、绿色食品等战略性新兴产业。推进企业技术改造，九江市实施了一大批环保技改绿色工程，积极推动企业科技创新、技术改造，采用科技含量高、资源消耗低、环境污染少的工艺流程，促进工业企业向绿色化生产方式转型升级。对沿江工业园开展全面综合整治和生态化改造。湖口县开展园区生态化改

造、清洁化整治、绿色化生产"三化"行动，建设绿色工厂。彭泽县对生产装备、污染治理工艺设施等进行全面整改。彭泽矿山工业园区初步实现了集中供气供热、集中污水处理和排放。柴桑区对工业园区进行生态化提升改造。瑞昌市开展园区企业提标改造。

3. 实施农村人居环境整治，发展绿色生态农业

九江市沿江地区按照"源头控制、过程阻断、末端治理"的思路，以绿色农业、休闲农业、高效农业为主攻方向，开展农药化肥零增长、秸秆综合利用、农田残膜污染治理、耕地重金属污染修复、水产健康养殖示范县创建等绿色行动，大力发展现代农业，积极探索种养结合、生态循环等绿色农业发展模式。

4. 推动山水林田湖草"生命共同体"系统治理

九江市把长江九江段与江西"五河两岸一湖"作为一个整体，贯彻山水林田湖草"生命共同体"理念，全流域、全方位推进环境综合治理、生态保护与修复。一是加强森林资源培育，强化森林资源保护，开展公益林和天然林保护，开展国土绿化和长江岸线绿化，开展森林公园、湿地公园和森林城市创建工作。二是推进矿山整治，按照"缩点、减量、限期、增效"要求，着重打造"绿色矿山、生态矿山、环保矿山"，对矿山采取"只关不开、只减不增"的措施，着力对矿山环境进行恢复治理。三是对沿江所有矿山、港口、码头、滩涂地及防洪堤坝进行高标准整体生态修复。

5. 推进生态文明制度建设，将生态文明作为政绩考核的"绿色标尺"

把生态文明建设和环境保护工作纳入城乡综合考核评价。实施生态环境损害责任追究制，各级党委和政府领导班子成员实行生态文明建设"一岗双责"。开展了党政领导干部自然资源资产离任审计，将自然资源资产审计结果作为领导干部考核、任免、奖惩的重要依据，将河长制工作纳入科学发展综合考核评价体系。推进环境监管执法体制改革。加大环境监管执法力度，实行"双随机"日常监管制度，对重点企业监管实现"全覆盖"。创新环境监管手段，"零点行动"、交叉执法、司法联动形成常态化。

二 九江打造长江"最美岸线"面临的主要问题与难点

近年来,九江市不断强化生态环境保护,坚持不懈推进长江大保护,取得较好的成绩。然而,对照十九大报告和贯彻落实习近平总书记关于"把修复长江生态环境摆在压倒性位置,共抓大保护、不搞大开发"等重要指示精神的要求,九江市打造长江最美岸线、打好污染防治攻坚战的任务依然艰巨,一系列难题仍然亟待破解。

(一)存在的主要问题

1. 巩固生态环境优势压力较大

随着九江市长江沿线各县区工业化进程的加速,工业化与可持续发展的矛盾不断尖锐起来,生态环境恶化趋势日益明显。一些地区正面临着较为严重的农业面源污染、重金属污染、植被破坏和次生地质灾害等生态环境问题,一些地区生态功能退化严重,有的地区甚至面临不可逆转的环境风险,加强环境治理和生态保护的任务十分紧迫。

2. 重化工业比重较高

目前沿江各县区都布局了大量的以钢铁冶金、石油化工、机械制造为主的工业企业,沿岸各县区布局有九江石化、九江钢厂、亚东水泥等大型重化工业企业,使长江沿线成为重化工业产业带。如彭泽县矶山工业园现有企业36家,其中化工企业33家。区域有大量重工业布局,由此产生大量的废气、废水、废渣等污染物排放问题,对区域生态环境造成不可忽视的影响。

3. 岸线管理亟待优化

由于尚未明确统一的岸线管理部门,岸线开发的法规、政策和管理制度不健全,相关部门管理职责不明,岸线可持续利用意识不强,珍贵的岸线资源未能得到合理统筹利用和保护,沿岸各地区依然不同程度地存在岸线利用结构不合理、开发利用与治理保护不够协调、无序开发和过度开发等问题。

4. 生态系统修复和管控面临挑战

随着长江沿线地区经济社会的发展，环境污染、生态破坏问题也日渐突出，特别是矿山无序开采、非法码头建设等对长江岸线生态系统造成严重破坏。当前，全力推进长江岸线生态修复，打造长江岸线绿色生态风光带，对各地区来说都面临不小资金压力。岸线流域管理体制机制上条块分割、部门分割依然存在，保护的权力分散和碎片化现象十分严重。

5. 农村环境整治问题仍然比较突出

沿江地区农村面源污染问题依然存在。畜禽养殖场业主整体环保意识淡薄，重养殖轻治理，小规模及散养养殖仍占有相当大的比重。由于认识和资金等问题，未配套建设粪便污水储存、处理、利用设施，农村环境治理能力不足。

（二）面临的主要难点

当前，九江市在打造长江"最美岸线"、争创长江经济带绿色发展示范区过程中，在顶层设计、部门协调、环保投入、生态制度建设等方面存在一些难点。

一是顶层设计尚未健全。对于打造长江"最美岸线"、实施"共抓大保护"，面对横跨多个行政区域的河湖，如何保障目标落实仍缺乏从国家层面到省市层面相关具体可操作的实施路径。对于长江干流及主要支流岸线一公里内不能布局化工企业政策，具体如何实施，从国家和省级都没有明确指导意见。此外，打造长江沿线"水美岸美产业美"仍然缺乏统一的、可操作性的评价标准，致使打造长江岸线的预期目标难以合理界定。

二是经济发展与环境保护矛盾突出。长江沿线地区是省、市沿江开放开发的主战场，招商引资、项目落户任务十分繁重，正处于经济发展的快速提升时期，环境保护与经济发展的矛盾越来越突出，污染控制和污染物削减难度较大。特别是未来随着生态文明建设的要求越来越高，对区域内投资项目在生态环境保护上的要求会更高，许多经济效益好但对生态环境有负面影响的项目被拒之门外，而区内的原有资源型产业又被压缩规模甚至退出，这将

不同程度影响九江市沿江地区的经济增长速度。

三是产业结构调整优化任务艰巨。由于九江长江岸线各地区重化工业是长期历史地形成的,这些传统工业部门大多是当地国民经济的支柱产业,在就业压力和税收压力较重的情况下,要在短期内实现产业结构的有序调整,淘汰落后产能,仍存在难度。此外,长江沿线各地区新兴产业体量较小,短期内还未能形成新优势,结构调整优化贡献有限。

四是环境保护投入相对不足。长江岸线环境治理属于区域公共治理的范畴,长江岸线生态修复与治理需投入大量的人力物力,目前仍然存在投资渠道单一、数量有限与长江治理时间长、资金需求量巨大的冲突,这成为制约长江岸线环境治理的突出矛盾之一。企业和第三方参与长江大保护的程度仍较低。从江西全省流域生态补偿资金来看,九江长江岸线各县市获得的补偿资金明显偏少,环境设备投入不足。

五是联动机制尚未形成。长江沿线环境保护联动协商机制尚未形成,水资源保护还存在薄弱环节。长江流域管理机构水行政执法面临执法环境复杂、执法边界模糊、执法能力薄弱、执法主体冲突等一系列问题,并且各执法主体的执法口径、尺度、处罚标准不一,由此带来鉴定难、认定难、法律适用难等问题。

三 九江建设长江"最美岸线"的对策建议

打造长江"最美岸线"是实现长江大保护、建设绿色长江经济带重要组成部分,是江西打好污染防治攻坚战和生态文明建设持久战的有力抓手。九江市应以全省争创长江经济带绿色发展示范区为契机,重点围绕山水林田湖草综合治理和产业转型升级,打造"三区一高地",即:全国山水林田湖草综合治理样板区、老工业基地转型升级试验区、生态环境保护管理制度创新区和内陆开放合作新高地。重点开展水、大气、土壤的污染治理,坚决打赢蓝天保卫战、着力打好碧水保卫战、扎实推进净土保卫战等,着力打造"百里风光带、万亿产业带",实现"水美、岸美、产业美"。

（一）建立健全山水林田湖草系统治理统筹机制

一是完善生态系统治理体制机制。在九江沿江地区建立跨区域行政联席会议制度，建立统一规划、统一布局、统一实施、统一监管的机制。建立统一的环境监督管理执法部门，为实行统一监管和提升执法效能提供保障。深化九江市区域内污染防治联防联治，协调解决区域内突出、重大环境问题。研究设立九江长江岸线山水林田湖草系统治理委员会，对全流域山水林田湖草生态系统要素的开发和保护、区域发展、污染防治等重大问题做出统筹规划和一体化系统治理。二是完善全流域生态补偿机制。推动对长江岸线生态补偿与全省全流域生态补偿制度、森林生态补偿制度和湿地生态补偿制度等进行统筹考虑并有机衔接，建立起有利于九江打造长江"最美岸线"的生态补偿长效制度，进而激发沿江各地区推动污染防治、打造最美岸线的内在动力。三是完善生态保护红线管控机制。参考借鉴国内外在一些自然保护区的保护管理的经验，对九江长江沿江岸线实施核心区、缓冲区这种分等级管控模式，依据生态功能定位、生态本底条件的不同而实施不同管控策略。

（二）强化城乡生态空间管控建设

一是统筹城乡生态空间规划。在打造"最美岸线"、打好污染防治攻坚战的进程中，九江沿长江地区应强化规划对生态管理的管控作用，划定和控制城市开发边界，强化生态保护红线、水资源红线、土地资源红线管控；构建让居民"看得见山、望得见水、记得住乡愁"的城乡特色空间体系；推进实施节约生态型园林绿化，开展城市山体、水体及废弃地生态修复，强化城市湿地及生物多样性保护；优化公园绿地布局，构建生态优良、功能显著、惠民便民的城市绿色开放空间体系。二是推进城乡生态治理基础设施建设。九江沿长江地区应以城乡生活垃圾收运体系建设为重点，深入开展建筑工地扬尘、道路扬尘、运输扬尘、堆场扬尘等治理，以及餐饮油烟、烧烤油烟、垃圾焚烧浓烟等管控，加快城市餐厨废弃物和建筑垃圾集中处理设施建

设，促进城乡建筑垃圾、餐厨废弃物、园林废弃物等的回收和再利用。三是深入开展农村人居环境整治。九江沿长江地区应强化村庄规划设计引导，通过村庄规划编制及优化引导村庄建设和整治。紧紧围绕"绿色、环保、提质、达标"的要求，从产业结构调整、体制机制建立、科学施肥用药、完善畜牧养殖"三区划定"和严格监控畜牧粪便排放等方面，进一步推进农业面源污染治理。以垃圾治理为突破口，建成较为完善的垃圾分类收集、转运和处置体系，探索垃圾处理多元化投入机制。加快农村生活污水处理设施建设，提升农村污水收集及处理水平，实现沿江沿湖乡镇集镇污水处理全覆盖。

（三）强化河湖管理，打造"河湖长制"升级版

一是完善河湖管理组织体系。按照《关于在湖泊实施湖长制的工作方案》的安排与部署，全面落实九江市县乡湖长体系，按照"一湖一策"要求，明确各湖泊责任单位、责任人以及具体管控目标和要求，实现湖长制与河长制有机衔接、共同见效。进一步强化九江沿长江地区河长制办公室统筹协调能力。对跨区域的岸线或河湖，探索建立"联合河湖长制"，以实施联合监管；深入实施流域生态补偿制度，激发长江沿线地区利益各方积极性。二是完善全流域系统治水体系。推动入长江小微水体河湖长全覆盖。制定出台入长江小微水体专项整治的行动方案，明确入长江小微水体整治的主要目标、责任主体、整治标准、长效机制等，实施截污纳管工程、河道清淤工程、工业整治工程、农业农村面源治理工程、水利工程标准化管理、暴雨精细化监测预报预警工程等工程，从源头上确保沿江地区大小河湖流入长江的水是达标的。推动小微水体网格化管理，实现"人进户，户进格，格进网"。三是完善目标责任考核体系。在九江长江沿线地区加快建立领导干部自然资源资产离任审计和生态环境损害责任追究制度，建立严格的生态环境保护责任台账制度，对生态环境损害责任追究实行"党政同责、一岗双责、权责一致、终身追责"。对长江沿线地区的河长制和湖长制实施效果实行立体综合考核，除强化自上而下、平行监督考核外，突出自下而上

监督考评作用。构建政府内部考核与公众评议、社会组织和专家评价相结合的评价机制。四是完善资金筹措机制。努力争创国家长江经济带绿色发展示范区，积极争取国家层面项目与资金支持。省级层面加大对九江长江沿线地区河湖管理方面的资金和项目倾斜力度，并建立河湖长制资金投入稳定增长机制。长江沿线地区积极开展 PPP 等公私合营模式。鼓励和支持各地区在流域水资源保护、水污染防治、水环境改善、水生态修复等方面积极探索 PPP 等公私合营模式。

（四）着力推动产业绿色发展

一是培育发展新兴产业。设立长江最美岸线绿色产业发展专项资金，培育和推动绿色产业发展。九江长江沿线地区应立足资源禀赋优势和产业发展基础，聚焦新材料、电子信息、智能电器、生物医药等绿色产业发展最新领域，以现有工业园、产业园为依托，以智能制造为重点，运用"互联网＋""生态＋"思维，积极引进符合标准的企业，并制定一系列奖励扶持政策，大力发展绿色智慧农业、大健康、生物制药、物联网、电子商务等新兴产业，以实现沿江地区战略性新兴产业规模倍增。二是推动传统优势产业绿色化发展。九江长江沿线地区应围绕石油化工、现代轻纺、钢铁有色冶金、装备制造、电力能源等传统优势产业，深入实施"三去一降一补"，通过智能化技术改造、兼并重组、链条延伸、模式创新等手段，推进传统产业上水平、出新品、创品牌。三是健全产业绿色发展的金融服务体系。九江长江沿线地区应重点围绕能源清洁高效利用、节能减排技术改造、循环化改造、生态农林业、低碳经济试点示范等绿色项目发行绿色债券；鼓励九江长江沿线地区绿色龙头企业发起设立绿色产业基金，采取收益和成本风险共担机制，专项支持节能环保等产业发展；鼓励九江市内金融机构加强与 PE 和 VC 等创投机构合作，探索 PPP 项目、"债贷结合""债基结合""债股结合"债券承销等多种融资工具，支持绿色发展基金参股 PPP 项目。四是发挥长江口岸优势，做大现代物流业。九江长江沿线地区应优化沿江物流体系布局、降低物流成本，重点发展口岸、工业和城市配送三大物流体系；加强与长江

沿线物流节点城市的战略合作，推进大宗货物集散分拨中心、标准化物流园区、物流基础设施、口岸物流信息平台和物流服务体系建设；增大为石化、钢铁、汽车等行业服务的第三方物流集团公司和大型物流企业数量，壮大工业物流规模和提升专业化水平。

（五）推动现代立体综合交通网络建设

一是加快打造九江江海直达区域性航运中心。加快高等级航道和各重点港口码头建设，推进九江港与南昌港、环鄱阳湖港区联动发展；加强与上海外高桥码头、洋山港的通关协作，形成相互协作发展的一体化港航体系；提高九江港长江港口岸线利用率。二是畅通对接长江经济带的铁路、公路通道。推进安九客专等一批关键通道工程建设，做好昌九客专等一批铁路前期工作；加快融入北上广四小时高铁圈，推进咸宜井铁路、南昌至修水城际铁路建设；加快高速公路和干线路建设，推动形成"两横五纵两联"高速公路网、"八纵七横十二联"干线公路网。三是提升综合立体交通效率。强化庐山机场旅游支线机场的功能定位，逐步开通与国内重要旅游城市的串飞和经停航班；加快推进庐山机场跑道加厚工程和通信导航升级工程建设；推进庐山机场与九江站、九江南站以及昌九高速等周边高速公路间驳接线建设。四是推进九江长江绿色航道建设。九江长江沿线地区应持续深入开展化学品洗舱作业专项治理、船舶污染防治专项治理等专项行动，并优先采用生态影响较小的航道整治技术与施工工艺，持续提升船舶节能环保水平，强化港口机械设备节能与清洁能源利用，以建设智能化、绿色化水上服务区。

参考文献

李志萌等：《长江经济带一体化保护与治理的政策机制研究》，《生态经济》2017年第11期。

杨桂山等：《长江经济带绿色生态廊道建设研究》，《地理科学进展》2015年第11期。

彭劲松：《长江经济带区域协调发展的体制机制》，《改革》2014 年第 6 期。

吴传清、黄磊：《长江经济带工业绿色发展绩效评估及其协同效应研究》，《中国地质大学学报》（社会科学版）2018 年第 3 期。

周慧、张建林：《长江经济带如何推动高质量发展？正确把握五个关系》，《21 世纪经济报道》2018 年 4 月 27 日。

王维等：《长江经济带地级及以上城市"五化"协调发展格局研究》，《地理科学》2018 年第 3 期。

B.12
上饶大数据产业发展实践探索

高 玫 刘晓东*

摘 要： 上饶市围绕建设"江西省数字经济示范区"的定位要求，制定产业扶持政策，搭建产业发展平台，大力引进行业龙头企业，延伸产业业态，做响产业品牌，使大数据产业成为经济发展新旧动能转换的重要推动力量。大数据产业在迅速发展的同时，也面临产业链不够完整、人才支撑不力、资金保障不够、数据开放共享不足等制约因素，做大做强大数据产业，要找准重点领域，加强统筹协调，强化政策支撑，提供资金与人才支撑，完善产业生态，提升数据安全保障能力，为产业发展营造良好的营商环境。

关键词： 上饶 大数据产业 数字经济示范区

近年来，上饶市委市政府围绕建设"江西省数字经济示范区"的目标定位，坚持顶层规划、协同发展的原则，努力实现以制度创新、政策创新引领产业创新，全力支持大数据产业发展，出台了一系列新的政策，为上饶市大数据产业的快速发展营造良好的投资环境。统筹布局大数据储存计算、医疗、旅游、金融、文娱等九大产业运营中心，以大数据重点项目建设为抓手，全面加快建设速度，推动大数据项目稳步发展。2017年上饶以大数据

---

* 高玫，江西省社会科学院经济研究所副所长、研究员，研究方向为区域经济、产业经济；刘晓东，江西省社会科学院经济研究所副研究员，研究方向为区域经济、金融学。

为引领的新经济发展迅速，增长 24.2%，名列全省第一位。至 2017 年底，上饶市共引进大数据企业 60 余家，实现主营业务收入 30 多亿元，大数据产业链基本形成。一个产业基础相对落后的三四线城市，是如何在短时间内促使大数据产业在当地生根发芽，实现经济发展新旧动能转换的？带着问题，江西省社会科学院课题组对上饶大数据产业发展进行了专题调研，并形成研究报告。

一　上饶大数据产业发展的做法和成效

上饶地处四省交界之处，高铁枢纽的形成、空中航线的开通，使上饶的区位优势进一步凸显。如何选择未来的重点发展产业，促使上饶经济快速转型升级，进而实现上饶经济社会发展的弯道超车？上饶市委市政府在充分调研、论证的基础上，把目光盯准了大数据产业——通过沪昆高铁，一个半小时，上饶可以直达长三角腹地，离那些大数据产业"富矿"近；各地的大数据产业也刚刚起步，对上饶来讲，发展大数据产业与其他地方基本上处于同一起跑线上。

（一）顶层设计，精准定位

2015 年初，当时的上饶市委市政府考察学习贵阳和杭州的经验，提出发展大数据产业的设想，2016 年成立大数据产业发展领导小组，市委书记马承祖任小组组长。先后出台相关政策，从规划、任务部署、用地、用电等各方面为大数据产业发展提供指导和支撑。对政府的各类信息平台进一步加紧整合，以免产生重复建设和各类数据不统一，推动政府信息系统和公共数据互联共享，消除信息孤岛，不断对顶层设计进行优化。通过实施引进人才计划，构建大数据产业优势，大力推动电子政务、智慧城市建设；诚聘中国科学院云计算中心的专家、学者编制了《上饶市大数据产业规划》，明确了大数据产业发展的目标定位与重点任务。根据"一个园区、八个中心、一个基地"的整体发展思路，高标准推进大数据产业园区建设，在高铁经济

试验区安排约 2000 亩土地，拟建立全省大数据产业孵化、引智、引资基地，并着手建设上饶智慧城市、互联网医疗、智慧旅游等大数据产业运营中心，同时，积极打造基于大数据应用技术的物联网产业基地①。

上饶市围绕"江西省数字经济示范区"这一平台去引进项目、聚集产业、争取支持、推动发展。2018 年上饶市大数据技术与产业联盟正式成立，拥有会员单位 52 家，这标志上饶市大数据行业由散兵作战到抱团发展的质变。

（二）超前谋划，有序推进

从 2016 年开始，上饶市政府相继出台了《关于加快推进大数据产业发展的实施意见》《关于扶持呼叫和服务外包产业发展的意见》《上饶市智慧城市建设项目集约化建设管理办法》等多项政策，加快了上饶大数据产业发展步伐。同时上饶市财政局成立了 3 支基金，即 100 亿元的市政府产业导向基金，30 亿元的文娱产业基金（与上海恺英网络科技公司共同出资），3 亿元的中科青山基金（与中科院云计算中心设立），保障了产业发展资金方面的一定需求。上饶市国土局优先保障大数据产业用地需求，实行"即报即批"，已落实用地 1000 亩。优秀人才前来上饶创业，并留在上饶，上饶市政府又相继制定了《上饶市特色人才特殊政策实施办法》《上饶市高层次人才引进暂行办法》《上饶市大数据人才支持服务办法》等吸引大数据人才的配套性政策。这些政策甚至细化到每个星期给人才报销一张高铁票。积极打造"省级服务支持人才创新创业示范基地"，进一步精心招才引智，构筑大数据人才集聚高地，招才服务一体化，着力引进高端领军人才、创新创业人才，加强大数据人才交流，为上饶大数据人才提供更加高效便捷的服务。做优产业人才服务，积极探索服务新模式，创新服务内容，成立全省第一个大数据人才服务中心，制定具有吸引力的创业服务、生活服务措施。与中科院云计算中心联合成立了上饶市中科院云计算中心大数据研究院；与华东师范大学共建数据科学研究院，培养工程硕士；与南昌大学、江西财经大学对

---

① 张弛、吕玉玺：《上饶大数据产业点燃发展新引擎》，《江西日报》2016 年 11 月 7 日。

接，协调设立大数据人才培养基地的有关事宜；在上饶职业技术学院设立混合制二级学院——大数据学院并计划招生 120 名，上饶师范学院专科（大数据方向）计划招生 400 名（已向省教育厅申报）。

（三）筑巢引凤，招大引强

为了让发展大数据产业的底气更足，做强产业科技支撑，上饶市谋求换道超车、跨越发展，大力引进顶尖团队，创建一流平台。上饶市政府积极与中国科学院云计算中心等几个科研所围绕科技创新、大数据产业发展和企业转型升级等方面进行合作，并于 2016 年 8 月成立上饶市中科院云计算中心大数据研究院，旨在打造上饶大数据协同创新研发、创新创业孵化、人才培养等三大平台，力争建设成为国家级创新平台[1]，为上饶市大数据产业发展提供了技术支持和要素支撑。另外与迈普医学合作建立华东数字医学工程研究院，在上饶建设国内技术水平最领先的数字医学工程中心。与腾讯合作成立腾讯互联网＋觅影研究联合实验室，基于人工智能技术的医疗影像应用，开展相关大数据方面的研究项目。与中电海康合作建设的新型智慧城市研究院，推动物联网与大数据在综合治理、民生服务等方面的结合。

围绕大数据存储计算、互联网金融、医疗、文创、旅游等九大产业，积极引进大数据企业，特别是龙头企业。现已与 31 家知名企业签订战略协议，滴滴呼叫中心、贪玩游戏公司、拼多多、华为科技、健康之路、一呼百应等公司纷至沓来。引进华为公司投资 12 亿元建设 25000 平方米 T3＋级区域大数据中心，建设华为在江西省唯一的云数据节点城市，预计 2018 年下半年竣工运营。加快与广州迈普公司的合作进程，以建设华东数字医学工程研究院为契机，加大对新材料、电子信息、光学等重点领域龙头企业的招商力度，深化大数据、物联网在工业中的应用。与北京艾漫、娱美德、十一维度等公司深度合作，推动文化载体的数字化和智能化，推进文化、影视、游戏等与科技、创意、金融、大数据等融合发展，提升城市软实力。

---

① 徐芸：《大数据产业为我市发展注入新动能》，《上饶日报》2016 年 11 月 25 日。

目前在上饶的几家龙头企业发展势头强劲：江西贪玩公司 2017 年完成主营业务收入 20 亿元，纳税 3100 万元；滴滴出行拟投资建设 3 万席位呼叫服务外包城，打造滴滴科技城；国美金控在上饶成立国美互联网小额贷款公司已经获批，国美电商中部结算中心、国美物流中心和仓储基地正在筹建。在创新创业孵化方面，大数据研究院孵化中心已入驻企业 56 家，南昌、杭州、广州的离岸孵化器已经启动。

（四）延伸业态，做响品牌

上饶市积极培育基于大数据、云计算技术的呼叫产业新业态，加快推进滴滴科技城建设，大力支持华庆公司、拼多多客服项目，力争通过 3 年的努力，形成 3 万个呼叫席位，打造江西最大的呼叫产业城。近年来以动漫、创意、游戏为代表的文娱产业正在成为推动经济增长的重要引擎。上饶市紧抓先机，积极培育动漫、游戏等数字文化新业态，推进贪玩游戏、恺英网络、韩国娱美德项目，通过打造游戏主题乐园、电竞赛事、游戏体验中心等游戏项目，建立游戏企业总部基地，文创基地，研发、运营、人才培训基地，形成游戏产业生态。目前已积极规划大数据产业园二期 1000 亩的游戏产业园，力争建立 100 家企业组成的游戏产业联盟，打造江西最大的游戏产业城。

上饶市继续培育大数据存储计算、金融、医疗、旅游等产业，加快推进华为云数据中心、中科院数创园、国美、网库、艾漫数据等项目，并力争引进一批新的大数据项目。加快建设省级大数据高地，继续打造江西省政务数据灾备中心、江西大数据交易中心、江西知识产权联合交易中心、赣东北金融资产交易中心等省级品牌项目，同时省级相关政务数据资源逐步向上饶市迁移备份，与南昌市形成"双中心"布局。2018 年，上饶市大数据产业朝着产业园初具规模、全市实现大数据交易额 300 亿元、主营业务收入 100 亿元的目标迈进。并力争到 2020 年左右，引进 200 家以上大数据企业，形成500 亿元的产业规模。上饶继续在省级数字经济小镇的基础上，再接再厉，做实项目，做大规模，做响品牌，力争打造"江西省数字经济示范区"，全力争创国家级的数字经济小镇。

产业政策、人才政策的出台，园区规划的完成，标志着上饶大数据产业发展的环境、氛围已经形成。2017 年上饶高铁经济试验区被省里授予江西省大数据产业基地称号，成为江西唯一的省级大数据产业基地。上饶是江西省重点建设的区域性大数据中心（南昌、上饶、抚州）之一，上饶数字经济小镇成为全省第一个省级数字经济特色小镇，大数据产业园已正式成为"江西省大数据产业基地"。

二　上饶大数据产业发展中存在的主要问题

（一）产业基础相对落后

上饶市由于地处内陆，经济不太发达，工业基础比较薄弱，在江西省内也属于落后地区，与沿海发达地区相比更是不可同日而语。上饶市的大数据产业处于从信息集成向高端信息化产业（云计处、大数据、互联网）发展的过渡阶段，政府、社会的信息化和大数据建设以政府投资、运营商牵头建设为主，本地企业多以系统集成为主，科技含量较低，个体的低质低效导致整体的规模效应无法发挥。大数据对传统产业的支撑和改造提升力度不够，重点行业龙头企业信息集成与数据共享水平参差不齐，中小企业信息技术应用水平和数据应用水平较低，围绕"两化融合"的大数据公共服务平台不够完善，传统产业的大数据应用主要集中于营销推广环节，在企业生产、运营管理上应用较少。

（二）缺乏高端技术人才

作为新经济新动能的大数据产业，发展时间并不长，而且多是在大城市或沿海发达地区，而作为后发先至的上饶市，最紧缺的是大数据人才的引进和培育。出于客观的原因，上饶市的人才引进压力较大。东部地区相对发达的江浙一带已经瞄准国外，利用其产业、区位等方面的优势，加大吸引海内外优秀人才的力度。江苏曾明确要求各级政府按照不低于本级公共财政收入

的 3% 设立人才发展专项资金，从周边兄弟省份情况看，也都在立足本地优势，扬长避短，创新突破，采取超常规的人才发展措施。比如长沙市出台了含金量极高的"22条人才新政"，创业领军人才和团队最高可获 1 亿元资助。面对周边省市激烈的人才竞争局面，上饶市高层次人才的引进任务是非常紧迫的，也是非常艰难的。目前上饶市大数据人才缺口较大，一方面缺少最顶尖的人才，像吴恩达、李飞飞这种类型的学科带头人；另一方面是大量的基础型人才缺失。如一呼百应公司从年初至今只招到 30 人，缺 300 余人；江西华庆公司缺 300 余人；江西贪玩公司缺 120 余人。

（三）缺少资金的有力支持

由于上饶市属于经济不发达地区，市财政收入有限，主要从政策优惠上提供鼎力扶持。而发展大数据产业需要大量启动资金，这对于上饶市来说困难不小。虽然上饶市设立了产业发展专项基金，但主要在财政局，目前科技局只有 500 万元经费，服务外包企业融资困难，无法享受财园信贷通，而进驻企业入园后政府的配套资金必须及时投入，这对于财政并不宽裕的上饶市政府来说确实困难很大。当前上饶市高铁经济试验区、大数据呼叫和服务外包中心、信息服务产业新城、游戏产业园等重大项目的基础设施建设同时启动，资金需求量大，出现极大的资金缺口。而仅依靠上饶市的财政资金支撑，显然难以为继，需要上级部门和金融机构的大力支持，以及入驻企业的自我融资。

（四）数据开放共享不足

上饶大数据虽然起步比较早，但在技术和应用方面仍然较为滞后，在新型计算平台、分布式计算架构、大数据处理、分析和呈现方面与国外和沿海发达地区相比仍有较大差距，对开源技术和相关生态系统影响力也偏弱。上饶市各相关单位和传统企业对大数据概念认识不足，管理理念和运作方式尚未适配数据化决策，同时也没意识到用数据化方式管理社会和企业带来的高效率、高收益，没有认识到对海量消费者提供产品或服务的企业利用大数据进行精准营销的重要性和可以利用大数据做服务转型，没有意识到充分利用大数据的价值。因此许多单位和企业存在大数据创新驱动能力不足，政府的数据开放和共享无法实现。

三 上饶大数据产业发展的重点领域

（一）数字产业集聚区

围绕大数据产品与技术、应用与服务的研发与生产，发展以呼叫中心、软件外包为主的现代信息服务业；结合上饶传统的农业、旅游业发展智慧农业、智慧旅游等智慧城市产业。

（二）创新大数据应用新业态

选择部分企业开展大数据示范应用试点，在总结经验的基础上，逐步进行应用推广。推动企业运用大数据进行产品与服务的创新，积极培育数据探矿、数据制药、数据影视、数据材料等新业态。

（三）建设上饶云基础设施平台

在华为云计算中心的硬件平台上，引进行业领军的软件企业构建软件平台，建成云基础设施平台，推进云计算应用与服务。

（四）实施智能制造工程

加快与广州迈普公司的合作进程，以建设华东数字医学工程研究院为契机，加大对新材料、电子信息、光学等重点领域龙头企业的招商力度，深化大数据、物联网在工业中的应用。

（五）建设文化生态旅游智慧工程

与北京艾漫、娱美德、十一维度等公司深度合作，推动文化载体的数字

化和智能化，促进文化、游戏、影视等与科技、金融、大数据产业深度融合，通过文化生态旅游智慧工程，不断提高城市软实力。

（六）打造双创支撑载体工程

一是建设技术研发创新平台，打造一批实验室、研究院、研发中心等技术研发创新平台，提高技术研发能力，吸引智力资源在小镇建设研发中心。二是建设创新创业支撑平台。依托平台打造全链条双创服务体系，提供技术、资金、人才等一站式服务。

（七）打造数字经济安全保障工程

建设数字经济安全保障体系，提升重点领域安全保障能力，保障大数据知识产权。以信息安全保障实施细则、省级网络安全信息大数据中心、大数据交易中心制定、建设为重点构建一体化的网络信息安全共享机制。

四　做大做强上饶大数据产业的政策建议

（一）加强统筹协调，强化政策支持

——集成产业优惠政策。全面落实国家和省、市的大数据产业扶持政策，在土地、税收、人才、资金、招商、研发等方面对上饶的大数据企业进行倾斜，对产业发展重点领域、产业链缺失环节的重点产业项目予以全力支持。

——建立统一、高效、畅通的协调推进机制。组建大数据产业发展办公室，在市大数据产业发展领导小组的领导下，强势推进信息资源开发、利用、管理和整合，推进信息共享和业务协同，为大数据管理和商业应用创造条件、提供方便。争取设立市大数据产业专家咨询委员会，为推进大数据产业发展提供智力支持和决策咨询。

——强化要素保障。大数据产业项目按《关于支持新产业新业态发展促进大众创业万众创新用地的意见》（国土资规〔2015〕5号）文件中的相

关规定实施供地"即报即批"，优先满足用地需求。优先保障用电需求，引导大数据企业采用光伏发电、水电及抽水蓄能再生能源为数据中心供电；大数据项目投入运营后执行大工业电价，将超大型数据中心建设项目优先列入大用户直供电范围。

（二）增强资金保障，破解融资难题

——增加专项资金额度。在现有大数据产业发展专项资金（500万元）的基础上，逐步增加额度，每年增加幅度不低于财政收入增长幅度。积极争取上级信息产业发展、战略性新兴产业、重大科技等专项资金支持。借鉴深圳、杭州等发达地区和省内南昌、赣州的经验，利用创新创业券对大数据产业中小微企业和创客提供资金支持。

——加快设立大数据产业发展投资基金。以上饶大数据产业引导基金为基础，引导相关行业上市公司、金融机构、民间资本共同发起设立市场化的产业投资基金，支持大数据及相关领域的上市公司以并购、股权投资等方式，建设大数据交易平台，开发传感器与存储芯片，加强数据资源、技术的推广应用，进行大数据产业链整合。

——构建多层次的投融资体系。鼓励符合条件的大数据企业到创业板上市或新三板挂牌，利用资本市场进行直接融资。引进和培育大数据发展风险投资，汇聚天使、VC等金融资源，加强对大数据产业发展的风险投资和信贷支持，满足大数据产业发展的资金需求。鼓励商业银行开展大数据知识产权质押贷款，支持担保机构将大数据产业领域的知识产权质押贷款业务纳入担保范围。

（三）优化营商服务环境，处理好政府与市场的关系

——明确界定政府与市场的关系。充分发挥政府在大数据产业发展中的引导作用和市场在资源配置中的决定性作用，政府在大数据产业发展中既不做逾越本职的事情，也不做无谓的限制的事情，做产业的保护者、培育者、协调者。简政放权，相信市场，依靠平台化、生态化的方式去治理和发展大

数据产业，注重运用市场手段、行业自律来引导和规范大数据产业发展。开展大数据服务试点示范，积极培育大数据应用市场。

——加大大数据产业宣传力度。利用各种媒体进行广泛宣传，特别是要利用"互联网＋"进行宣传；组织召开多种形式的大数据服务产品推介会和供求对接会，优先启动一批关系到市整体数据共享、重大经济民生的上饶大数据产业示范专项，广泛开展宣传推动，切实提高企业、社会公众对大数据产业模式的认知度。安排专项资金用于上饶举办高水平、国际性的大数据会议，扩大上饶大数据产业在全国乃至国际上的知名度和影响力。

（四）完善产业生态，形成产业集群

——完善产业生态。围绕建设全国一流、江西第一的绿色、低耗区域云计算大数据中心和江西省容灾备份中心，大力引进立足上饶、辐射国内外的行业龙头企业，积极发展本土大数据创新创业企业，逐步形成围绕电子制造、平台构建、研发设计、应用服务等大数据产业链关键环节，具有竞争力、完整的大数据产业生态体系。优化产业空间布局，促进大数据产业不断向规模化、聚集化、创新化和高端化方向发展。

——促进聚集发展。围绕上饶大数据产业园，加快推进华为云数据中心、大数据文创中心、中科数创园、大数据创新创业中心、游戏产业园、呼叫和服务外包产业园建设，打造空间范围大、技术创新更聚集的产业核心区，吸引大数据骨干企业落户。加快构建大数据创新创业孵化平台，设立投融资服务、创业服务、平台服务和综合服务平台。支持创新工场、创客空间等开放式创新和新型众创空间发展，激发大数据创新创业动力，引导大数据中小微企业聚集发展。

（五）招才引智，强化人才支撑

数字经济是人才经济。必须强化人才供给，围绕产业链生成创新链，围绕创新链打造人才链、服务产业链。

——着力引进产业发展高端人才。深入实施"百千万人才计划""赣鄱

英才 555 工程""饶籍英才返乡创业计划""大数据青年学子创业计划"等人才计划，大力引进国内外创新创业领军人才和团队，特别是注重引进在外从事大数据产业的上饶籍高级管理与技术人才。充分发挥大数据人才服务专项资金的作用，重点支持项目研发和成果转化、支持大数据优秀人才创业等。对来上饶就业的大数据高端人才实行个人收入所得税减免，帮助其解决子女就学、住房等方面问题，以优厚的条件广泛吸引海内外大数据领域拔尖领军人才。实施柔性引进机制，引进"候鸟人才"，对接远程团队。加快推进人才工作社会化进程，着力为各类高层次人才提供包括学术环境、发展环境、融资环境、生活环境、文化环境等在内的一流创新创业环境。

——建立健全多层次、多类型的大数据人才培养体系。大力引进和培育专业大数据技能人才队伍，发挥企业、院校、行业协会、公共实训基地的人才培养平台作用，形成多元化、立体化培养高技能人才的工作格局，实现高技能人才队伍的规模发展。如针对上饶大数据产业发展的蓬勃之势，加快推进大数据学院的设立，着重培养呼叫外包服务方面的大数据应用型人才；与上饶市内部分中职学校联合办学，开展订单班式教学。创建有影响力的大数据培训中心。针对政府、社会开放精品课程，培养一批高素质的大数据人才，为大数据产业发展提供源源不断的人才保障。

（六）加强数据产权制度建设，提升数据安全保障能力

——加强企业数据产权保护。参照《中华人民共和国物权法》相关规定，依法保障在饶数据产权人进行数据交易的权利。鼓励大数据企业及时申请数据知识产权（含软件著作权、游戏出版号等），在数据产权确权过程中，在保护个人隐私的前提下，将企业获取数据的权属优先和侧重分配于企业，以保证企业可以实现数据收益与其投入相匹配。成立企业维权援助中心，帮助企业打击侵犯数据知识产权的行为。

——提升数据安全保障能力。依照国家相关规定，推动制定数据开放、数据安全、数据资产保护和个人隐私保护的地方性法规和管理办法，保障和规范大数据产业发展。制定数据应用违规惩戒机制，对滥用数据、侵犯个人

隐私等行为进行惩戒。建立和完善数据安全管理规则、管理模式和管理流程，切实保障数据传输安全、数据存储安全、数据审计安全和数据利用安全。建立和完善数据安全监测预警体系，提升数据安全事件应急响应能力。

参考文献

茶洪旺、郑婷婷：《中国大数据产业发展研究》，《中州学刊》2018 年第 4 期。

周瑛、刘越：《大数据产业发展影响因素研究》，《现代情报》2017 年第 7 期。

池莲：《谈大数据产业形成路径及其产业集群发展动力机制》，《商业经济研究》2015 年第 17 期。

胡海侠：《苏州大数据产业发展现状及问题探析》，《商业经济研究》2015 年第 3 期。

《上饶释放人才政策红利　开启大数据产业发展新时代》，《中国日报》2018 年 5 月 15 日。

陈建、陈令东：《上饶大数据产业发展透视》，《上饶日报》2018 年 5 月 17 日。

张弛、吕玉玺：《上饶大数据产业点燃发展新引擎》，《江西日报》2016 年 11 月 7 日。

徐芸：《大数据产业为我市发展注入新动能》，《上饶日报》2016 年 11 月 25 日。

上饶市大数据产业发展规划（2018～2030 年）

国家工信部大数据产业发展规划（2016～2020 年）

苏州市大数据产业发展规划（2016～2020 年）

成都市大数据产业发展规划（2016～2020 年）

贵州大数据兴起，《学术论文联合比对库》2016 年 11 月 7 日

B.13
鹰潭市推动物联网和实体经济
融合发展研究

江西省社会科学院课题组*

摘　要：　物联网与实体经济深度融合发展有助于推动新经济发展、培育新动能，并推动经济高质量发展。本文通过深入总结鹰潭市推进物联网与实体经济融合发展的主要做法以及所取得的具体成效，得出：推动物联网与实体经济融合发展，是振兴实体经济的有效手段，是实现区域经济高质量发展、后发赶超的必由之路，是提升区域经济综合竞争力的重要途径；大力引进央企入赣、科研院所入赣，是加快推动物联网与实体经济融合发展的捷径；以地方特色产业为切入点，是推动物联网与实体经济融合发展的有效方式。

关键词：　物联网　实体经济　鹰潭市

习近平总书记在十九大报告中指出：要建设现代化经济体系，把发展经济的着力点放在实体经济上，推动互联网、大数据、人工智能和实体经济深度融合，在中高端消费、创新引领、绿色低碳、共享经济、现代供应

---

* 课题组组长：麻智辉，江西省社会科学院经济所所长、研究员，研究方向为区域经济。成员：余永华，江西省社会科学院经济所助理研究员，研究方向为金融学；郑雅婷，江西省社会科学院经济所助理研究员，研究方向为区域经济。

链、人力资本服务等领域培育新增长点、形成新动能。① 近年来，世界铜都鹰潭市，另辟蹊径，发展新经济、培育新动能，以"全域一体、改革创新、小市大为"的总体要求为目标，大力推动物联网和实体经济深度融合，促进区域经济高质量发展，形成智慧新城的"鹰潭模式"，在江西乃至全国都产生了重要影响。对鹰潭推动物联网与实体经济深度融合经验进行深入总结，将有助于江西发展新经济、培育新动能，推动经济高质量发展。

一 鹰潭推进物联网与实体经济融合发展的主要做法

近年来，鹰潭市将物联网产业作为推动经济转型升级、促进经济高质量发展的有效切入点，走出了一条物联网与实体经济融合发展的新路子，极大地推动了鹰潭市经济社会快速发展。据测算，2017 年物联网产值达到 120 亿元。2018 年预计达到 200 亿元，并形成集研发、制造、应用以及系统集成于一体的产业体系和完善的公共服务平台。

（一）加快顶层设计，出台扶持政策

鹰潭市为推进物联网与实体经济融合发展，成立了由市领导亲自挂帅，市直相关部门参与的物联网产业发展领导小组，负责指导物联网发展的相关工作。先后出台了《加快推进物联网产业发展的意见》《鹰潭市全域发展引导基金设立与运作方案》《鹰潭市高层次人才引进实施办法》《鹰潭市大力发展物联网及智能终端产业若干政策措施》等文件，对物联网企业科研创新、技术改造、企业融资、应用推广、人才引进等方面给予支持。同时，主动对接引智，聘请国内顶尖专家学者组成的物联网专家组，为物联网产业发展提供决策支撑和咨询指导、授课。

---

① 习近平在中国共产党第十九次全国代表大会上的报告。

（二）搭建各类平台，构建产业体系

鹰潭市按照统一规划、市场运作、企业参与的原则，充分利用国家信息惠民、国家智慧城市和国家电信普遍服务"三大国字号"优势，搭建了统一信息采集平台、智慧新城云平台、信息共享与数据开放平台、移动物联网服务平台等共性基础支撑平台。通过建立物联网技术创新和产业发展所需的各级各类服务支撑平台，打造共享经济的物联网创新创业生态圈，构建物联网发展的良好生态系统。如与华为等企业合作组建物联网开放实验室，与中国信息通信研究院等科研机构合作组建物联网测试验平台。另外，鹰潭市投资 5 亿元，建成了 6 万平方米的鹰潭移动物联网产业园，产业园设立了智慧新城产品应用展示中心、国家物联网通信产品质量监督检验中心、中国信通院物联网研究中心、中国泰尔实验室以及 3 个 NB-IoT 开放实验室，成功孵化了 40 余种物联网产品；并与中国信通院、江西省工信委联合发起成立了移动物联网产业联盟，截止到 2017 年 9 月，已集聚国内 151 家物联网龙头企业、科研机构，并初步形成了研发、制造、认证、测试、培训、服务一体化的物联网产业体系。

（三）推进联盟合作，整合多方资源

鹰潭市以政府统筹协调为依托，以现有产业龙头企业为核心，并联合运营商、相关企业和科研院所共同参与，推进产业技术联盟，真正发挥以应用带产业、以示范拓市场的作用。为了推进全域网络建设，努力在窄带物联网发展上取得先发优势，2017 年 1 月鹰潭市政府与中国移动和华为签署《鹰潭窄带物联网（NB-IoT）试点城市全面合作框架协议》，这标志着鹰潭市在全国率先建设窄带物联网试点城市正式开启。2017 年 3 月鹰潭市政府与中国电信、中兴通讯签订《鹰潭"智慧新城"物联网建设战略合作协议》，协议指出，三方将在 NB-IoT 产业生态、智慧应用、云计算等领域展开深度合作。2017 年，中国电信、中国移动和中国联通联合投资 1.7 亿元，在鹰潭市建成开通了多达 962 个 NB-IoT 基站，这让鹰潭成为全球首个同时拥有三

张 NB-IoT 全域覆盖网络的城市。经过第三方检测，信号强度能满足地下管网监测、地下停车场等多种场景的应用。

（四）加强宣传推广，营造舆论氛围

2017 年鹰潭市相继成功举办了第十四届中国信息港论坛、中国鹰潭移动物联网产业园开园暨移动物联网产业联盟成立大会、数据中心联盟峰会、中日"智慧生活·点亮未来"研讨会等多场有影响力的行业活动，"智慧鹰潭"叫响了整个物联网产业界。2017 年 8 月 9 日，鹰潭市政府还和国家工信部共同主办了"2017 年创客中国移动物联网创新创业大赛启动会"。另外，鹰潭市与 GSMA① 积极对接，在物联网与制造业融合示范应用、承接大型活动等方面进行全方位合作，并举办了绿色低碳转型发展高级研修班、世界物联网大会、2017 年创客中国移动物联网创业创新大赛等系列活动。

二　鹰潭市推进物联网与实体经济融合发展取得的成效

（一）以智能制造为引领，促进工业智能化发展

鹰潭市借助物联网技术集成性高、产业链条长、应用跨度大等特征，大力推进制造业设计、生产、管理、服务等过程智能化。促进新材料、智能水表、智能家居、智能电机、可穿戴设备的研发产业化和生产规模化。带动了集成电路、通信设备、计算机相关设备等新兴制造产业发展，以及大数据存储、云计算服务、应用基础设施组件服务、软件服务、系统集成服务等极具市场前景的生产性服务产业发展，形成了新的经济增长点。通过加快物联网技术及产品的推广应用，着力突破一批关键共性技术，形成"全域网络 + 公共支撑平台 + 物联网产业 + 智慧应用 + 云计算 + 大数据"的应用和产业

---

① GSMA 代表全球移动运营商的共同关注和权益，包括手机制造商，软件公司，设备供应商，互联网公司以及金融、医疗、交通和公共事业等行业组织。

体系，构建国内物联网研发制造基地、产业应用高地、投资集聚区和最佳体验地，不断催生出一批新兴产业、新商业模式和新兴业态，行业影响力不断提升，促进了经济高质量发展。

同时，借助物联网推动传统产业智能化改造提升。围绕物联网产业链各环节，重点培育了核心元器件、通信模组、智能终端以及智慧城市四大类产业，不断完善和延伸产业链。如以三川智慧科技股份有限公司代表的智慧抄表产业、以凯顺科技为代表的智能制造产业、以智诚科技为代表的智能穿戴设备产业、以阳光照明为代表的智慧能源产业、以美纳途箱包为代表的智能家居产业等。特别是位于贵溪经济开发区的江西凯顺科技有限公司通过采用物联网 + 智能设备的运行模式，实现远程智能控制、远程服务、远程运营维护的一体化解决方案，控制人工成本、原材料成本。据统计，最高可节约 70% 的人工成本，原材料消耗减少 25%，模具配件减少33%。

（二）以智慧农业为引领，推动农业高效化发展

鹰潭市利用农业物联网系统建设，实现种植业、养殖业、特色产业等主要农业生产过程智能化、精细化管理。通过应用物联网对农作物生长环境进行全方位监测，精确地掌握农作物生长信息，能及时发现问题，并准确地锁定发生问题的位置，通过调整系统，保障农作物安全健康生长。应用物联网对农作物生产过程进行全方位智能化监控，对外在温度、湿度、风力、大气、降雨量等多方面进行实时监控，并监视农作物灌溉情况、土壤情况、空气变化状况、畜禽生长的环境状况以及对地表进行大面积的检测。通过利用智能系统方便地完成对多种类、大规模农产品的远程监控管理，实现在不同地域开辟新的生产、加工和仓储基地，使农产品的流通过程及产品信息的可视化、透明化成为现实。从而推进了农业实现标准化、集约化、高效化和绿色化联动发展，促进一、二、三产融合，推动农业产业化和现代化。余江县水稻原种场以物联网技术改造的农业物联网项目，于 2017 年成功上线，该单位成为全国首个 NB-IoT 农业示范应用单位。

江西蓝皮书

（三）以"物联网 + 服务"为支撑，推进服务业提档升级

鹰潭市深入实施"物联网"服务普惠行动，将物联网技术融入智能交通、环境保护、公共安全、智能家居、医疗健康、食品安全等众多领域，运用物联网技术促进服务业在更广阔的范围内对资源进行优化配置，改善了服务业的营销结构，促进了现代服务业结构优化升级。如旅游业基于智慧旅游建设鹰潭全域旅游综合服务中心，重点建设了龙虎山智能旅游综合管理平台，建成了 171 个智能公共停车位的智能停车系统，成为全国"首个"物联网示范应用的 5A 级景区，实现旅游规范化管理。物流业通过建设现代物流园智能服务中心，实现了物流的自动化、可视化、网络化、智能化管理。医疗健康通过智慧医院与养老服务中心建设，建成集医疗、养老于一体的现代智能康养中心。智能家居发展以家庭安防、娱乐、生活、家电等为代表的智能家居应用，为市民提供一个安全、舒适、便利的现代化、智慧化生活环境。信江新区基于物联网技术打造的智能路灯落地运用，辅以智能停车、气表、水表、垃圾桶、井盖、消防、环境监测的综合试点运用。此外，基于物联网技术的地下电缆温度监测项目、森林火苗探测报警等多个"全国首个"物联网应用项目相继在鹰潭落地实施。通过发展智慧健康、智慧旅游、智慧交通、智慧物流、智慧家居等智慧服务产业，切实提升了服务业专业化、精准化和智能化管理水平。

三 鹰潭市推动物联网与实体经济
融合发展的经验启示

（一）推动物联网与实体经济融合发展，是振兴实体经济的有效手段

物联网不仅包括智能电网、智能医疗、智能物流信息通信等核心行业技术领域，其外延几乎能覆盖所有传统行业。通过物联网与实体经济的融合发展，能够有力地推动传统产业数字化、网络化、智能化，支持实体经济与互

联网经济优势互补，整合服务资源，促进线上线下融合发展；能够有力地推进新经济发展平台和新经济市场主体发展，产生一批智能新兴行业，促进实体经济转型升级，提升实体经济运行效率。

（二）推动物联网与实体经济融合发展，是实现区域经济高质量发展、后发赶超的必由之路

物联网作为新技术，在与实体经济融合促进产业发展的过程中，不但能够催生出新的商业模式和新兴业态，而且能够为传统产业注入新动力，促进传统产业的结构调整、转型升级，推动新旧发展动能持续转换，实现后发赶超。江西作为欠发达地区，虽然经济发展水平与发达地区相比有一定的差距，但是在发展新经济新产业上并没有多大的差异，都是站在同一起跑线上。只要我们能够抓住机遇，抢占新一轮产业竞争制高点，就有可能实现突破式发展、弯道超车。鹰潭市移动物联网产业无中生有，与实体经济融合快速发展就是最好的范例。

（三）推动物联网与实体经济融合发展，是提升区域经济综合竞争力的重要途径

促进物联网和实体经济的融合发展，运用物联网技术促进企业研发、生产、销售、服务各环节优化重组，持续改造提升传统产业，不断培育壮大新产业新业态，促进实体经济向数字化、智能化、网络化转型发展，由传统的资源驱动、投资驱动向现代化知识驱动、数据驱动转变，推动经济向高质量、高效率发展，掌控经济发展的主动权，抢占科技创新的制高点，做大做强数字经济，拓展经济发展新空间，提升区域经济综合竞争力。

（四）大力吸引央企入赣、科研院所入赣，是加快推动物联网与实体经济融合发展的捷径

鹰潭市以物联网与实体经济融合发展，并在短短的时间内异军突起，不是靠等来的，而是主动出击、吸引央企入赣、加强战略合作促成的。市主要

领导先后数十次北上引智，先后与中国信息通信研究院、中国移动、中国电信、中国联通、华为公司、中兴通讯、国家电网、中石油等科研院所和央企签订了战略协议，凝聚多方力量形成了共同推动鹰潭物联网与实体经济融合高质量发展的新格局。

（五）以地方特色产业为切入点，是推动物联网与实体经济融合发展的有效方式

大力推动物联网与地方特色产业深度融合，能够极大提升地方特色产业的经济附加值。鹰潭市在推进物联网与实体经济融合发展中，以铜产品加工、水表制造、医药健康等地方特色产业为切入点，取得了良好的效益。这对于江西省其他地方运用物联网等新模式发展特色产业、振兴实体经济、促进高质量发展具有很好的借鉴意义。

参考文献

鹰潭市人民政府：《关于加快推进物联网产业发展的意见》，2017 年 4 月 25 日。

鹰潭市工业和信息化委员会：《2017 年鹰潭市智慧新城建设工作总结》，2017 年 6月。

佚名：《以"物联网＋"推进无锡经济转型发展研究》，无锡社科网，2017 年 3 月10 日。

岳振、杨刚：《贵州大数据与实体经济融合发展提升区域竞争力》，贵阳网，2018 年4 月 6 日。

雷尚君、李勇坚：《推动互联网、大数据、人工智能和实体经济深度融合》，《经济研究参考》2018 年第 8 期。

陶冶、王雷：《对物联网发展推动生产方式改革的思考》，《发展战略研究》2010 年第 12 期。

佚名：《大数据推动互联网与实体经济深度融合发展》，《中华工商时报》2017 年 6月 12 日。

B.14
景德镇陶瓷文化资源保护
利用调研报告

江西省社会科学院课题组*

摘　要： 景德镇是中国古代四大名镇之一，国务院首批公布的历史文化名城、驰名中外的瓷都、世界手工艺与民间艺术之都，拥有丰富的陶瓷文化资源。本报告在介绍景德镇陶瓷文化资源基本情况后分析了景德镇市在推动生产模式的转变、推进陶瓷文化遗址的保护利用、推动"文化＋创意"融合发展、推动文化遗产保护传承交流新平台的建设、推动陶瓷文化"走出去"等方面的做法。景德镇陶瓷文化资源的挖掘、保护和利用，存在保护难度大、管理体制不畅、高层次文化人才稀缺、资金不足、申遗支持力度不够等亟须解决的问题。针对这些问题，本报告提出了相应的对策建议。

关键词： 陶瓷文化　"文化＋创意"　文化遗址　景德镇

景德镇是世界瓷都、中国历史文化名城，拥有丰富的陶瓷文化资源，至今仍保留了大量相当完整复杂的历代瓷业体系及文化遗存，以及仍在延续并

＊ 课题组成员：张泽兵，江西省社会科学院文化研究所副所长，副研究员，研究方向为文化产业；麻智辉，江西省社会科学院经济研究所所长，研究员，研究方向为区域经济、产业经济；何雄伟，江西省社会科学院《企业经济》编辑部副主编，副研究员，研究方向为产业经济；黎清，江西省社会科学院文化研究所副研究员，研究方向为地域文化。

浸润在景德镇文化中的制瓷传统技艺民俗。深入挖掘、保护和利用陶瓷文化资源，对于促进景德镇市历史文化传承、提升城市综合竞争力具有重要意义。

一 景德镇陶瓷文化资源的基本情况

据初步统计，目前，景德镇市有各类陶瓷企业、作坊、陶瓷工作室共6773家左右，规模以上企业共100家，其中高技术陶瓷66家、日用陶瓷约1050家、陈设艺术瓷约4997家、建筑卫生陶瓷约87家、手工创意陶瓷约104家、陶瓷配套约469家。

全市不可移动文物770处，其中大部分跟陶瓷文化有直接或间接关系。全市仅窑址就有53处（160余点），初步统计景德镇陶瓷文化遗址片区规模约20.87平方公里；各级文物保护单位250处。其中：国保9处、省保34处、市保114处、县保93处。全市国有可移动文物总数19603件（套），其中一级文物有29件（套）、二级文物有291件（套）、三级文物有588件（套）、一般文物有10249件（套）、未定级文物有8446件（套）。出土古陶瓷标本"十数吨、上亿片"。

表1 景德镇市全国重点文物保护单位（9处）

序号	名称	类别	年代	地址	批次和公布日期
1	湖田古瓷窑址	古遗址	五代至明	珠山区竟成镇湖田村	第二批 1982.2.24
2	祥集弄民宅	古建筑	明	珠山区祥集上弄3.11号	第三批 1988.1.13
3	高岭瓷土矿遗址	古遗址	元至清	浮梁县鹅湖乡东埠	第五批 2001.6.25
4	御窑厂遗址	古遗址	明至清	珠山区珠山中路187号	第六批 2006.5.25
5	明园古建筑群	古建筑	明	昌江区景德镇陶瓷民俗博览馆内	第七批 2013.5.3
6	浒崦戏台	古建筑	清	乐平市镇桥镇浒崦村	第七批 2013.5.3
7	"瑶里改编"旧址	近现代重要史迹及代表性建筑	1938年	浮梁县瑶里镇	第七批 2013.5.3
8	镇窑	古建筑	清	景德镇市古窑瓷厂	第七批 2013.5.3
9	丽阳窑址	古窑址	元－明代	昌江区丽阳乡瓷器山	第七批 2013.5.3

表2　景德镇市江西省文物保护单位（7处）

序号	名称	类别	年代	地址	批次和公布日期
1	红塔	古建筑	宋	浮梁县朝阳乡旧城城隍岭	第一批　1957.10
2	杨梅亭古窑址	古遗址	五代、宋	珠山区竟成镇杨梅亭村	第二批　1959.11
3	清园古建筑群	古建筑	清、近代	昌江区境内景德镇陶瓷民俗博览馆内	第三批　1987.12
4	涌山洞遗址	古遗址	50万年前	乐平市涌山镇涌山腰部	第三批　1987.12
5	浮梁旧县衙	古遗址	清	浮梁县朝阳乡旧城	第三批　1987.12
6	坑口戏台	古建筑	清	乐平市镇桥镇坑口村	第五批　2006.12
7	韩家戏台	古建筑	清	乐平市鸬鹚乡韩家村	第五批　2006.12

表3　景德镇市第三次全国不可移动文物普查统计数据

单位：处

代码	地区	总量			分类						消失
		合计	新发现	复查	古遗址	古墓葬	古建筑	石窟石刻	近现代	其他	
360200	景德镇市	770	585	185	81	9	476	16	188	0	20
360202	昌江区	100	75	25	25	0	63	3	9	0	2
360203	珠山区	161	133	28	8	0	77	1	75	0	3
360222	浮梁县	234	132	102	38	6	149	10	31	0	15
360281	乐平市	275	245	30	10	3	187	2	73	0	0

景德镇市当前有6家国有博物馆（其中国家二级博物馆1家，国家三级博物馆两家），14家非国有博物馆和1家行业博物馆，共计21家博物馆。景德镇御窑遗址博物馆的建设工程项目在近期得到了党中央、国务院领导的关心和重视，现已上升到国家级重点文化工程项目层面。近三年来，景德镇市21家博物馆共接待参观人次近520万人次，其中青少年约72万人次。

全市共有非物质文化遗产58项，其中国家级非物质文化遗产3项，省级24项，市级31项；国家级非物质文化遗产项目代表性传承人10人，省级41人，市级393人。调查、收集、整理非物质文化遗产线索845条。

二 主要做法

景德镇按照"打造一座与世界对话的城市"总体要求，认真贯彻落实习近平总书记两次对御窑厂遗址保护工作作出的重要批示，始终围绕弘扬和宣传陶瓷文化，讲述景德镇故事，充分激活文化动力，练好内功，搭好平台，铸好景德镇"文化之魂"。

（一）高位推动生产模式的转变

江西省委书记刘奇高度重视景德镇发展，他在景德镇调研时指出："要抢抓历史机遇，积极传承创新景德镇陶瓷文化，加快推动景德镇进一步走向世界，实现更高层次的开放。"景德镇市委市政府高度重视陶瓷文化资源的开发利用，在市领导的高位推动下，成立了陶瓷产业发展工作领导小组，并建立陶瓷发展工作联席会议制度，不断强化部门间的协同配合，充分整合景德镇陶瓷文化资源，形成陶瓷文化发展的合力。市委、市政府从战略高度开展了"双创双修"工作，引导陶瓷产业逐步淘汰"大进大出"的生产模式，大力引进创意设计中心和总部经济入驻本市，着力发展以"陶瓷＋"为核心的陶瓷文创产业和高新技术陶瓷，打造绿色、环保的"陶瓷产业升级版"。

（二）大力推进陶瓷文化遗址的保护利用

景德镇以申报世界文化遗产为龙头，整合遗址资源，着力保护好唐宋元明清瓷业生产地上地下遗存遗址，加大对老窑址、老街区、老厂房的保护力度，持续推进国家文化生态保护试验区建设，加强景德镇手工制瓷技艺数字化保护，延续近现代陶瓷工业生产文明，使之成为发展陶瓷文化创意产业的新载体。自2012年正式成立非遗研究保护中心以来，景德镇市通过"设立独立管理机构、建立保护名录体系、发展传承人队伍、打造非遗传承基地"等多措并举，推动陶瓷非物质文化遗产在保护中传承，在传承中发展。

（三）大力推动"文化＋创意"融合发展

景德镇市培育了雕塑瓷厂、珠山东市等一批创意创业孵化基地；完善了"公司＋工作室"经营模式，打造了建国创意园、名坊园、三宝瓷谷等一批示范性园区，启动了"十大文化产业创新项目""十强文化企业""十大陶瓷文化品牌""十大陶瓷文化景观"评选活动。积极组织 12 家企业 15 个项目参与江西省首届文化产业"金杜鹃奖"评选，最终 6 家企业获奖。先后打造了陶瓷名坊园、绿地国际陶瓷文化旅游城、皇窑陶瓷产业园、陶溪川国际文化创意街区、珠山东市等一批具有重大引导性的文化产业项目。通过一系列的措施，培育壮大龙头企业，带动全市文化产业全面发展，形成了具有强大市场影响力的综合服务体。景德镇市目前正在打造洛客设计谷①，着力构建全球陶瓷创意设计中心、研发中心、品牌孵化中心、营销中心和交易中心。景德镇市开创了"陶瓷文化＋体验＋旅游＋个性化定制"的"陶瓷生活 4.0"发展模式，成功举办了首届中国陶瓷茶具产品及设计大赛、首届茶席大赛、花器大赛、大千集艺术作品展等多项活动。

（四）努力打造文化遗产保护传承交流新平台

目前，景德镇市已经与韩国利川、日本有田町、荷兰代尔夫特、美国门县市等 8 个国际城市缔结了友好合作关系。近年来，在国内外城市相继举办各类文化交流活动 5000 余次，2016 年与故宫博物院合作，在景德镇设立了"景德镇陶瓷修复与研究中心""故宫学院景德镇分院""故宫学院景德镇陶瓷考古所"三大合作研究平台。景德镇积极打造瓷博会，搭建对话平台。2017 年瓷博会成功吸引了德国唯宝、英国斯菲尔波、日本香兰社等国内外近千家企业到会参展，同时围绕"陶瓷＋"组织了 40 多场配套活动。连续

---

① 洛客平台是江西发展新服务经济工业设计领域引进的重要项目。2017 年 5 月洛客设计谷项目落户景德镇市，该项目是洛客平台携手景德镇三宝瓷谷共同打造的设计师线下"乌托邦"，以"互联网＋工业设计"形式助推陶瓷与设计大融合，为广大设计师提供更有市场竞争力的陶瓷设计以及更好的创作服务。

三年联手故宫博物院成功举办御窑厂出土瓷器与故宫博物院所藏文物对比展；"归来·丝路瓷典"展在北京中国国家博物馆开展，来自"一带一路"沿线国家的300余件景德镇生产的外销瓷真实再现了千年丝路文明。

（五）积极推动陶瓷文化"走出去"

景德镇深入参与"一带一路"建设，加强与"一带一路"沿线国家和地区的文化交流。"千年瓷都·景德镇陶瓷文化国际巡展"已走遍了意大利、西班牙、俄罗斯、拉美、马德里等10多个国家和地区[①]。国家艺术基金资助项目"传承与创新·景德镇当代原创陶瓷艺术作品展"，先后在内地九个城市和台湾、澳门等地开展；"故宫瓷器——皇帝御用暨景德镇御窑陶瓷特展"赴荷兰代尔夫特王子纪念馆展出。先后组织非遗代表性传承人和文化企业参加了中国非物质文化遗产博览会、中国成都国际非物质文化遗产节、深圳文博会、义乌文交会、东盟文博会等；景德镇瓷乐表演项目被选调参加米兰世博会江西主题日活动，为全球宾客进行非遗专场展演等。2018年在澳门民政总署举办的"启明气象——景德镇御窑博物馆馆藏洪武时期珍品展"。景德镇注重塑造"国瓷"品牌形象，据初步统计，自1978年以来，为国家领导人提供国礼瓷超过200余次。在平昌冬奥会上，"红叶"陶瓷亮相，"景德镇制"在国际舞台上惊艳世界。2018年6月在德国柏林市成功举办"感知中国·匠心冶陶"景德镇陶瓷文化展，在特里尔市举办"遇见中国——纪念马克思诞辰200周年系列文化展"，得到德国的高度赞扬。

（六）促进文物保护与旅游深度融合

陶瓷历史文化为景德镇全域旅游发展提供了取之不竭的动力。国家5A级旅游景区——古窑民俗博览区成为江西乃至国内独具特色、影响力较大的文化旅游王牌景区，明清御窑厂遗址国家考古遗址公园已成为塑造景德镇未

---

① 《景德镇：弘扬陶瓷特色文化，打造与世界对话的城市》，江西省人民政府网站，2017年9月6日。

来城市高度、推动景德镇与世界对话的一个重要窗口，陶溪川工业遗产保护利用成为文化旅游深度融合的成功典范。陶瓷文化传承创新发展，吸引3万多世界各地陶瓷艺术家和爱好者常年在景德镇创作、创业，形成了独特的"景漂"和"景归"文化现象。陶瓷文化交流丰富多彩，连续14年成功举办景德镇国际陶瓷博览会，共吸引了来自世界49个国家100多个城市的制瓷企业参加。独特的陶瓷文化魅力，吸引数千万国内外游客前来观光、旅游。2017年景德镇接待游客5454万人，旅游总收入达到528亿元。景德镇成为举世闻名的世界瓷都和陶瓷圣地，三宝瓷谷逐渐成为融合文化与旅游、艺术与生活的一条特色旅游线路。

三　困难与问题

景德镇陶瓷文化资源通过前期的挖掘、保护和利用，取得了良好的社会与经济效益，但也遇到一些困难和亟须解决的问题。

（一）陶瓷文化资源点多面广，保护难度大

景德镇陶瓷文化资源存在点多、面广、量大的问题，在昌江河水系不足30公里的范围内，就分布了从唐代至明清的古瓷窑址52处150余个点，保护工作难度大。以御窑厂遗址的保护为例。由于御窑厂遗址处于历史城区的核心地带，其保护利用可谓"牵一发而动全身"，直接关系到景德镇这座历史文化名城的未来；御窑厂遗址重点遗存分布区还一直被各类办公、居民建筑占压，周边人口、商业、交通密集，保护工作面临大量搬迁、拆迁及周边环境整治等一系列难题。全面而高质量地保护好现有的这些文化遗存，难度极大。

（二）管理体制不畅，不利于保护开发

在挖掘保护利用景德镇丰富的陶瓷文化资源的过程中，存在不同部门分割管理、分属不同部门的现象，不利于发挥文化资源整体效能。如御窑遗址

墙内归御窑遗址管理处管辖,而墙外则由景德镇陶邑文化发展有限公司开发;浮梁古县衙的资产则归属国土部门。此外,文化资源管理部门往往还要与城建、规划、环保和宣传等部门密切合作,形成合力,共同推动文化资源的保护和利用,这一切都依赖于畅通的管理体制。

(三)财政底子薄,挖掘保护资金不足

景德镇市财政底子薄,财力不足,但近年来在文化资源保护利用方面的资金投入仍逐渐增加。但由于景德镇文化资源非常丰富,而且申遗、御窑厂遗址等重大项目相继铺开,单凭景德镇有限的财力难以为继,如御窑厂遗址规划、保护、管理等方面要达到世界文化遗产的标准,目前仍存在较大的资金缺口,这就需要国家和省级财政的大力支持。

(四)高层次文化人才稀缺,留住人才较难

适应景德镇新兴产业发展需求的高层次文化专技人才、经营管理人才、文创人才仍较缺乏。即使是处于优势地位的陶瓷文化人才队伍中,也存在设计类高层次人才紧缺的问题。此外,文艺创作、文博考古,尤其是具有考古专业领队资格的高层次人才紧缺,不能满足快速发展的事业需要。特别是基层高级专技人才严重缺乏,如浮梁县博物馆等三馆仅有专技人员2人,乐平市图书馆作为"全国古籍重点保护单位",目前也只有2名古籍专业人才。此外,从年龄结构来看,基层文化骨干年龄偏大,声乐、编剧、解说等专业人才青黄不接,出现断层倾向。在人才缺乏的同时,人才外流现象较为严重,人才如何才能留得下、留得稳、留得久成为当前迫切需要解决的难题。

(五)陶瓷文化申遗困难多,支持力度不够

景德镇御窑厂遗址正在申报世界文化遗产,这对于陶瓷文化后续保护和利用,以及江西打造文化强省具有重要意义。它不仅是景德镇的一件大事,也是江西乃至中国的一件大事。目前国内外申遗竞争十分激烈,韩国与汤加

正准备申报与陶瓷有关的世界文化遗产，国内钧瓷也在申报，它们都成立了专职机构，投入的资金很大。而景德镇目前虽然有申遗机构，但只有6个人，专业人员仅有1人，投入资金也不足，仅仅依靠这样的力量，申遗成功难度极大，省文化保护部门应予以重点支持。

四 对策建议

（一）大力促进景德镇御窑厂遗址申报世界文化遗产

建议完善申遗组织结构，进一步完善机构设置和人员配备，设立省级统一的领导机构，统筹协调申报世界遗产和老城保护、整治、修复的相关工作，实现多规合一，提高申遗和老城保护工作效率。继续开展有计划的考古调查，对景德镇窑业遗址成果进行进一步分析和梳理。完成"御窑厂遗址"、浮梁县"兰田窑址"考古发掘报告和"进坑瓷石矿遗址"调查报告、昌江区"丽阳窑址"、珠山区"观音阁窑址"、陶文旅集团"落马桥窑址"的考古发掘报告。组建专家学者团队，从景德镇御窑厂遗址考古成果梳理与分析、景德镇瓷器在东西方文化交流中的地位、景德镇御窑厂遗址与国内外重要窑业遗址的比较研究、景德镇窑业遗址的保护利用研究等方面全方位，多角度对景德镇陶瓷文化的历史地位、文化价值、普遍影响进行梳理研究和OUV（突出普遍价值）提升阐释，为正式进入申遗序列提供学术支撑。运用多种手段，利用多种媒介对景德镇文化遗产广泛宣传推广，宣传展示景德镇陶瓷生产和生活情景，实现文化传承、遗产活化、内涵展示，努力开拓一条全国乃至世界陶瓷类遗址保护新路径，让景德镇这座与世界对话的城市在新时代的影响更加深远广泛。

（二）加大对景德镇历史文化资源的保护力度

建议全省将景德镇文化资源作为全省文化资源重要战略定位进行打造，出台更多政策支持景德镇文化资源保护和利用。加大财政资金对历史

文化史迹资源保护和利用的扶持力度，逐年增加资金投入比例。同时，筹集社会资金，包括以市场模式将古建筑资源与周边捆绑开发建设，发动社会捐赠等解决历史文化资源活化利用的资金问题。坚持保护和活化利用相结合的原则，高起点、高水平制定景德镇市历史文化资源保护利用规划，在保护中开发，以保护带动利用，确保景德镇市独特的历史文化资源得到有效传承和永续利用。政府要大力扶持以非遗代表性传承人为核心的企业。加大对景德镇非遗资源保护和合理利用的力度。非遗资源有利于旅游产业发展，带动了信息流动、物质流、技术流，促进市内外、国内外的多层次交流合作，能有效地推动区域经济、社会全面协调可持续发展。非遗的活态传承是以人为载体的，政府要大力扶持以非遗代表性传承人为核心的企业。

（三）加强景德镇陶瓷文化品牌建设

继续擦亮景德镇陶瓷这块江西最具世界影响力的名片，抓好以景德镇御窑厂遗址、湖田窑遗址为核心的景德镇陶瓷遗址保护利用工作，推进御窑厂国家考古遗址公园建设。加快打造景德镇"一带一路"文化节点城市，积极创建"景德镇陶瓷文化传承创新示范区"。大力发展陶瓷文化创意产业，推进"陶溪川·CHINA坊"国际陶瓷文化产业园和三宝国际瓷谷的建设。大力推动陶瓷文化"走出去"，继续举办景德镇国际陶瓷博览会及其他各种类型的文化交流活动。大力完善景漂景归人才服务机制。探索省内其他古陶瓷遗址的保护利用。加强对吉州窑遗址的保护利用，建设好吉州窑陶艺特色小镇。加大洪州窑遗址的保护力度，争取再次发掘。拓展新领域，不断深化文物国际交流合作，深化与故宫博物院的合作和文物国际交流，积极推动在故宫博物院举办系列御窑陶瓷对比展等对外交流活动；在澳门民政总署举办"启明气象——景德镇御窑博物馆馆藏洪武时期珍品展"，参与"一带一路"建设，加强与"一带一路"沿线国家的文化交流，助推景德镇成为展示中国文化的名片、讲述中国故事的平台、传递中国声音的窗口。

（四）加大高层次紧缺人才的引进和培养扶持力度

建议加强对景德镇市高层次文化人才培养的顶层设计。实施人才兴文战略，建立和完善文化资源保护与开发专业人才引进、培养的政策体系。支持和鼓励文化资源管理部门、文化企业多渠道引进国内外优秀文化资源管理和创新人才。加大人才培养投入，在人事、待遇等多方面出台相关优惠政策，实施优秀文化人才奖励。鼓励本地高校结合本地的市场需要，合理开设与历史文化资源相关的高教专业，引进和聘用与文化产业相关的师资力量积极参与、引导社会培训力量的建设，整合社会资金、人才方面的优势，开发一套集产学研为一体的优质培训体系。加强人才培养的国际化合作，必须推动文化资源人才国际化。建议省里对于景德镇市在申报推荐和对接实施省级以上重点人才项目时，如申报考古发掘资质领队人才、国家"万人计划"人才、省级"双千计划"人才、文化名家和"四个一批"人才时，能给予重点支持。

（五）注重历史文化资源在推动社会经济发展中的作用

历史文化资源具有覆盖经济、科技、社会等多方面的产业融合能力，历史文化资源通过与相关产业的高度融合，可实现区域经济的整体发展。要通过融入新的思想、创意、设计和文化，对传统产业链进行重新解构与重组，以文化创意产业高级化和价值链高端的形式，对传统产业进行高级化升级，能有效地带动区域内和其他区域产业一同实现价值增值，极大地推动区域内关联产业的发展。要顺应新形势，推动文化遗产保护利用工作更好融入经济社会发展，把传承弘扬陶瓷文化贯穿城市发展的始终，促进文化文物与旅游、文化文物与生态、文化文物与产业的深度融合，打造御窑厂遗址、湖田窑科普展示中心、陶溪川、三宝瓷谷等一批体现陶瓷文化特色的旅游产品和线路，把景德镇建设成为一座国内一流、国际知名的旅游名城。

（六）让文化遗产保护利用成果更多地惠及人民群众

要提升景德镇市博物馆的教育功能、普及市民陶瓷文化知识需要各相关

責任部门既切实履行好本部门的职责，又加强协作，积极开展工作，形成合力，营造有利于博物馆发展的外部环境和良好氛围。优化文博供给体系，加大文物保护单位开放力度，提升博物馆公共服务和社会教育功能，支持各方力量参与文物保护利用，提升馆藏陈展水平。完成御窑博物馆新馆陈展的形式和内容设计，完成民窑博物馆制瓷生产工艺陈展提升项目。加强人才队伍建设和馆员业务能力培训，提升藏品研究、讲解服务、免费开放、安全保卫能力；加强博物馆"一馆一品"建设，鼓励研发博物馆文化创意产品，促进文化旅游融合；支持申报特色民办博物馆，鼓励十大瓷厂陶瓷博物馆、皇窑陶瓷艺术博物馆等民办博物馆做大、做强。积极开发文博创意产品，使文物保护利用成果更多惠及人民群众，让人民的精神文化生活更丰富，基本文化权益保障更充分，文化获得感、幸福感更充实。

参考文献

景德镇市文化广电新闻出版局：《景德镇文化》，中国文史出版社，2014。

《景德镇遗产》，《世界遗产》2016 年增刊。

《景德镇遗产》，《世界遗产》2017 年增刊。

典型调查

Typical Investigations

B.15
推进南康家具产业高质量发展的
调研与思考

江西省社会科学院课题组*

摘　要：　党的十九大报告明确提出，我国经济已由高速增长阶段转向高质量发展阶段。江西要在高质量发展上展现更大作为，就要不断转换发展动能，加快产业结构转型升级。南康区在全省率先探索"个转企、小升规、规改股、股上市"，家具产业转型升级取得显著成效。但要推进南康家具产业高质量发展，仍然面临着产业大而不强、龙头企业偏少、环保约束强

* 课题组组长：梁勇，江西省社会科学院院长、研究员，研究方向为区域经济；课题组副组长：龚建文，江西省社会科学院副院长、研究员，研究方向为农村发展；成员：李志萌，江西省社会科学院应用对策研究室主任、研究员，研究方向为生态经济、农业经济；张宜红，江西省社会科学院应用对策研究室副主任、副研究员，研究方向为农村发展；盛方富，江西省社会科学院应用对策研究室助理研究员，研究方向为农业经济、金融学；尹传斌，江西省社会科学院应用对策研究室助理研究员、博士，研究方向为人口、资源与环境。

化、研发能力普遍偏弱、高端人才缺乏、品牌影响力有待加强等诸多问题，应紧紧抓住创新这个"牛鼻子"，深入实施"众创业、个升企、企入规、规转股、扶上市、育龙头、聚集群"行动计划，打造供应链创新与应用试点，聚焦创新链、产业链、价值链、供应链和生态链各环节，从研发设计、高端消费两端延伸发力，推动江西省家具产业迈向高质量发展阶段，打造全国乃至世界家具产业集群。

关键词： 高质量发展　供应链创新与应用　南康家具

　　由高速增长阶段转向高质量发展阶段，是我国经济发展进入新时代的基本特征。产业是经济之本，实体经济是区域发展的根基。推动经济高质量发展，重点是推动产业结构转型升级。近几年，赣州市南康区学习借鉴温州、义乌成功经验，深入践行"店小二""保姆"式服务理念，在全省率先探索"个转企、小升规、规改股、股上市"，家具产业转型升级取得显著成效，为全省产业转型升级、走高质量发展之路提供了鲜活样本。为进一步推进南康家具产业高质量发展，2018 年江西省社科院课题组专赴南康区调研，形成调研报告如下。

一　做法与经验

　　南康家具产业萌芽于 20 世纪 80 年代，起步于 90 年代初，历经萌芽孕育、引导培育、发展壮大、转型跨越四个发展阶段，在 2016 年跨入千亿产业基础上，2017 年南康家具产业集群总产值达 1300 亿元，增长 27.4%。在转型升级道路上南康家具产业实现"华丽蜕变"、走上"康庄大道"的做法与经验集中表现如下。

（一）软硬环境优化并举，为企业提供"店小二""保姆"式服务

良好的发展环境，对内是凝聚力，对外是吸引力、竞争力。南康区学习借鉴并践行沿海发达地区服务理念，为企业提供"店小二""保姆"式的服务。一是以"一次不跑"为牵引深化"放管服"改革。南康区紧紧围绕"审批事项最少、办事效率最高、投资环境最优、市场主体和人民群众获得感最强"的目标，建立审批服务事项"一窗式"受理、"一网式"审批、"一档式"管理的审批运行机制，让数据多跑路、群众少跑腿乃至一次不跑。二是打通政策落地"最后一公里"。南康区积极贯彻落实省先后出台的"80条""20条""30条"扶持政策，建立企业帮扶 APP，设立金融、外贸、企业、双创、人才和行政审批6个集中服务平台，建成"中介机构服务超市"，切实为企业减负松绑。三是大力开展标准厂房建设，引导企业"拎包"入园。南康区启动五年1000万平方米标准厂房建设计划，采取政府融资建设一批、腾笼换鸟促建一批、招商引资建设一批、吸引民资建设一批等举措，目前建成和在建标准厂房620万平方米，全省县级第一，通过"筑巢引凤"，引导企业"小散乱"家具企业"拎包"入园入区，降低企业前期投资成本。

（二）正向引导与反向倒逼并重，大力推动"转企升规"

南康区充分发挥政府"有形之手"与市场"无形之手"的作用，通过政策激励和倒逼措施，激发企业转型升级的内生动力。一是正向引导，对被认定为"规上企业"的，予以资金奖励、金融扶持、优先安排标准厂房等一系列"真金白银"的政策扶持，把有限的优质资源倾斜于支持"转企升规"企业。二是反向倒逼，对"潜水企业"，采取环保消防、安全生产、产品质量、亩均税收等措施进行整顿，营造公平竞争的有序环境。三是营造企业广泛认同的环境，宣传并营造"三松四不"的宽松政策环境，大幅减轻企业负担，打消企业顾虑，解除后顾之忧，赢得家具业主的广泛认同，由"不想升、不愿升、要我升"变为"主动升、抢着升、我要升"。目前，南康区规上标准家具企业突破1000家，"转企升规"三年规划目标仅用一年就能实现。

（三）研发设计与线上线下融合并驱，向"微笑曲线"两端发力

南康区着力做强研发、销售环节，向研发、销售要效益、要市场竞争力。一是组建全省首个、业界一流的家具工业设计中心。2017年，通过政企合作，打造总面积近2000平方米，集研发设计、产品展示、创客空间、线上平台、实训基地、设计师之家等功能于一体的家具工业设计中心，汇聚设计机构近百家、线上设计师500多名，中心成立以来，推动新增原创产品超1000项，引导100多家家具企业实施"机器换人"，推动全区申请专利超800项。二是大力发展家具电商。引进中国航天科工集团下属江西航天云网，打造国内首个"互联网＋家具"综合服务平台"康居网"，推动线上线下融合，被商务部授予"全国电子商务示范基地"称号；同时，依托赣州港，大力发展跨境电商，打造以家具为主的电商特色产业带。2017年，全年家具电商成交额190.9亿元，同比增长78.2%。三是搭建完善的展销平台。2017年成功举办中国（赣州）第四届家具产业博览会，组织家具企业组团参加东湾名家具展、龙江家具展、武汉国际家具展等国内知名展会，南康家具产业影响力和知名度提升到一个全新高度。

（四）"两化融合"与品牌培育并进，推动产业迈向中高端

南康区以工业化和信息化——"两化融合"为动力，积极引进品牌企业、培育壮大家具品牌。一是推动"南康制造"迈向"南康智造"。策应"中国智造2025"，南康区引进国内最专业的实木类半自动生产线所用机器设备，打造家具生产"机械化、智能化、定制化"的标准样板车间并复制推广，引导企业发展智能家具、定制家具、生态家具，如南康区龙头家具企业汇明集团建成世界第三条、全国第一条对废旧家具直接回收循环利用的生产线，打造全省第一个家具生产无人智能化车间。二是制定实木家具行业标准。南康区发起制定《实木单层床》《实木餐桌椅》两个团体标准，经国家标准委员会认定、颁布并实施。三是引进和培育品牌企业。凭借赣州港的独特优势，及赣南苏区拥有企业上市IPO"绿色通道"等政策便利，南康区成

功引进华日、北京端瑞、森堡王国、鸿业、科霖环保等一批国内一线品牌企业。四是成功注册"南康家具"集体商标。为全力提升南康家具的品牌影响力，南康区申报并成功注册"南康家具"集体商标，是全国第一个以县级以上行政区划地名命名的工业集体商标，正积极运作"南康家具"区域品牌＋企业商标的"母子"商标模式。

（五）产港城联动与全产业链打造并行，提升产业综合竞争力

南康区以赣州港建设为突破口，以打造全产业链为主线，推进赣州港与赣州综合保税区、"两城两谷一带"等产业项目的横向联系，推进产港城联动发展。一是以港口建设为引擎推动"木材买全球、家具卖全球"。依托中国（南康）木材价格指数发布平台，以赣州港获批成为全国第 8 个内陆对外开放口岸和内陆首个国检监管试验区为契机，开通 16 条内贸、铁海联运班列线路和 17 条中欧班列线路，将家具销往全球 105 个国家和地区，完成南康家具贸易"由单一内贸市场到内外贸市场并重"的重大突破。二是以发展现代物流产业打通家具快递、安装服务"最后一公里"。南康现有物流企业 300 多家、国家 A 级物流企业 15 家，现有物流专线 1000 多条，德邦物流、申通快递、顺丰速运、京东物流等国内八大物流企业的陆续进驻，以及顺丰无人机配送应用试点示范工程落户南康，将做足做实南康"人联四方"的美名。三是以家居特色小镇为引领推动家具产业跨越式发展。全力推进全省首批 30 个特色小镇之一的南康家居特色小镇建设，打造生产、生活、生态"三生融合"，产业、文化、旅游"三位一体"，百家研发创意机构及百家家居电商总部落户运营、千名研发销售高端人才工作生活、万名家居采购商下单采购的天下家居第一镇，建成世界家具创新创业孵化园、生态园，激发产业发展新活力。

二 对策建议

党的十九大报告提出，要在现代供应链等领域培育新的增长点、形成新

动能。近年来南康家具产业转型升级发展已为其供应链创新奠定了一定基础，但要推进南康家具产业向高质量发展，仍然面临着产业大而不强、龙头企业偏少、环保约束强化、研发能力普遍偏弱、高端人才缺乏、品牌影响力有待加强等诸多问题，应紧紧抓住创新这个"牛鼻子"，打造供应链创新与应用试点，深入实施"众创业、个升企、企入规、规转股、扶上市、育龙头、聚集群"行动计划，注重从研发设计、高端消费两端延伸发力，推动江西省家具产业迈向高质量发展，打造全国乃至世界家具产业集群。

（一）聚焦创新链，推进家具产业智能化发展

智能化程度低、创新人才不足、创新创业氛围不浓仍然是制约南康家具产业向高质量发展的短板。为此，一要加强智能化改造。加速移动互联网、云计算、大数据、物联网、研发创意机构等与家具产业结合，支持一批企业进行智能化改造，建设一批智能车间、智能仓库，推动传统家具向智能化、定制化家具转变，实木家具向家居和家居创意产业裂变。二要加大人才培养引进力度。依托赣州及南康职业中专（学校）、高校等资源，组建中国（南康）家具学院，加之南康家具研究院，培养一批设计人才、营销品牌运营人才；柔性引进更多国内知名设计企业、团队、研发机构和院校入驻；依托京东培训学院、电商协会，远程教育培养引进一批跨境电商人才。三要大力营造创新创业氛围。依托家居特色小镇建设，大力营造创新创业氛围，支持南康家居特色小镇列入第三批国家级特色小镇；加大招商运营力度，推动家具研发、设计、销售等各环节高端要素加速向小镇聚集，打造世界家具创新创业的孵化园、生态园。

（二）聚焦产业链，推进家具产业集群化发展

南康家具产业企业众多，呈现"繁星满天独缺月"，缺乏支柱性带动型的"领头雁"，应围绕家具生产，推动产业集群化发展。一是深入实施"转企升规"。围绕产业转型升级，深入实施"拆、关、查、停、改"行动，整顿规范环境，加快推动重点区域绿皮厂棚全部拆除，引导规上企业入园区；

完善规上家具企业考核机制，建立规上企业的优质库、培育库和双向流动动态管理机制，严格进退管理，加强已入规企业的动态管理，实现规上企业从数量扩张向质量提升转变。二是大力推进规上企业上市。加快推进本土家具企业并购重组、抱团发展，加大对规上企业的上市指导和培育力度，建立完善拟上市企业储备库，分类指导、梯度培育，重点推进汇明、金瀚实业等一批规上家具企业上市。三是招大引强培育龙头。一方面，瞄准曲美、欧派等全国家具行业知名企业、龙头企业，实行"一对一"精准招商，引进一大批知名龙头家具企业落户南康，打造家具产业精品示范园区；另一方面，制定产业龙头企业财税、金融奖励补助办法，加强行业龙头企业精准帮扶，大力引进社会资本，以资本为纽带对本土家具企业进行整合，帮助企业扩产扩销，争创品牌，推进一批条件成熟的本土家具发展成为行业龙头企业。

（三）聚焦价值链，推进家具产业高端化发展

南康家具产业研发设计能力弱、以传统展销会为主的营销模式并没有根本改变、品牌影响力还不够强大，亟待向价值链设计、销售品牌两端发力，推动产业高端化发展。一是重设计。依托南康工业（家具）设计中心，打造江西省创新创意产业园，给予政策倾斜，并支持其申报国家级工业设计中心或创意产业园；将江西省工业（家具）设计大赛会址永久定在南康，支持南康参加"2018年全国家具制作职业技能竞赛"并支持由南康承办总决赛；加大研发投入，鼓励企业生产和研发设计相剥离，设立产品研发中心或产品设计部。二是强销售。支持"中国家具产业博览会"继续且永久由南康举办，擦亮"中国家具产业博览会"这块金字招牌，并将其打造成全国家具行业的风向标，举办中国（南康）家具数字家博会；鼓励家具企业在省内外加快布点，设立专卖店，同时加强与康居网、淘宝、京东商城、云上小镇等网上综合平台的合作，加强与大型房地产开发公司精装样板房合作，推动原材料标准化、实木家具板式化，推动南康家具企业新零售业态发展。三是响品牌。制定好南康家具主要品种制造标准，严格准入机制，运作好"南康家具"区域品牌＋企业商标的"母子"商标模式，进一步提升南康家

具的品牌影响力。与此同时，加大"南康家具"集体商标宣传力度，定期在中央电视台二套发布南康家具价格指数；出台相关奖励政策，支持汇明、维平、团团圆等一批知名产品品牌的打造。

（四）聚焦供应链，推进家具产业开放融合发展

虽然南康家具通过赣州港实现了"买全球、卖全球"，但其供应链体系尚未健全、开放平台亟待完善配套设施。一是支持开展供应链创新与应用试点。加大政策支持力度，以南康家具产业为依托，将南康区列入省级供应链创新与应用试点城市，并支持其申报成为国家级供应链创新与应用试点城市。二是港口驱动南康家具产业供应链"走出去"。发行赣州港和家具集聚区建设专项债券30亿元，用赣州港运营收入和集聚区标准厂房出租出让取得的收入逐年归还债券本息；引导各大金融机构支持赣州港发行"一带一路"专项债券20亿元，支持赣州港冷链、监管仓、铁路场站等基础设施建设；加快推进地方家具企业与顺丰、申通、圆通、德邦等物流巨头合作，开通海外物流班列，增加矿产、电子信息产品等品种运营，深化与沿海沿边口岸的港务合作，实现"多口岸直通、多品种运营、多方式联运"。三是积极拓展海外展销。鼓励企业组团参加国际国内知名展会，积极走向国内和国际市场，拓展自身经销商和合作商，推动企业发展；鼓励支持企业到赣州港中欧班列沿线国家设立境外办事处或外贸点，降低外贸中间环节成本。

（五）聚焦生态链，推进家具产业绿色化发展

目前，南康家具产业发展方式仍较为粗放，环保压力更加凸显，应聚焦生态链，推动产业绿色化发展。一要制定家具绿色生产标准体系。制定好南康家具主要品种绿色制造标准，严格准入机制；采取政府统建、股权回购、EPC等多种模式大力度推进标准厂房建设；采取政策引导、环保倒逼等办法，大力推广水性漆，推进家具产业环保化。二要打造绿色循环家具产业园区。按照"3R"原则，加大园区相关配套企业的引进力度，对刨花等废物进行再循环利用、吃干榨净，打造一批绿色循环工厂，加大园区污水处理、

灰尘处理设施建设奖补力度，将南康家具产业园区打造成为绿色循环产业园，并支持其申报国家循环产业示范园。

参考文献

萧森：《南康区：放眼世界的"中国实木家具之都"》，《赣南日报》2017 年 6 月 28 日。

任江华：《南康：打造千亿级家具产业集群》，《中国品牌》2014 年第 8 期。

《江西南康家具产业加快转型升级》，央广网，2017 年 7 月 28 日。

《"草根经济"如何蜕变？——江西千亿产业南康家具蹲点观察》，新华网，2017 年 6 月 15 日。

江西省社科联课题组：《集聚发展新动能的华丽转身——南康家具产业转型升级调查》，2017 年 8 月。

《南康家具产业迈向高质量发展新征程》，央广网，2018 年 5 月 25 日。

B.16
永丰县新型农业经营主体
调查报告

江西省社会科学院课题组*

摘　要：　实现小农户和现代农业发展有机衔接，是党的十九大报告提
出的重要要求，为建设现代农业指明了方向。文章以永丰县
作为个例，从财税政策、党建、标准化品牌建设、人才培育
等方面分析了永丰县以新型农业经营主体为桥梁，推动实现
小农户与大市场紧密联结的主要做法与成效，并从推动江西
全省现代农业发展的角度，认为组织联合小农户、建立健全
利益联结机制、推进农业社会化服务规模化发展、提升小农
户发展能力、强化政策制度支撑等是推动小农户与大市场有
机衔接的有效路径。

关键词：　小农户　大市场　新型农业经营主体　永丰县

　　新型农业经营主体是发展现代农业的主力军和突击队，是实施乡村振兴
战略的重要力量。近年来，永丰县立足人多地少、山多地少、耕地面积分散
的县情，大力发展以家庭农场为主力军的新型农业经营主体，创新性探索利

＊　课题组组长：龚建文，江西省社会科学院副院长、研究员，研究方向为农村经济。成员：张
宜红，江西省社会科学院应用对策研究室副主任、副研究员，研究方向为农村经济；盛方富，
江西省社会科学院应用对策研究室助理研究员，研究方向为农村经济；王胜奇，江西省社会
科学院文化研究所副研究员，研究方向为区域文化。

益联结机制，架起衔接小农户与大市场的桥梁，增强农户特别是贫困户发展的内生动力。依托新型农业经营主体牵动传统小农户，永丰县广大农村的脱贫致富道路越走越宽。永丰县着力培育新型农业经营主体，壮大帮贫带富"生力军"的经验与做法，在全省决胜全面建成小康社会、全面实施乡村振兴战略的当下，具有重要现实意义。

一 主要做法

截至 2018 年 6 月，永丰县拥有家庭农场（2062 个）、农民专业合作社（453 个）、农业产业化龙头企业（31 个）等新型农业经营主体 2546 个。辐射带动的农户数达到 21876 户、户年均增收 1.36 万元；其中带动贫困户 6986 户、户年均增收 0.843 万元。辐射带动的农户收入较全县平均水平高 0.267 个百分点；通过新型农业经营主体辐射带动的农户数、贫困户数分别占全县农户数、贫困户数的比重为 22.7%、100%。数量众多的新型农业经营主体成为永丰县帮贫带富的"生力军"。永丰县引导新型农业经营主体联结小农户特别是贫困户的主要做法如下。

（一）财税政策引导，激发新型农业经营主体帮贫带富动力

一是建立产业扶持资金使用机制。为鼓励新型农业经营主体辐射带动农户增收致富，永丰县出台《永丰县农业产业升级发展奖励办法》等文件，每年安排 1000 万元的产业奖补资金，把与小农户、贫困户进行利益联结作为农业经营主体获得财政奖补资金的前提条件。截至 2018 年 6 月，已有 1690 家新型农业经营主体联结建档立卡贫困户 6986 户，平均每家联结贫困户 4.13 户。二是建立扶持项目产权经营机制。产业化扶持项目所形成的资产，在明确产权归项目集体所有基础上，结合扶持责任履行情况，鼓励所有权和经营权分离，可托管、租赁、移交给有能力的新型农业经营主体经营，实现资产保值增值，经营者、农户（贫困户）、集体经济三方受益。三是引导农户特别是贫困户带扶持资金入股参与新型农业经营主体的规模化经营。

引导农户特别是贫困户将享有的产业扶贫资金、农机补贴、产业扶贫信贷通贷款等，入股参与新型农业经营主体的规模化经营。如贫困户每户以55000元产业扶贫资金入股新天地家庭农场，每年至少可以按照18%的保底比例参与分红。

（二）以党建为引领，增强新型农业经营主体帮贫带富牵引力

一是将致富能手充实到基层党组织。永丰县致力于把党员培养成致富能手、把致富能手培养成党员、把党员致富能手培养成村组干部。永丰县以最近一次村"两委"换届为契机选优配强村级班子，新当选的1222名村"两委"干部中有737人为农村致富带头人，占60.31%，其中支部书记是致富带头人的有116人，占支部书记总数的53.46%。二是强化产业党支部建设。永丰县按照"建基地强产业、办专协会（合作社、家庭农场）、建支部增强带动力"的思路，在产业链上和专业合作社里建立党支部、党小组等不同类别的党组织，把党组织的优势融入产业优势中，带领群众快速致富。截至2018年6月，永丰县已成立农村产业党支部33个，覆盖党员317人，90%以上产业合作社、产业协会和家庭农场被纳入党组织领导、管理。三是增强产业党支部组织功能。永丰县以产业党组织为主体，以专业合作社、家庭农场等为平台，将产业党支部建设成为党员群众学习交流技术的实践载体和推进产业发展的平台、纽带。截至目前，全县累计结成各类帮扶对子7000多对，举办实用技术观摩交流会360多场次，解决实际问题3300多个，辐射带动群众达2万多人。

（三）标准品牌带动，培植新型农业经营主体帮贫带富竞争力

一是积极推进标准化建设。为增强市场竞争力，永丰县将家庭农场、合作社、农业产业化龙头企业等作为引领农业标准化的主要载体，先后制修订地方标准14项，推广实施各级标准280余项，建成4个国家级农业标准化示范区、1个省级示范区。截至2018年6月，标准化生产覆盖全县可耕地面积的25%，执行标准覆盖率达到95%。永丰藤田镇葡萄基地在

岭南海归博士王美关的带领下，已成为"国家葡萄综合标准化示范区"。二是不断唱响"永丰牌"蔬菜品牌。为将绿色生态资源优势转化为经济优势，永丰县依托新型农业经营主体，积极争创国家、省等荣誉称号。自2002年以来，先后荣获"全国首批无公害蔬菜生产基地示范县""全国绿色食品原料（蔬菜）标准化生产基地县""全国绿色农业示范县""全国首批农业综合标准化示范县""中国生态蔬菜之乡""中国辣椒之乡"等称号。永丰县蔬菜已注册"永丰牌"商标并被评为江西省著名商标，其中"永丰牌"辣椒被评为江西省名牌产品，永丰蔬菜品牌价值达到7.49亿元。

（四）交互融合驱动，提升新型农业经营主体帮贫带富发展力

一是推进新型农业经营主体跨界融合发展。为拓宽农业农村多维功能，永丰县新型农业经营主体在厚植传统特色优势农业产业的基础上，突出生产、生活、生态"三生一体"和"三产融合"的经营理念，主动拓展功能链条、实施综合经营。如"永丰县藤田镇中西山村绿百合生态家庭农场"，带动农户形成近2000亩的种植基地，围绕百合产业推动当地乡村旅游、精深加工等融合发展。二是大力发展农村电子商务。为健全农产品销售渠道，永丰县大力发展"互联网＋农业"，成立电子商务产业办，每年安排1000万元电子商务专项发展资金，引导企业搭建电子商务平台。依托浙商联盟电子结算中心、大宗农产品交易电子商务平台和阿里巴巴等各类电商与700多家网店，有效解决茶油、百合、莲子、蜂蜜等土特产销售渠道窄、销售难的问题。此外，健全"工业品下乡、农产品进城"两条流通渠道，构建"一网多用、城乡互动、双向流通、平急共用、融合一体"的现代化流通体系。

（五）壮大人才队伍，夯实新型农业经营主体帮贫带富支撑力

一是积极开展产业致富能人培育"十百千"工程。永丰县立足特色产业优势，广泛开展产业致富能人培育"十百千"工程，在全县建立县级农

村产业致富基地 10 个，培养家庭农场主党员 100 多个，培养党员产业能人 900 多名，辐射带动乡镇示范基地 31 个、农户 20000 多户。并且，通过农村产业致富基地培养党员专业技术人才 40 多人，为 21 个乡镇培养党员农技人员 90 多人。二是启动实施"智·富"农场培育工程。永丰县依托家庭农场的品牌优势，发挥乡土人才作用，启动"智·富"农场培育工程，把"懂农业、爱农村、爱农民"的"土专家""田秀才"等乡土人才培养成"智慧、致富"农场的带头人。预计 2018 年"智·富"工程可覆盖全县 30% 的家庭农场，培养党员致富能手 700 余人，辐射带动群众 20000 多人，帮助 18 个村集体经济 2 万元以下的"空壳村"实现摘帽。三是大力培育新型职业农民。为增强农户特别是贫困户内生发展动力，永丰县把培育新型职业农民作为重要抓手，通过政策引导、技术扶持，大力培育"产业型、务工型、经商型"新型职业农民。2017 年新型职业农民培育培训 250 人，认定新型职业农民 30 名。

（六）创新联结模式，强化新型农业经营主体帮贫带富持久力

一是农业产业化联合体带动模式。培育以龙头企业为核心、专业合作社为纽带、家庭农场为基础的现代农业产业化联合体。以"农业产业化联合体 + 农户"的形式，将农户吸收为成员或帮扶对象，发展高效特色农业，带动农民持续增收致富。二是入股分红带动模式。鼓励农户以土地经营权、自有设施设备、财政扶持到户资金、产业扶持奖补金、扶贫小额信贷资金以及折股量化到户的集体资源资产资金、财政支农资金等，入股新型农业经营主体，实行"保底收益 + 按股分红"的分配方式。三是订单收购带动模式。鼓励新型农业经营主体优先与有产品销售需要的农户签订长期农产品购销合同，形成稳定的购销关系。同时，引导效益好的新型农业经营主体以返利的方式使农户分享加工和销售环节的收益。四是务工带动等模式。永丰县还因地制宜探索形成了务工带动、代种代养带动、土地流转带动等小农户与新型农业经营主体的利益联结模式，以确保农户特别是贫困户能够共享现代农业发展效益。

二　经验与启示

（一）组织联合小农户是基础

推动小农户以多种形式合作与联合，提升小农户组织化程度，是江西省实现小农户和现代农业发展有机衔接的基础。一是尽快修订完善《江西省农民专业合作社条例》。根据最新修订通过的《中华人民共和国农民专业合作社法》的精神，尽快修订完善《江西省农民专业合作社条例》，以规范江西省农民专业合作社健康有序发展。二是鼓励小农户等主体发展或参与农民合作社。将小农户培育扶持成为专业大户、家庭农场，引导、鼓励、支持小农户、专业大户、家庭农场等领办、创办农民专业合作社。三是加强典型示范创建。支持创建一批国家级、省级农民合作示范社，鼓励支持农民合作社联合社、家庭农场联合社等联合体建设，开展示范农民合作社联合社、示范家庭农场联合社等创建，培育一批国家级示范联合社。

（二）建立健全利益联结机制是核心

构建小农户和新型农业经营主体利益联结机制，让小农户分享产业链增值收益，是江西省实现小农户和现代农业发展有机衔接的核心。一是创新农业经营机制，让小农户共享改革红利。探索"三权分置"多种实现形式，通过土地经营权流转、农业生产托管、组内互换并地等多种方式稳定流转土地、整合土地资源，加快适度规模经营，推进土地向新型农业经营主体集中；推进集体经营性资产股份合作制改革，使产权制度改革红利更多地流向小农户。二是创新利益联结模式。引导和组织小农户通过土地入股、订单收购、股份合作等多种方式相互合作，重点探索以龙头企业为核心、农民专业合作社为纽带、家庭农场为基础的带动小农户的现代农业产业化联合体模式，建立风险共担、利益共享的联结机制。三是加快三产融合，让小农户分

享产业链增值收益。立足当地农业产业特色优势，因地制宜，拓展农业多种功能，鼓励支持小农户更多地参与到农产品加工、休闲观光、健康养生等新业态发展中去，发挥"赣农宝"等互联网平台功能，探索"电子商务＋智能提货柜"的模式，实现小农户与大市场对接，让小农户更多地参与农业全产业链各个环节，促进农产品价值增值能力得以提升。

（三）推进农业社会化服务规模化发展是支撑

在技术应用、信息获取、农产品销售等方面，小农户天然具有一定弱势，但健全的农业社会化服务体系可以很好地弥补这一不足。因此，江西省要实现小农户和现代农业发展的有机衔接，就必须推进农业社会化服务体系多层次化、多形式化、多元化，让现代农业发展成果更多地惠及更广大的小农户。一是加强农业社会化服务设施建设。推动城镇物流基础设施向农村延伸，加强农业仓储基础设施建设，重点加强冷链物流基础设施建设；支持农业技术推广机构在县市层面设立区域机构，进一步延伸至乡镇并支持乡镇成立综合型农业服务机构；加快物联网、云计算、大数据、移动互联等基础设施建设，推进"整省信息进村入户"和"智慧农场"工程，建设一批县级农产品电商运营中心、村级益农信息社，促进农业全产业链信息与市场联动对接。二是拓宽农业社会化服务范围。立足小农生产的特点和需要，将农业政策、农业技术、市场供求等信息及时向小农户扩散提供，就一些测土配方施肥、有机肥替代化肥等减量增效新技术要对小农户进行指导，要加大对绿色防控产品、高效低风险农药等先进施药技术的推广力度；对小农户储藏、烘干、分拣分级、包装等初加工服务需求，要鼓励农产品加工流通企业和服务组织大力提供服务；大力发展农产品电子商务，推进农超对接、农社对接。三是大力发展和培育农业社会化服务组织。构建小农户、专业大户、家庭农场、农民合作社"关系共同体"，鼓励发展农业服务超市、为农服务中心等多种形式的服务组织，探索发展地方性的专业农业协会组织，探索政府购买公益性农业社会化服务试点，引导各类社会组织参与。

（四）提升小农户发展能力是关键

培育小农户的内生动力，提升小农户发展能力，是江西省实现小农户和现代农业发展有机衔接的关键所在。一是依托现有的"阳光工程""雨露计划""一村一名大学生"等农村人才培养工程，搭建田间学校、互联网络等多种形式的培训平台，加强对小农户的技术、经营、管理培训，提升一批能劳动、有经验、懂技术的"老农"，吸引一批有知识、想返乡、善经营的"新农"，促进小农户适应现代农业发展需要及农业科技进步、农产品市场需求的变化。二是加强与农业科研院所和高等院校对接，鼓励开设相关专业和课程，建立农业职业教育和资质考核认证机制，培养一批专业人才，扶持一批乡村工匠。与此同时，加强对有文化、懂技术、会经营的小农户进行典型示范宣传，并将其纳入各级人才评价和培养体系，推荐其进入村"两委"班子。

（五）强化政策制度支持是保障

有效的制度安排，强有力的政策支持，是江西省实现小农户与现代农业发展有机衔接的重要保障。一是尽快颁布《江西实施乡村振兴规划》，并配套出台《江西推进小农户和现代农业发展有机衔接的若干意见》。二是用活用足涉农财政奖补资金。对于财政补助资金，要积极探索股份形式，具体量化到农民合作社成员或小农户，使农业全产业链和价值链收益惠及小农户；整合江西省财政奖补资金，重点扶持带动小农户和贫困户发展的新型农业经营主体，让财政支农的政策红利惠及处于产业链低端的小农户。三是加大金融支持力度。支持涉农金融机构在乡镇设点，深入实施信贷支农行动，继续扎实推进"财政惠农信贷通""油茶贷"等符合小农户实际需求的特色金融产品，积极探索农业大灾保险试点，切实降低小农户和新型农业经营主体的生产成本和经营风险。

参考文献

柯炳生：《如何理解农业小生产与大市场矛盾的"大"与"小"》，《营销界（农资与市场）》2018年第14期。

何永林、曹均学：《小农户与现代农业的有机衔接是中国农业现代化道路的必然选择》，《湖北经济学院学报》（人文社会科学版）2018年第7期。

冷波：《小农与现代农业有效衔接的实现机制——基于L村"小而精"农业模式的考察》，《湖南农业大学学报》（社会科学版）2018年第6期。

蒋永穆、刘虔：《新时代乡村振兴战略下的小农户发展》，《求索》2018年第3期。

钟钰、陈金波：《农户对不同类型农业产业带动模式选择——基于一个博弈理论模型》，《农业现代化研究》2016年第11期。

B.17
吉安市吉州区创新基层党建工作的
经验及启示

江西省社会科学院课题组*

摘　要： 近年来，江西省吉安市吉州区通过推进智慧党建平台建设、
开展"在职党员进社区"活动、将支部建在项目上、加强驻
外党支部管理等方式，形成了提升基层党组织组织力的"吉
州经验"，有较强的借鉴意义。同时，也面临着党员素质有待
提高、党务人员能力亟待提升、党员活动开展不到位、流动
党员管理亟待加强等问题。提升基层党组织的组织力，应从
加大党支部标准化建设力度、突出党支部政治功能、创新党
支部工作方式、强化党支部组织管理、提升党支部服务水平
上下功夫，切实发挥党支部的坚强战斗堡垒作用。

关键词： 组织力　基层党建　吉州经验

党的十九大报告明确要求以提升组织力为重点，突出政治功能，推进党
的基层组织设置和活动方式创新，把基层党组织建设成为宣传党的主张、贯
彻党的决定、领导基层管理、团结动员群众、推动改革发展的坚强战斗堡

---

* 课题组组长：毛智勇，江西省社会科学院副院长，研究员，研究方向为党史党建。成员：肖
尚桂，江西省社会科学院人事处处长，研究方向为人事管理；李小玉，江西省社会科学院
《企业经济》主编、研究员，研究方向为区域经济；庞振宇，江西省社会科学院历史所研究
员，研究方向为苏区史；易凤林，江西省社会科学院历史研究所副研究员，研究方向为中共
党史。

垒。近年来，江西省吉安市吉州区充分发挥创新精神，在提升基层党组织组织力、发挥基层党组织战斗堡垒作用方面形成了自己的独特做法和经验，具有较强的借鉴意义。同时，其面临的一些困难和问题也促使我们必须进行深入思考并找寻破解的对策。

一　提升基层党组织组织力的"吉州经验"

吉州区是江西省吉安市的中心城区，截至 2018 年 4 月底，该区有区直管党（工）委 30 个，党总支 30 个，党支部 630 个，党员 11846 名。近年来，吉州区在推动党的基层组织建设方面有着较为丰富的经验和特色。总体来说，主要表现在以下四个方面。

（一）推进智慧党建平台建设，有效破解长期以来基层党建存在的党员教育管理手段单一、党群联系不紧密、党务办理效率低、党员监督不到位等问题

智慧党建平台是卡、云、网、图、APP"五位一体"的智慧党建系统，融合了"业务、管理、服务、学习、分析、考核"六大功能，是吉州区党建信息化的基础性平台。这一新平台实现了宣传、管理、服务三结合，使党员、群众的活动方式和活动阵地从现实空间扩展到虚拟空间、从线下发展到线上。党员个人基本信息、党员参加组织活动（如"三会一课"、党员活动日等）情况都在平台上存档、显示并时时更新；民意征求、志愿服务、网络党课学习等党务工作在平台交流、发布；党员考核、支部考核、党员监督等以积分形式记录在平台。自 2017 年 8 月智慧党建平台系统正式上线、在城市社区推广以来，智慧党建平台取得了很好的效果，截至 2018 年 4 月，全区已通过智慧党建系统办理党建业务 1000 余件，收到群众反映的问题 260 余条，记录开展的党内活动 11000 余次。吉州区的智慧党建平台建设，增强了党建工作的针对性和时效性，使得党能更紧密地联系群众、服务群众。

（二）开展"在职党员进社区"活动，强化身份意识，使党员主动参与社区建设与服务，接受社区监督，服务社区居民，引领社会风尚

拓宽党员服务群众的渠道是新形势下加强基层党建的必然要求。2017年，在中共吉安市委的推动下，吉州区充分挖掘在职党员的潜能，全面启动"在职党员进社区"活动。"在职党员进社区"以"进社区，领服务，办实事，作表率"为准则，通过颁发党员活动证、建立在职党员微信群、印制在职党员进社区活动示意图、在智慧党建平台设置在职党员进社区专栏等，确保在职党员进社区全覆盖；倡导认领服务岗位，发动认捐公益项目，组织认交居民朋友，带头讲红色故事、移风易俗、遵守居民公约、参与志愿服务、维护辖区稳定，明确在职党员模范带头的硬性任务；坚持供需对接，摸清困难群众基本情况，收集群众意见，征集居民微心愿，在此基础上创新信息平台，通过微信发布、现场发布、公示发布、社会发布等，使群众需求与党员服务的意愿真正达到一致；强化考核评估制度，通过智慧党建平台实行在职党员积分管理，将"在职党员进社区"纳入街道社区基层党建管理考核和基层党建巡查内容，实行区管干部考核考察进社区。截至2018年4月30日，吉州区有在职党员3091人进社区进行服务，开展活动800余次，服务对象超过4万余人，认领微心愿600余个，结对帮扶困难群众1400余人。

（三）将支部建在项目上，实现基层治理与党建工作的新突破，充分发挥党支部在项目建设中引导群众、发动群众、服务群众的作用

党的十九大报告强调基层党组织建设应与基层治理结合起来，使支部成为坚强的战斗堡垒。这一要求充分体现了新时代的基层党建特色。吉州区作为中心城区，项目建设等工作任务较重。2018年伊始，为了高质量高效率地推动征地拆迁工作，保障项目建设顺利推进，吉州区大胆探索，在全区推广"将支部建在项目上"的新方法，激发了基层党建与项目建设融

合的新动力。首先,"将支部建在项目上"使党员聚集在项目一线,树立起攻坚克难的新旗帜。2018 年初,吉州区共抽调近千名干部参与征地拆迁,其中党员 700 余名。党员干部在项目启动仪式上重温入党誓词,在动迁工作中率先垂范,坚持公平公正的工作原则,争做"征迁路上好党员"。他们发扬不怕苦、不怕累、不怕脏的精神,深入田间地头、房前屋后,不分节假日,始终奋战在项目建设一线,树立了党员的新形象。其次,"将支部建在项目上"把组织设置在项目一线,变"遥控指挥"为"现场调度",使支部堡垒更为巩固。截至 2018 年 3 月 22 日,吉州区委在 7 个市区重点项目及产业平台成立临时党组织,共设立 4 个临时党总支、24 个临时党支部。通过"党组会议""支部例会"等,要求党员干部在项目建设中统一思想认识、统一政策要求、统一规范操作,确保宣传、动员、测绘、签约等征迁工作平稳、顺畅。最后,"将支部建在项目上"使党建引领在项目一线迸发了攻坚新活力,提高了基层治理的效率。"把支部建在项目上"有力地促进了党建工作与项目建设有效结合,使党的建设有了全新的活力,在实践中取得良好成效,如高铁新区第二期 251 户房屋测绘评估工作在不到一个月的时间里就完成了 98.8%,其他产业平台和重点项目建设都提前完成任务,超出了预期。

(四)持续推进流动党员驻外党支部建设,通过规范管理,使其成为党建工作的"流动堡垒",成为流动党员、群众在外的"家"

1995 年,吉州区就在北京建立了第一个驻外党支部。此后,随着市场经济的发展,大量的党员流入北上广浙闽等发达地区务工。为了加强对流动党员的管理,吉州区把建立驻外党支部的做法传承和推广开来。截至 2018 年 4 月 30 日,吉州区共有驻外党支部 9 个,其中北京 4 个、上海 2 个、广东 2 个、苏州 1 个,共有流动党员 138 人,服务外出务工人员近 2 万人。吉州区在多年的驻外党支部建设和管理中形成了较好的实践经验。第一,帮助驻外党支部不断完善学习、组织生活、党员教育管理制度,促进党员积极开展谈心、思想交流,组织党员认真开展"两学一做"学习教育活动,到红色基地接受革命教育。流动党员因驻外党支部的存在，找到了组织，过上了正常的组织生活。第二，除了通过微信、电话等对驻外党支部进行指导外，也选派人才对驻外党支部党员进行培训教育，提高流动党员的思想觉悟，更新党员的理论知识。第三，督导驻外党支部组织引导流动党员为家乡建设服务。驻外党支部不仅是凝聚流动党员的堡垒，也是团结、服务家乡务工人员的港湾。流动党员作为流动的旗帜，努力为家乡务工人员解决看病、找工作、子女上学、招商引资、市场信息等方面的实际困难。同时，吉州区党委和驻外党支部积极构建流动党员回报家乡、回报社会的渠道，并在信息、资金、项目等各方面给予必要的支持。

二 吉州区提升基层党组织组织力面临的困难和问题

吉州区认真学习贯彻党的十九大精神，主动作为，倾力打造智慧党建平台"红色引擎"，创新党建手段，有力推动"两学一做"学习教育常态化制度化，基层党建工作呈现新变化、取得新成效。但是与此同时，吉州区在基层党建工作中也面临一些困难和问题。

（一）党员素质有待提高

目前，吉州区部分基层党支部特别是农村党支部存在党员文化素养不高、学历偏低，年龄偏大、以老党员为主等问题。例如，吉州区樟山镇曲沙村有党员 26 名，其中 60 岁以上的党员占 3/5。在网络发达、知识不断更新的新时代，一些基层党员不会使用微信、党员网络管理系统，不能及时了解上级组织的决策，阻碍了党员教育的及时开展和党员管理的规范化。

（二）党务人员能力亟待提升

目前，吉州区基层党建工作中仍存在高素质的党建人才不足，基层党务工作者业务能力不强等问题。许多基层党支部遭遇"老办法不管用、新办法不会用"的困境。新时代基层党组织建设力求制度化、规范化，而要落

江西蓝皮书

实这一点，则需要补充大量优秀基层党建人才。目前，虽然一些社区支部、农村支部发展了一批年轻党员，使得党员年龄结构有所改善，但仍然不能满足基层党组织对党员知识水平的高要求，基层党支部向上级请求增派优秀党务工作者的要求极为迫切。

（三）党员活动开展不到位

目前，吉州区一些基层支部由于缺乏活动经费，难以提供党员活动场所；少数党员尤其是常年在外打工的党员多年拖欠党费，即使催缴也收效甚微；基层党员干部补贴只有几十元，工作积极性受到影响。活动经费不足、党费征缴难、基层党务工作者待遇低，导致有的基层党支部党员活动难以开展。

（四）流动党员管理亟待加强

近年来，吉州区虽然加强了流动党员管理，但纳入驻外党支部管理的党员仍是少数，且驻外党支部主要设立在北上广等少数发达地区和党员聚集较集中的地方，还有一些省份尚未建立，许多流动党员仍然游离于党组织管理系统之外。此外，驻外党支部与本地支部的讯息传达也主要以微信、电话等为主，缺乏实地指导和监督，驻外党支部的管理还有待完善。

三 基层党组织提升组织力的策略及路径

党章规定，党的基层组织担负着直接教育党员、管理党员、监督党员和组织群众、宣传群众、凝聚群众和服务群众的职责。党支部只有从多方面提升组织力，才能担负起党章规定的职责，发挥坚强战斗堡垒作用。结合吉州区提升组织力所取得的经验和面临的困难及问题，我们认为，新时代提升基层党组织的组织力应从以下几个方面着手。

（一）加大党支部标准化建设力度，提高规范化、制度化建设水平

在新时代，党支部要加大标准化建设力度，要以提升规范性为要点，强化组织动能；要严格组织生活，锲而不舍地从基本制度抓起。吉州区的智慧党建平台建设就是创新党员教育、管理、监督方式，提升支部规范化、制度化建设水平的极好例子。智慧党建平台建设紧紧抓住了时代的脉搏，顺应了基层党建的客观要求，使信息化更新与制度化建设提升较好地结合起来。通过这一基础平台建设，党员的教育、管理、监督有了较为正规化、标准化的标尺，形成了较为公正客观的评价体系。其做法有着很好的示范作用，提供了基层党建的制度化样板，表明党员的教育、管理、监督应该善于运用互联网技术，做到党的工作发展到哪里，信息化就跟进到哪里，为基层党建插上智慧的"翅膀"。

（二）突出党支部政治功能，提升基层治理联动效应

政治功能是党组织第一位的功能，体现我们党的阶级属性，也是保证基层党组织正确方向的重要要求。突出政治功能，就要在打基础、补短板上下功夫，持续整顿软弱涣散党组织，着力推进党的基层组织设置和活动方式创新，坚持人在哪里、党员在哪里，党建工作重点就在哪里。吉州区推行的"将支部建在项目上"在这方面进行了很好的探索，有效地发挥了党员的模范作用，将党员的政治引导与基层治理联动起来，既突出了支部的政治功能，巩固了支部的堡垒，又提高了基层治理的效率。它在一定程度上解决了基层党组织弱化、虚化、边缘化问题。为了凸显党支部的政治功能，还需要在实践中坚持多项政策的共同推动。比如，吉州区实行"将支部建在项目上"要求在项目基地插党旗，在开工仪式上进行入党宣誓等，运用荣誉、情感等方式，强化身份意识，调动广大党员的积极性、主动性、创造性。他们坚持问题导向，通过支部会议、专题组织生活会等方式查找项目建设中的党员问题、建设难题，并剖析原因、找出改进之策。吉州区的经验告诉我们，只有多种方法联合使用，才能使党支部的政治功能得到充分发挥。

（三）创新党支部工作方式，培养高素质党务干部队伍

基层党组织工作说到底是做人的工作，要立足历史条件的变化，研究新时代人的思想活动和需求结构变化的特点。党支部要有效提升组织力，须创新支部活动方式。吉州区的"在职党员进社区"改变了传统的支部工作方式，使在职党员主动走出去，焕发了支部的新活力，创新了党员工作方式，激发了党员的能动性，拉近了党员与群众的距离，增强了党员的荣誉感和身份感。党支部要做到工作方式的创新，还要加大支部活动经费投入，保障党员日常活动场所，积极培养综合素质高的青年人加入党组织。同时，还要选准配强支部班子，大力培养高素质的基层党务工作者尤其是支部书记，要选配政治责任感强、专业能力强、创新意识强的人组成领导班子，并切实提高他们的待遇，激发其工作积极性，从根源上破解党务人才不足的难题。

（四）强化党支部组织管理，不断壮大党员队伍

坚持哪里有群众哪里就有党的工作、哪里有党员哪里就有党组织、哪里有党组织哪里就有健全的组织生活和党组织作用的充分发挥。创新基层党组织的组织形式，实现党员全覆盖，增强组织力量，突出基层党组织的政治功能，提升整体功能，是我们党引领社会治理的战略选择。吉州区驻外党支部的建立和推广正是创新党支部组织形式的直接呈现。驻外党支部承载着多重功能包括战斗堡垒、群众港湾、社会服务、家乡纽带等，为此，它的建立具有了重要的政治和社会意义。在人员频繁流动的新时代，应该关心每一个外出的党员。对外出三个月以上的流动党员应进行全面登记造册，建立健全流动党员信息库，实行动态、科学和有效管理。充分利用微信服务平台，要求外出党员加入固定微信群，方便对流动党员的管理服务工作，搭建党员之间的交流平台。应以乡镇为中心，在流动党员密集的地方，筹建长期的驻外党支部，发展优秀流动人员入党，有效破解当前农村发展党员的难题。

（五）提升党支部服务水平，帮助群众解决实际困难

党支部是直接联系群众最基层的党组织，始终站在服务群众的最前沿，只有真心诚意地为群众谋利益，才能凝聚群众的智慧和力量。吉州区积极构建各单位、行业、领域党建工作有机联结、资源共享、机制衔接、功能优化的基层党建工作体系，形成"市、区、街道、社区"四级联动，有"组织共建、社会共治、资源共享、党员共管、服务共联"五项机制的"四联五共"基层党建工作新格局。围绕人文社区优质均衡发展目标，积极探索"社区发展均衡化、党建引领区域化、服务活动民本化、保障机制长效化"的"四化"模式。新时代基层党组织提升组织力，要以提升真服务为基点，强化服务功能。第一，要联系好群众，随时随地倾听群众呼声、及时准确了解群众所思、所盼、所忧、所急。第二，要服务好群众，把群众的小事当作自己的大事，用"办小事"的成效，增强群众的获得感、幸福感、安全感。第三，要发动好群众，多途径多角度向群众宣传解释党的主张，帮助群众认识到党的主张是符合他们根本利益的，激发群众在中国特色社会主义建设中的主体精神，点燃群众为自己幸福生活奋斗的热情，把党的正确主张化作群众的自觉行动。

参考文献

程婧：《党支部提升组织力的基本路径》，《学习时报》2018 年 2 月 5 日。

孟祥夫：《基层党建　重在提升组织力》，《人民日报》2017 年 12 月 12 日。

王正谱：《关于提升组织力的实践与思考》，《共产党员》2018 年第 4 期。

顾海凇：《让组织力产生强磁场》，《当代贵州》2018 年第 1 期。

姜建成：《强党是中国特色社会主义新时代的鲜明特质》，《长白学刊》2018 年第 1 期。

B.18
"三南"园区一体化发展的探索与启示

江西省社会科学院课题组*

摘　要： 2017 年"三南"园区一体化正式启动，这是江西加快区域合作进程、扩大对外开放的重要举措，是推动"三南"优势互补、错位发展、打造赣州南部重要增长极的体制机制创新。当前"三南"园区正围绕优惠政策共享、基础设施共建、产业项目共引加快一体化进程，并在国家级品牌共享、资源合理有效利用和主导产业集聚等方面取得了一定的成效。"三南"园区一体化的做法和成效对江西实现高质量、跨越式发展具有一定的启示意义，主要是要有区域一体化战略意识、要因地制宜因事施策、要规划引领统筹和要加强体制机制创新。

关键词： "三南"　园区一体化　产业合作

"三南"园区一体化实施意见的形成，得益于江西大开放主战略的整体布局，是"三南"区域合作一体化试点产业合作的趋势使然。通过"三南"园区一体化实施意见的逐步落实与推进，"三南"的产业资源与经济资源得到优化整合，龙南国家级开发区的平台效应更为凸显，产业集中度更加提

---

* 课题组组长：孙育平，江西省社会科学院产业经济研究所所长，研究员，研究方向为产业经济。成员：钟群英，江西省社会科学院产业经济研究所副所长，研究员，研究方向为产业经济；邱信丰，江西省社会科学院产业经济研究所助理研究员，研究方向为产业经济。

升,区域经济竞争力与影响力显著增强,为赣南打造承接加工贸易转移示范园、进一步扩大对沿海发达地区的开放,夯实了产业承载与开放平台。"三南"园区一体化探索对全省的区域经济合作与开发区的资源整合,具有典型的借鉴意义。在区域经济一体化不断提速的新阶段,优势互补,抱团发展,是增强区域经济竞争力的重要战略选择,江西在扩大开放与打造工业强省过程中,要积极推进与谋划区域经济一体化的园区组团发展,增大地方经济发展的体量与实力,以谋求市场发展的主动权与竞争优势。

一 "三南"园区一体化的基本情况

"三南"园区一体化的构想始于 2017 年 3 月,时任省委副书记、省长刘奇在龙南调研时指出,要把"三南"作为一个整体规划建设,开展"三南"区域合作一体化试点,加快推进"三南"承接加工贸易转移示范园建设,加强产业协作,共建共享发展平台。要促进"三南"区域合作一体化发展,首先要加强"三南"产业合作,以龙南经开区、定南工业园区和全南工业园区为基础的产业合作被提上议事日程。2017 年 5 月,赣州市颁布《关于支持龙南全南定南园区一体化发展的若干意见》(下文简称《若干意见》),正式启动"三南"园区一体化进程。

(一)龙南经开区"一区四园"基本情况

1. 龙南经开区龙南园区

龙南经开区是赣州电子信息产业带核心区,电子信息产业是龙南经开区"一区四园"的首位发展产业。龙南经开区创建于 2000 年,2006年升级为省级开发区,2013 年升级为国家级经开区,是赣州市首家、江西省第二家设在县级的国家经济技术开发区。园区远期规划面积 175 平方公里,当前建成区面积 20.07 平方公里,落户工业企业 250 家,规模以上企业 103 家,国家级高新技术企业 22 家,新三板挂牌企业 1 家,形成了电子信息、稀土新材料、现代轻工、食品药品四大主导产业集群。

2017 年全区实现主营业务收入 269 亿元，在全省 17 个国家级园区中排名第 16 位。

为加大对首位产业的电子信息业的扶持力度，龙南出台了《龙南扶持电子信息产业发展优惠办法》《龙南激励企业创新发展奖励办法》等激励政策，并设立了 20 亿元的龙南工业发展（赣州电子信息产业科技城）投资基金，在用地、融资、用工、物流、用电等领域全力支持电子信息产业发展。正在规划和建设的赣州电子信息产业科技城第一期 7000 亩已经全面建成并落户志浩电子、优倍普、骏亚数字等 78 个电子信息项目，初步形成了相互配套的电子信息产业链。

2. 龙南经开区定南园区

龙南经济技术开发区定南园区是现有的定南生态工业园，创建于 1996 年并于 2006 年升级为省级工业园，2012 年批准为省级生态工业园试点单位。截至 2018 年 4 月，园区共有建成投产企业 171 家，在建企业 37 家，规上企业 48 家。2017 年主营业务收入 74.13 亿元，同比增长 11.91%，形成了以智能制造基地、电子信息产业基地、稀土永磁产业基地为支撑的三大主导产业基地。

3. 龙南经开区全南园区

龙南经济技术开发区全南园区是现有的全南工业园区，创建于 2001 年，并于 2011 年成为首批省级生态工业园区，2012 年被批准为新材料省级战略性新兴产业基地，2013 年被批准为全省第三批绿色提升试点园区。目前，入园企业 120 家，规模以上工业企业 32 家，2016 年实现主营业务收入 86.6 亿元，已初步形成矿产品深加工、机械电子、现代轻纺、新型材料四大主导产业和氟新材料特色产业。

4. 龙南经开区"三南"示范园

龙南经开区"三南"示范园即"三南"承接加工贸易转移示范地产业园，规划总面积为 2 万亩，首期建设面积 5000 亩。2014 年 6 月，江西省发改委联合省商务厅印发了《赣州"三南"（全南、龙南、定南）承接加工贸易转移示范地发展规划》，主体由龙南经开区、全南工业园、定南工业园、省级特色产业基地和赣粤跨省产业合作区组成。当前,"三南"承接加工贸易转移示范地产业园项目建设正有序推进。

表1 龙南经开区"一区四园"基本情况

指标	龙南工业园	定南工业园	全南工业园	三南承接加工贸易示范园
成立时间(年)	2000	1996	2001	2014
升级为省级工业园时间(年)	2006	2006	2011	—
升级为国家级工业园时间(年)	2013	—	—	—
规划面积(开发面积)(平方公里)	175(20.1)	21(-)	3.8(3.2)	13.34(3.3)
2017年主营业务收入(亿元)	268.47	74.13	86.6(2016年)	
园区企业数(家)	250	208	120	
规模以上企业数(家)	103	48	32	
国家级高新技术企业(家)	22	0	0	22
新三板挂牌企业(家)	1	0	0	1
主导产业	电子信息、稀土新材料、现代轻工、食品药品	智能制造、电子信息、稀土永磁	矿产品深加工、机械电子、现代轻纺、新型材料等	加工贸易

资料来源:根据工业园区数据整理而得。

(二)"三南"园区一体化发展建设进展

2017年5月,赣州市出台《关于支持龙南全南定南园区一体化发展的若干意见》,提出将全南工业园、定南工业园、"三南"示范园纳入龙南经济技术开发区管理,推动品牌共用、政策共享、规划共编、园区共建、数据并表,构建龙南经开区"一区四园"发展的新格局。在资金支持上,推动设立产业发展基金;在用地保障上,倾斜下达"三南"用地计划,单列"一区四园"用地计划;在管理体制机制上,赋予"三南"更加灵活的管理权限。此外,在基础设施互联互通、企业技术创新、招商一体化、财政奖补等方面也有积极的支持举措。

表2 "三南"园区一体化发展进程

时间	内容
2017 年 3 月	"三南"整体规划建设、一体化发展构想提出
2017 年 4 月	龙南经开区、定南工业园、全南工业园加强一体化发展沟通协调,并积极争取上级政策支持
2017 年 5 月	赣州市出台《关于支持龙南全南定南园区一体化发展的若干意见》,明确提出构建龙南经开区"一区四园"一体化发展新格局
2017 年 6 月	成立"三南"园区一体化发展领导小组,召开工作调度会议,"三南"一体化发展协调机制逐渐步入正轨
2017 年 7 月	"三南园区一体化发展协调办公室"正式挂牌成立
2017 年 8 月	在广州举行龙南全南定南园区一体化发展(广州)产业合作推介会,签约涉及电子信息、文化旅游、智能制造等多个领域的 11 个项目,开启了"三南"园区一体化发展"抱团招商"新局面
2017 年 8 月	出台《"三南"园区一体化招商引资优惠办法》,在用地、税收、融资、人才、技术创新等方面推出 30 条具体优惠政策
2017 年 12 月	"三南"快线项目集中开工;召开"三南"园区一体化发展工作调度会,确定每月保证一次调度会,推动统一招商,加快"三南"产城融合
2018 年 2 月	赣州市城乡规划局召开"三南"空间规划编制工作部署动员会议,就"三南""1 + N"规划编制、"三南"县域发展和"三南"一体化推进工作进行研究
2018 年 3 月	"三南"园区一体化发展(东莞)加工贸易产业合作推介会在东莞举行,签约项目 10 个,签约金额 82.2 亿元

资料来源:根据相关资料整理。

　　《若干意见》出台后,"三南"园区一体化发展进入快车道。

　　一是在管理机构上,成立了由赣州市政府主要领导担任组长的"三南"园区一体化发展领导小组,挂牌成立了"三南园区一体化发展协调办公室",先后十多次召开工作调度会,"三南"园区一体化进入实质性建设阶段。

　　二是在招商引资上,出台了《"三南"园区一体化招商引资优惠办法》,在用地、税收、融资、人才、技术创新等方面推出 30 条具体优惠政策,同时在广州举行"三南"园区一体化发展产业合作推介会,签约涉及电子信息、文化旅游、智能制造等多个领域 11 个项目,签约总额达 137 亿元。2018 年 3 月,"三南"园区一体化发展加工贸易产业合作推介会在东莞举行，签约项目 10 个，签约金额 82.2 亿元，招商成效明显。

三是在规划及基础设施建设上，赣州市城乡规划局已经召开"三南"空间规划编制工作部署动员会议，"三南""1＋N"总体规划编制工作和空间规划编制工作正加快进行。"三南"快线项目已于 2017 年底集中开工，现正按计划积极推进。

二　"三南"园区一体化做法和成效

（一）做法

1. 整合"三南"经济资源，提升龙南国家级经开区的整体实力

根据 2016 年国务院办公厅下发的《国务院办公厅关于完善国家级经济技术开发区考核制度，促进创新驱动发展的指导意见》文件要求，对连续两次考核处于最后 5 名的开发区，将按程序报国务院批准后降为省级经济技术开发区。龙南经开区 2016 年在全国 219 个国家级经开区中考核排名 211 名，面临着末位淘汰的风险。2017 年，通过将"三南"园区主营业务收入、总产值、工业增加值、固定资产投资、利润税收等纳入龙南经开区，龙南经开区在考核排名中列 146 位，较上年跃升 65 位，在你追我赶的国家经开区竞赛中保持了一定优势地位，有效提高了龙南经开区整体实力和竞争力。

2. 以园区一体化促进"三南"区域一体化，助力"三南"城市群融合发展

区域经济一体化成为城市群发展的催化剂，"三南"园区一体化有力地助推了"三南"区域一体化进程，随着园区产业空间结构优化调整与集聚，区域之间产业的分工合作不断深入，"三南"地区要素流动逐渐加快，逐步形成特色鲜明的区域产业分工协作体系，为推动"三南"区域全面协调发展、共同打造"三南"城市群奠定了坚实的经济基础。当前，"三南"地区以园区一体化建设为主抓手，加快建设短距高效的"三南"快线，率先在基础设施互联互通上取得突破。园区一体化的过程就是"三南"地区不断融合发展的过

程，园区一体化目标的实现将加速"三南"城市群的形成。

3. 创新工业园发展新机制，探索"一区多园"管理新模式

2017年2月，国务院办公厅印发《关于促进开发区改革和创新发展的若干意见》，鼓励以国家级开发区和发展水平高的省级开发区为主体，整合区位相邻、相近的开发区，对小而散的各类开发区进行清理、整合、撤销，建立统一的管理机构、实行统一管理，以提升开发区的建设水平。"三南"园区一体化以龙南经开区为主导，将定南、全南工业园和"三南"示范园纳入其中，实行统一管理、规划共编、园区共建、品牌共享，有助于创新欠发达地区的国家级开发区协同发展机制，有助于探索"一区多园"管理新模式，将为江西区域经济一体化与开发区整合优化发展贡献"三南"经验。

（二）成效

——国家级产业平台品牌效应凸显。积极创新体制机制，通过构建龙南经开区"一区四园"，即龙南经开区工业园、全南工业园、定南工业园、"三南"承接加工贸易转移示范地产业园一体化发展格局，"三南"园区共用国家级品牌，统一了"三南"招商引资政策，实现了政策共享、规划共编、园区共建、数据并表，形成了"三南"规划共编的"1（总体规划）+N（园区共建）"发展模式，为打造赣南乃至江西电子信息产业重要工业发展平台奠定了坚实的基础，日益凸显国家级产业平台的品牌效应。

——资源整合与管理创新成效显现。龙南经济技术开发区作为国家级经开区，在招商引资、产业基础、资金实力、管理经验上都具有独特的优势。"三南"园区一体化通过充分利用龙南国家经开区这块金字招牌，共同享受国家级经开区的优惠政策，提高了招商层次和质量，避免了园区之间恶性竞争。拥有国家经开区金字招牌，园区更能围绕首位度产业与主导产业进行招商，不断延伸上中下游产业链，形成特色鲜明的产业集群，促使"三南"园区产业结构不断优化，增强了园区资源整合能力和产业竞争力，有效提高了管理层次和水平。

——"三南"园区主导产业更为集中。近年来，龙南经开区按照赣州市主攻工业、三年翻番战略部署，围绕大产业实施大招商、建设大项目推动形成大机遇。"三南"园区一体化推进以来，产业项目向"三南"集聚效应不断显现，围绕电子信息主导产业，赣州电子信息产业科技城先后吸引了志浩电子、比邦智能数码、联茂电子、骏亚数字等一批投资超 25 亿元的重大电子信息产业企业落户，形成了较为完整的电子信息产业链。此外，"三南"主导产业招商成效明显，2017 年招商推介活动中"三南"共签约项目41 个，签约金额超过 300 亿元，签约数和签约额均超过全市的 18%，这为推动"三南"园区产业集聚奠定了坚实的基础。

三　"三南"园区一体化的经验启示

"三南"园区一体化虽还处于实施与推进阶段，但其成效已初步显现。对于提升开放型经济发展水平，实现经济高质量、跨越式发展的江西而言，须着力构建高能级的开放平台，优化整合平台资源，实现区域特色优势产业的集聚集群发展，以经济一体化加速区域一体化进程。

（一）要增强促进区域经济一体化发展的战略意识

现代经济强调资源整合、产业协同、区域合作、市场共享，只有形成区域经济的合作发展关系与体系，才能在竞争日益激烈的格局中取得发展的优势。江西经济整体仍然处于欠发达状态，加上内陆省份的区位，在扩大开放、发展外向型经济方面，需要找准发展的方位。目前，全省有 100个工业园区，其中国家级开发区就达 19 个，数量居全国第 5 位、中部地区第 2 位，可谓是点多面广，相对于不大的经济总量而言，其实是平台资源与要素资源的一种分散形态，不利于资源整合、产业集聚与区域经济的协同发展。赣州市的"三南"区域一体化、"瑞兴于"经济振兴试验区建设以及 4 个国家级开发区首位度产业的统筹规划，是拓展区域经济合作空间、优化区域经济产业结构、实现区域经济共建共享、打造区域经济共同

体的有益探索。区域之间经济的紧密合作，打破了地方行政管辖分割的藩篱，不仅实现了产业的集聚集群发展，提升了地方经济竞争实力，而且通过资源要素的整合，形成了地方共同发展的品牌效应，在招商引资、优化产业结构、提升产业发展层次上具有强劲的吸引力；通过区域经济合作与平台整合，产业体系与平台管理体制机制得以创新，对于区域一体化的全面推进，具有重要的促进作用。

（二）要做到因地制宜、因事施策

必须依据区域经济发展的客观需要，有针对性地确定各经济体的整合范畴，决不可为达成"一体化"形式而强制整合各地的开发区平台。"三南"园区一体化是建立在开放型经济平台基础上的，如果缺少承接加工贸易转移示范区建设作为一体化的支撑，就会缺乏三县产业园区统筹整合发展的重要抓手；如果没有龙南国家级开发区高起点产业平台的带动、集聚与辐射力，三县经济要素与资源的大整合，也将是难以操作的。因此，推动区域经济一体化，要有区域产业平台整合的需求点与切入点，必须有层次分明的产业平台作为依托，要有明确的首位度产业或主导产业，通过有效的产业平台资源整合，达成优势特色产业的集聚集群发展，而且能够通过产业平台的协同合作推动区域一体化的全面实施。

（三）要规划引领、统筹协调

推动区域经济一体化，就是要做到地方经济与产业发展的一盘棋布局，要促使地方的经济资源实现高效率的优化配置，提升区域经济发展水平与产业竞争力。要实现高效率的资源配置与产业优化布局，就必须统筹区域经济共同体的产业规划与空间布局，将产业规划与区域经济规划、土地规划、城镇建设规划、基础设施建设规划、生态环境保护规划等多类规划进行整合，对不适应一体化发展要求的规划须进行调整修编。区域经济一体化的产业规划实施要强调执行力，要建立系统化的监督考核机制，以督促各方落实到位。

（四）要加快体制机制创新

推进区域经济一体化，难度较大的是突破行政管理分割的体制障碍。区域的经济利益与产业利益，与区域社会福祉紧密关联，也是地方保护与行政壁垒形成的重要原因。区域经济一体化的推进，必然触及合作方的既得经济利益，涉及产业结构调整、资源要素整合与利益的再分配等诸多问题。必须大胆地探索或创新管理体制，要在行政管理、报表统计、收益分配与监督奖惩机制上，构建有利于区域经济一体化高效运行的管理体制。

参考文献

赣州市人民政府：《关于支持龙南全南定南园区一体化发展的若干意见》，2017 年 5 月 25 日。

赖天然：《赣州出台意见支持"三南"园区一体化发展》，《赣南日报》2017 年 6 月 3 日。

赣州市推进龙南全南定南园区一体化发展领导小组办公室：《三南园区一体化招商引资优惠办法》，2017 年 8 月 18 日。

龙南县手机报：《"三南"一体化发展加快推进》，http：//www. gzdofcom. gov. cn/ n3090/ n3109/c192012/content. html，2017 年 12 月 18 日。

龙南县手机报： 《"三南"园区一体化发展工作调度会召开》，http：// www. jxln. gov. cn/xwzx/lnyw/201802/t20180201_ 392444. html，2018 年 2 月 1 日。

B.19
资溪县生态文明建设的实践和探索

麻智辉　赵华伟*

摘　要： 资溪县坚持生态立县战略，以生态文明建设为目标，建立生态文明工作机制，着力加强生态基础建设，构建绿色产业体系，推进城乡生态环境改善，完善绿色制度体系，营造绿色文化氛围，积极开展生态品牌创建，努力创新体制机制，走出了一条具有地方特色的绿色发展之路。

关键词： 生态文明　绿色产业　资溪县

资溪县是全国生态旅游大县、全国生态示范区等。21 世纪以来，资溪始终坚持"生态立县"战略，划定生态红线，开展环境整治，实施封山育林、彩色森林、农村清洁等工程，构建绿色产业体系，生态文明建设取得显著成效，生态综合指数列中部 586 个县区的第一位，绿色 GDP 占全县生产总值的 91%，走出了一条生态效益、经济效益同步提升的绿色发展道路。先后荣获"国家级生态示范区""全国绿色模范县""全国绿色小康县"等荣誉称号，2015 年被首批命名为"江西省生态文明先行示范县"，2017 年 9 月荣膺第一批"国家生态文明建设示范县"称号。总结和探索资溪县生态文明建设成功经验，对于江西建设全国生态文明试验区具有重要的意义。

---

* 麻智辉，江西省社会科学院经济所所长、研究员，研究方向为区域经济；赵华伟，江西省社会科学界联合会《老区建设》杂志主编，副研究员，研究方向为区域经济。

一 资溪县生态文明建设主要做法和成效

党的十八大以来，资溪县深入贯彻"绿水青山就是金山银山"的理念，坚持"生态立县·旅游强县·绿色发展"战略，以生态文明建设为目标，以全域旅游为抓手，大力推进绿色产业发展，着力加强生态基础建设，积极开展生态品牌创建，努力创新体制机制，走出了一条具有地方特色的绿色发展之路。

（一）建立生态文明工作机制

一是健全领导决策机制。成立了由县级领导领衔、重要职能部门负责人参与的生态文明建设领导小组，强力推动各项任务的落实。县委、县政府主要领导在县委常委、县政府常务、县四套班子等重要会议上多次部署、调度，并召开多次生态文明建设领导小组会议，及时解决有关问题。二是建立经费投入机制。为保护好资溪的青山绿水，县委、县政府在财力十分紧张的情况下，把生态文明建设作为财政支出重点予以支持。通过向上级争取、银行借贷、本级配套等方式，切实加大资金投入力度。2017年，在全县水资源保护和水利建设、城乡环境整治等方面争取上级项目资金9800万元，县本级配套7525万元。三是完善日常工作机制。制定任务分工表，有计划、有步骤地进行调度、检查，督促各单位抓好落实。

（二）构建绿色产业体系

1. 编制产业准入负面清单

综合考虑资源禀赋、生态环境状况、产业发展现状和未来产业发展方向等因素，从生态优先、立足守住生态和发展两条底线的原则出发，编制《资溪县国家重点生态功能区产业准入负面清单》，提出了禁止类产业、限制类相关产业及具体管制措施。明确重点生态功能区、生态环境敏感区和脆弱区范围，先后关闭或搬迁农药厂、造纸厂、精细化工厂等污染企业，关停

高耗材、低附加值的木竹加工小企业100多家，2018年内将全部关停花岗石开采企业。

2. 严把绿色环保关口

确立"纯净资溪"总体形象，依托优越的自然资源编制绿色招商引资指南，建立健全项目评审机制，严把环境污染和生态破坏"关口"，实行环保"一票否决"，变招商引资为"择商选资"。把握好"舍与得"，近年来忍痛婉拒了一大批能迅速做大总量，但可能会影响生态环境的投资项目。

3. 探索全域旅游发展新模式

以大觉山成功晋升为国家5A级旅游景区为契机，全面启动"国家全域旅游示范区"创建。投资4亿余元推进"大觉溪"和"真相乡村"旅游产业园建设，推进马头山景区开发等项目，初步形成了"1+4+N"的全域旅游发展格局（即1个龙头景区、4条精品旅游线路、N个乡村旅游点）。以村集体经济发展为落脚点，鼓励引导村集体和村民参与乡村旅游、乡村民宿发展，建成"野狼居""秀秀小屋""邂逅资溪"等一批精品民宿。

4. 培育有机休闲农业新优势

创建"国家有机产品认证示范区"，积极推进马头山、嵩市现代有机农业科技示范园建设；整合资金1800多万元，统筹布局推进6000余亩高标准农田建设；因地制宜推动有机休闲农业、中草药种植、特色养殖等相关设施农业建设，成功引进山东寿光凯特种业有限公司投资2亿元兴建田园综合体项目，加快促进农旅融合。初步形成了以有机白茶、稻米、竹笋、果蔬等为重点，总面积超过10万亩的特色农业产业。

5. 着力打造绿色食品产业

以"资溪面包"为基础，规划投资10亿元，按照国家5A级旅游景区标准，打造集产业、文化、旅游、景观于一体的"面包特色小镇"。深化与中国网库集团合作，通过中国（资溪）面包产业网，加快供应链整合，提供金融结算、第三方信用认证和大数据分析等服务，汇聚资金流和数据流，做实产业互联网经济。用市场化方式举办资溪面包文化节，固定承办全国烘烤职业技能竞赛选拔赛，参展企业、参展规模逐年翻番，做大绿色食品产业。

6. 大力发展大健康产业

适应现代人追求健康长寿的市场需求，充分发挥空气纯净、水质纯净等优势，积极培育养生养老服务业。法水森林温泉、狮子山养老基地、城北大型养生养老中心等项目正在扎实推进。

（三）推进城乡生态环境改善

1. 建设优美生态环境

全县已建设各类保护区 26.8 万亩，占县城总面积的近 1/7；生态公益林 54.8 万亩，占林地总面积的近 1/3。全县森林覆盖率高达 87.3%，空气中负氧离子含量每立方厘米最高达 36 万个单位，居全省前列。拥有马头山国家级自然保护区、清凉山国家森林公园、九龙湖国家湿地公园和华南虎野化放归基地等四张国家级名片。全县 7 个乡镇全部为省级生态乡镇，其中 6 个为国家级生态乡镇。

2. 深入推进城市"双修"

近年来，资溪县融资 7 亿元全面推进涉及 907 户 10 万平方米的县中心城区棚户区改造项目，投资 7300 万元高标准推进城区地下综合管网建设，污水集中处理率达到 75.5%，主要路段实现"五线四管"一次性下地；投入 2000 多万元改造城区 11 条背街小巷，修复人行道等市政设施；加大"两违"整治力度，县中心城区"两违"拆除 1000 多处。

3. 大力实施农村环境整治

积极争取国开行融资贷款 2 亿元，集中力量实施第一批 100 多个村庄环境整治提升工程。实施"彩色资溪"绿化提升工程，投资 1600 余万元全面实行政府绿色采购，完成 316 国道、高速沿线 33 万平方米绿化，资泂线边坡山体植被恢复 2.5 万平方米，种植行道树 8000 余株，绿色采购率达到 100%。投入农村生活垃圾治理经费 2000 余万元，全面推行"城乡一体、直收直运、日产日清"的城乡环卫一体化处理模式。实施乡镇集镇及农村生活污水治理、城乡一体化垃圾处理、农村改水改厕等工程，使农村面源污染得到有效治理，城乡人居环境面貌得到改善。

4. 健全四级环保网络

打造"山河路长制"升级版，构建县、乡、村、组四级山水林田河系统保护与综合治理制度体系。严格落实水资源、耕地、生态三条环境保护红线，严格落实"纯净资溪"环境保护十条禁令。投资 145 万元的县空气环境质量自动监测站投入运行，监测结果表明，资溪县空气质量优良，在全省名列前茅。严格落实辖区内主要河流断面水质监测，县域内主要河流断面水质常年稳定在二级以上。

（四）完善绿色制度体系，建立目标评价机制

1. 开展领导干部自然资源资产离任审计试点

对照《省委、省政府办公厅关于开展领导干部自然资源资产离任审计的实施意见》的工作要求，进一步完善离任审计制度，出台了《资溪县领导干部履行自然资源资产责任情况考核、审计工作方案（试行）》《资溪县自然资源资产负债表编制工作制度》，推动制度设计逐步由"目标考核"向"责任审计"转变，使"生态审计"走向了系统化、规范化、法治化、科学化的新阶段。

2. 建立生态环境保护目标考核机制

将生态建设和环境保护工作作为党政领导班子实绩考核的重要指标，纳入年度目标管理考评内容。将考核结果纳入党政领导干部政绩考核，作为干部任免奖惩的重要依据，与领导干部的使用、奖惩挂钩。

3. 严格环境保护责任追究机制

县委办、县政府办、县生态办等相关部门抓好目标责任制的日常督查，对没有完成目标任务的不能评先，对因工作失误影响环境和生态县建设的依法严肃处理。2014 年以来，全县已有 22 名干部因在生态环境保护中出现失职、渎职行为，分别受到党纪和政纪处分。

4. 探索生态环境领域执法机制

建立了网格化环境监管体系及环境监管日常巡查机制，组建资溪县环境保护巡查工作领导小组和巡查办，对辖区内生态环境、排污企业、信访案

件、污染纠纷、环境安全隐患、违法建设项目、饮用水源地、农村环境综合整治等情况定期巡查和监督。

（五）营造绿色文化氛围，提升全民参与意识

充分利用广播、电视、宣传栏、悬挂横幅等多种教育手段和大众传媒工具，引导群众绿色消费、适度消费，最大限度地减少能源消耗和环境破坏。积极组织开展"世界环境日""世界地球日""地球一小时""中国水周""植树节"等重要时节的纪念和宣传活动。深入推进绿色殡葬改革，投资600万推进9个农村公益性墓地建设。2018年以来，省、市有关领导及部门、新华社江西分社、中国社会科学院及有关科研机构先后到资溪县开展生态文明调研活动，国家、省、市有关媒体也对资溪县生态文明建设工作进行多方位的报道，得到有关领导的关注和肯定。

二 存在的困难和问题

由于生态文明示范创建涉及面广、政策性强，仍在探索实验中，当前，资溪县生态文明建设推进过程中也存在一些困难和不足。

（一）生态经济总量较小

党的十八大以来，资溪县经济保持持续快速增长，2017年实现地区生产总值38.54亿元，生态经济有了长足发展。但总体而言，生态经济总量仍然较小。旅游业作为资溪主导产业，近年来发展较快。2017年，资溪县接待游客由2010年的100万人次上升到407万人次，实现旅游总收入由2010年的7亿元上升到24.9亿元。纵向看确实不错，横向与全省其他县区相比，却存在较大差距，如与资溪县情相似的靖安县2017年共接待游客757万人次，实现旅游总收入44.2亿元。此外，资溪生态农业发展不足，虽然通过发挥林地资源、林荫空间及荒田荒地优势，大力推进金线莲、石斛、金花茶等林下经济发展，实施"一镇一品"战略，但生态农业总体规模小，效益

不高。低碳工业发展也滞后，产业集中度不高、链条不长、规模偏小、聚集带动效应不明显，尚未形成产业集群。

（二）生态保护资金投入不足

为保护良好生态环境，资溪县强力关闭和清理整顿了一批污染行业和企业，财政每年因此减收近亿元。同时，坚决拒绝了一大批可能危害生态环境的项目，大大减少了投资金额。受此影响，资溪县工业基础薄弱，经济总量小，财政收入少。2017年全县生产总值38.54亿元，财政总收入5.17亿元，地方预算收入3亿元。资溪县每年整合各类资金投入生态文明建设上亿元，特别是农村环境整治、城乡垃圾清运、污水管网建设等项目投入均由县本级投入。2017年，仅投入农村环境整治资金就达905万元，污水管网建设7000余万元，城乡垃圾清运一体化外包1600余万元。由于财政收入少，除重点项目外，对生态环境一般保护项目资金投入不足，离生态文明先行示范县建设的目标尚有一定差距。

（三）生态补偿不够到位

一是流域补偿较少。资溪县虽然纳入全省生态文明先行示范县、国家重点生态功能区、国家可持续发展实验区，但受现行《江西省流域补偿办法》的资金分配方式、补偿系数等因素的制约，每年获得的上级生态补偿资金、财政转移支付资金等都十分有限。2017年仅获得补偿资金3222万元，对资溪县生态总投入上亿元来说无疑是杯水车薪。二是补偿范围不广。资溪除了国家给予补偿的生态公益林外，为加大保护力度，还制定了天然阔叶林保护措施，禁止采伐天然阔叶林，为此全县有10万亩生态林（天然阔叶林）没有得到补偿。由于县财政难以拿出资金补偿，以致在保护生态的同时也引发林农要求补偿的矛盾。三是生态补偿机制不完善。资溪县为保护生态环境，做出了巨大的牺牲，淘汰、拒绝了大批环境污染及资源消耗型的企业，丧失了许多经济发展的机会，但是这些牺牲和代价，未得到国家适当的补偿。

（四）生态文明建设体制机制不够完善

一是联合执法机制不健全。生态文明建设是一个复杂的系统工程，需要各部门之间协调沟通、有效分工和通力合作。目前，资溪县各个部门和系统之间虽有一定的合作，但也存在不同领域各自管理、部门之间沟通不畅等问题。二是生态监测步履维艰。生态监测处于起步阶段，环境监察、监测设备相对落后，信息不足，渠道不畅，难以满足新形势的要求，环境管理能力跟不上经济发展的要求。三是生态环境损害鉴定评估机构不足，虽然法律法规明确了生态环境"谁破坏、谁治理"的基本原则，但没有具体的、配套的实施细则和流程，操作性不强，在追偿时往往存在较大困难。

三 进一步推进资溪生态文明建设的政策建议

（一）加快推进绿色产业发展

一是加快发展有机农业。全力创建国家农产品质量安全县、国家有机产品认证示范区，突出有机白茶、有机果蔬、有机竹笋、有机大米等特色农业产业发展，打造"有机农产品供应基地"。重点加快推进马头山、嵩市现代有机农业科技示范园建设。二是加快发展低碳工业。扎实推进高阜毛竹集中加工区一期基础设施项目建设，启动鹤城创新创业大厦、现代物流园、抚州园区中小企业创业园等项目建设。加快推进"面包小镇"规划建设，谋划建设面包产业园。三是继续推动全域旅游发展。加快《资溪县全域旅游发展总体规划》编制进度，创新全域旅游管理体制机制。以大觉山景区为龙头，重点推进九龙湖、法水森林温泉等创建国家4A级景区，实现全县重点景区创建"1+4+N"目标。加快推进大觉山二期、法水温泉二期、马头山旅游景区、乌石"真相乡村"等重大在建旅游项目建设，着力打造一批精品民宿或乡村旅游点。四是加快发展现代服务业。加快推进中国资溪面包电子商务产业基地建设，打造资溪面包特色移动客户端。大力发展健康养生产业和健康医疗产业，加快推进健康小镇、狮子山养老基地和县医养中心项目建设。

（二）提升生态环境治理能力

统筹推进城乡环境综合整治，加强污染防治、生态保护和修复，着力削减大气、水等污染物排放总量，加强次级河流污染整治巩固，健全县－乡镇－村三级水污染整治及监管网络体系，高标准推进城区地下综合管网建设，实施集镇和中心村的雨污分流等基础设施建设。完善农村环境连片整治项目运行及管理机制，确保设施正常运行和使用。以养殖减排为抓手，全面完成畜禽养殖污染整治。推进农村沼气池和清洁工程建设，改善农村人居环境。深入实施"山河路长制"。健全四级环保网络，构建四级山水林田湖系统保护与综合治理制度体系。深入实施净空净水净土专项行动。严格落实大气污染、水污染、土壤污染防治各项措施，确保空气环境质量保持良好、水环境质量持续稳定、土壤污染得到有效控制。

（三）探索多元化生态保护资金投入

一是积极向上争取补偿项目。紧紧抓住资溪被列为"中央苏区县""国家重点生态功能区""国家生态文明建设示范县"等的重大机遇，在国家大力保护生态环境和推出生态补偿的大背景下，积极向上跑项目争资金。如在发展有机农业、旅游产业、低碳工业以及农村环境整治等方面，向上争取项目和资金。二是创新融资模式，引入社会资本。注重发挥财政资金的带动作用和杠杆效应，积极争取PSL政策性融资贷款，鼓励和引导社会资本参与城市基础设施和公用项目的建设和运营，进一步推进PPP试点探索工作，以减轻政府财政压力，提高政府公共服务水平。三是探索生态补偿市场化机制。资溪森林覆盖率高，无疑是森林碳汇的巨大加工厂。随着市场化进程的深入，探索引入市场激励机制，大力发展森林碳汇市场不失为既保护生态又增加林农收入的有效途径。

（四）扎实推进体制机制创新

一是创新打造碳中和示范工程。加强与省科学院能源研究所的联系，启动创建碳中和示范工程。通过技术创新、制度创新、产业转型、新能源开发等多种手段，打造一批低碳景区、低碳园区、低碳社区、低碳小区、低碳校区，实现生产生活低碳化。二是开展生态产品价值实现机制试点。积极争取支持，研究制定试点实施方案。建设一批生态产品体验基地，提升生态产品价值。三是探索生态环境领域行政执法相对集中的执法机制。整合环保、农业、林业、城管等部门执法力量，构建大环保、网格化的环境监管体系，严厉打击破坏生态环境的行为。

（五）加大生态环境保护力度

大力开展植树造林，实施天然林资源保护、退耕还林和县城建成区城周荒山、裸地（坡）绿化工程，实现城周绿化全覆盖。严格水资源红线管理。实施最严格的水资源保护制度，严格控制取用水总量，严格规范取水许可审批管理，严格落实水资源论证制度，严格实行水资源有偿使用制度，建立"用水总量、用水效率、水功能区限制纳污"三条红线，加强水资源和水源地保护。严格国土空间和耕地"红线"管理。严格耕地保护制度，对新增建设用地实行总量控制，落实耕地数量占补平衡和占优补优措施，开展新增耕地等级评定，确保耕地数量不减少、质量不降低。严格旅游风景区管理，禁止开山采石、滥伐捕猎以及引水、围垦等不符合主体功能定位的开发活动，控制人为因素对自然生态的干扰和破坏。

参考文献

李小红：《县域经济与生态协调发展的探索——以国家生态文明建设示范县资溪县为例》，《老区建设》2017年第18期。

中共资溪县委、资溪县人民政府：《多举措守护绿水青山 积极推进生态文明建设》，2018年6月29日。

郭晓东：《纯净资溪：让绿色成为发展的底色》，《当代江西》2017年第12期。

B.20
横峰"好客王家"传统习俗调查

江西省社会科学院课题组*

摘　要：　近年来，江西省横峰县姚家乡王家村积极打响"好客王家"
　　　　　的文化品牌，高度重视孝亲、勤俭、德善、和谐等优秀传统
　　　　　文化的积淀和传承，树立了良好的村风家风，促进了本村
　　　　　民主、文明、和谐、平等、公正、敬业、友善等社会主义核
　　　　　心价值观的形成，打造了村风家风建设的"王家模式"，对
　　　　　于促进我国农村社会主义精神文明建设具有重要的借鉴意
　　　　　义。

关键词：　传统习俗　社会主义核心价值观　"好客王家"

　　党的十九大报告指出：培育和践行社会主义核心价值观，要深入挖掘中
华优秀传统文化蕴含的思想观念、人文精神、道德规范，结合时代要求继承
创新，让中华文化展现出永久魅力和时代风采。近年来，江西省横峰县姚家
乡王家村积极打响"好客王家"的文化品牌，以良好的村风家风为载体，
深入挖掘优秀传统文化资源，大力培育和践行社会主义核心价值观，摸索出
一条重塑农村社会价值共识、推动农村价值观建设的成功之路。

　　* 课题组组长：毛智勇，江西省社会科学院副院长，研究员，研究方向为党史党建；成员：李
　　小玉，江西省社会科学院《企业经济》编辑部主编，研究员，研究方向为区域经济；陶虹
　　佼，江西省社会科学院《企业经济》编辑部助理研究员，研究方向为区域经济；陈蕴茜，江
　　西省社会科学院机关党委助理研究员，研究方向为党史党建。

一　"好客王家"的文化传统

王家自然村位于江西省横峰县姚家乡西南部，是隶属于姚家乡百家村委会的一个普通自然村。全村现有 27 户 103 人，总面积 300 亩，是个典型的小村落。村庄地势高、取水难、田地少，自然资源条件并无优势。然而，自1981 年独立建村以来，王家村高度重视优秀传统文化的积淀和传承，结合本村传统习俗和家风祖训，初步形成了具有王家特色的孝亲、勤俭、德善、和谐等优秀传统文化。近年来，王家村积极打响"好客王家"的文化品牌，有效推进了社会主义核心价值观在农村落地生根，如今已发展成为一个声名远播的文明新村、幸福新村、好客新村。

（一）传承以"孝"为先的家风祖训

百善孝为先，孝文化对王家村价值观念的形成有着深远的影响。建村之初，王家村就牢固树立了"全村一家人理念"，把家风建设作为村风文明的重要组成部分。为了展示家族孝亲根本，盘点家族内部文化，缅怀祖辈优良品质，还积极著书立言，出版了《古枫岁月》。在秀美乡村建设中，更是高度重视以孝亲敬老为基础的家风家教建设，对全村 60 岁以上的老人实施"厚养"：在国家发放养老金的基础上，老人还可从村里领取同样份额的养老金，后者随国家标准同步提高；老人过生日时村里集体买蛋糕进行庆贺；每逢重阳节和清明节，村里还会出资请老人吃团圆饭，这些尊老敬贤的举措已以村规村约的形式固定下来并传承至今。此外，王家村通过图文墙壁文化的方式引导村民感念父母养育之恩、感念长辈关爱之情，多方位打造具有本土特色、时代特征的孝亲敬老文化。

（二）践行以"勤"为本的朴素品质

勤劳节俭是中华民族的传统美德。独立建村 30 多年来，王家村依然保留着淳朴的民风，传承着勤劳的品质。王家村长辈谆谆教育后辈，要以勤劳

俭朴的精神来经营家庭、建设村庄。王家村把一些名言警句和规约准则张贴到村民住房的墙上，每逢重大传统节庆，村民都会集中重温祖训，诵读"八要八不要"这一《"好客王家"村民准则》，警醒子孙时刻牢记祖训村规、传承良好家风、不忘农民勤劳质朴的本质。此外，村里每年都会张贴"光荣榜"，评选出"好婆媳"、"好妯娌"、"勤劳家庭"、"奉献家庭"，图文并茂、大张旗鼓地表扬先进、展示典型，激发村民昂扬向上的进取精神。

（三）弘扬以"德"树人的教育理念

崇德向善，是中华民族道德文化的精髓。青少年是乡村的未来和主力，王家村能立足村民自治创新，走上脱贫致富之路，离不开中青年力量的参与和奉献。王家村十分注重青少年的德育培养，除了定期组织青少年参加"诵祖训、念村民准则"活动外，还积极发动青少年参与每年一度的村庄春节联欢晚会，传播正能量，营造健康向上的风气。村庄通过定期举办传统文化讲座及师资培训，开设国学经典诵读班，传播中国传统的"礼、义、智、信、廉"等文化理念。此外，村里还设有青少年成长大舞台、趣味益智游戏区、农耕文化体验区等，为村里青少年提供了集实景体验、素养培训于一体的课外活动场所。王家村因此也被上饶市关工委正式设立为"青少年健康成长教育基地"，为进一步推进全县乃至全省青少年社会主义核心价值观教育提供良好平台。

（四）崇尚以"和"为贵的价值取向

百事和为贵。王家村之所以能够井然有序进行产村一体化运营，正是因为秉承了和谐共生、和谐共荣的文明发展理念。王家村村民十分注重建构和谐团结的人际关系，在家庭内部分家时一碗水端平，村民分粮食时不搞特殊化，祖辈父辈潜移默化和身体力行的教育，形成了全村和衷共济、和睦相处、同心同德的局面。近年来，为发展集体经济，村民入股成立了"好客王家农旅文化发展有限公司"，采取全民参与、共同经营的方式，所有盈利都用于村庄的文化设施和公益事业。通过全村村民的共同努力以及公司的有效经营，不但拓宽了乡村集体经济的来源，而且还成功保留了村庄原始风貌和文化特色，传承了乡村价值观念和情感记忆。

二 "好客王家" 村风家风建设的典型经验

"好客王家"通过积淀、传承独特的文化传统，在潜移默化中传递了文明新风，树立了良好的村风家风，促进了本村民主、文明、和谐、平等、公正、敬业、友善等社会主义核心价值观的形成，打造了村风家风建设的"王家模式"，极大促进了"好客王家"经济社会生态良性发展。从1981年王家村独立建村以来，全村至今无一处乱搭乱建的违章建筑，无一例刑事治安案件，无一户不良信用记录，无一起请上级入村调解的矛盾纠纷，无一笔集体财务漏洞；村容干净整洁，栋栋七彩民居错落有致，本村山场无一座坟头，改水改厕率均达到100%，绿化进村道路及主干道7条，村庄四周及村内绿化面积达13500余平方米；村民团结，邻里和睦，村风文明，村民自治形成"生态圈"，村民生活节节高，成为秀美宜居新农村的典范。

（一）以党建为引领，切实发挥党员模范的带头作用

王家村能够实现秀美宜居新农村的蝶变，党员干部的核心引领是关键。当前王家村有党小组、理事会和公司三套领导班子，班子干部是村风家风建设的坚决拥护者和实施者，不仅通过日常学习教育和常规活动对群众进行思想教育和政策普及，还积极完善村规民约，为文明行为的推进提供指引。无论是在2015年横峰县"农村宅改"和"改坟行动"中，还是在2016年开展的秀美乡村建设中，王家村干部带头行动，形成了"头雁效应"，始终奋斗在第一线，积极投身"五拆五清"和"七改三网"工作，宣传动员引导村民参与到村庄建设和规划中。此外，王家村由党员干部牵头，成立了红白事理事会，积极向村民宣传文明、节俭、从简办理婚丧嫁娶事宜的理念，并带头身体力行，开展移风易俗、抵制高价彩礼的活动。

273

（二）以活动聚人心，积极构建秀美乡村建设保障机制

横峰县如火如荼的秀美乡村建设，为王家村树立文明村风、打造幸福家园提供了良好契机。2016 年，横峰县按照"整洁美丽、和谐宜居"的要求，在全省率先开展"秀美乡村、幸福家园"创建活动，将秀美乡村建设与脱贫攻坚、全域旅游、产业发展、民生发展紧密结合，创造性地走出了一条"创建与脱贫"并重、"生态与致富"共进的产村融合发展之路。王家村立足自治创新，以传承 30 多年的《治村规约》为管理宝典，把培育和践行社会主义核心价值观作为乡村社会治理的重要内容，依托良好的村风家风，深入推进群众性精神文明创建活动，成为声名远播的文明新村、幸福家园。

（三）以文化促教化，深入挖掘乡村本土文化资源

中华优秀传统文化是乡村宝贵的精神财富，需要不断深入挖掘、充分阐释，增强广大农民的认同感。王家村在培育和践行社会主义核心价值观过程中，既吸收融合了中国优秀传统文化的精髓，也十分注重对本村优秀历史和文化资源的利用开发。一是充分挖掘并发挥家训族规的作用，让所有家庭成员接受家训的熏陶；二是充分利用传统乡规民约的作用，贴近村民生活实际进行指导、规范、约束、劝诫；三是积极引导地方风俗习惯，结合节日、庆典进行德润人心的教化。这样，通过多种方式达到在潜移默化之中传播文明新风尚的目的，从而实现了社会主义核心价值观从理论形态向实践形态的深度转化。

三 "好客王家" 培育和弘扬社会主义核心价值观的启示

通过传承和弘扬良好的村风家风，"好客王家"村民不仅将社会主义核心价值观"内化于心"，而且还"外化于行"，以鲜活的人和事生动阐释了

社会主义核心价值观的内涵，对于促进我国农村社会主义精神文明建设具有重要的借鉴意义。

（一）让核心价值观在基层党建工作中落地生根

基层党的建设是社会主义核心价值体系基层建设的重要载体，以村党支部和党员为代表的基层党员干部应该在社会主义核心价值观的培育和践行中担负起主体责任。《中国共产党廉洁自律准则》要求党员领导干部要"廉洁齐家，自觉带头树立良好家风"。习近平总书记也多次强调，领导干部的家风，不是个人小事、家庭私事，而是领导干部作风的重要表现。"好客王家"良好村风家风彰显核心价值观的例子告诉我们，党员干部的价值取向和行为实践，对社会各个行业和各个地区均具有示范和导向作用，很大程度上影响着广大人民群众是否能够自觉认同和践行社会主义核心价值观。因此，树立科学的党建理念必须建立在社会主义核心价值体系的基础上，把社会主义核心价值体系建设与基层党的组织建设、文化建设和作风建设有效地结合起来，让社会主义核心价值观深入基层党组织的方方面面，促进党员和干部更好地在新时代不忘初心、奋勇前行。

（二）让核心价值观在优秀传统文化中汲取养分

习近平总书记指出，要从弘扬优秀传统文化中寻找精气神，使中华优秀传统文化成为涵养社会主义核心价值观的重要源泉。一方面，自强不息的民族精神、家国天下的爱国情怀、礼义廉耻的自我要求等中华优秀传统文化，早已深深地融入中国人的血脉之中，成为社会主义核心价值观的重要源泉。同时，根据新时代发展需求，通过运用马克思主义世界观、价值观和方法论，有鉴别地继承、弘扬传统文化，并虚心学习借鉴人类社会其他优秀文明的精华，为中华优秀传统文化注入新的活力。另一方面，中华优秀传统文化也是弘扬和践行社会主义核心价值观的重要载体。像"好客王家"一样，借助重要节庆日、纪念日、民族传统节日，合理地开展道德论坛、文化讲

坛、经典诵读、传统艺术展演等民间民俗文化活动，对于促进社会主义核心价值观的具体化、生活化具有特别好的效果与作用。

（三）让核心价值观在基层自治体系中得到精心培育

社会主义核心价值体系是全党全国各族人民团结奋斗的共同思想基础，更是我国法律制度的顶层设计所需要体现的价值取向。要将核心价值观日常化、具体化、形象化、生活化，不仅需要从基本内涵、理论诠释、宣传教育、传播形式等方面科学推进，更需要从法理阐释、制度构建、践行转化等方面逐步建设，使其具体化为不同层次、不同领域、不同方面的可行的法律条文和规章。作为人民当家做主最有效、最广泛的途径之一，基层群众自治制度在我国发挥了维持社会和谐稳定和调节社会正常秩序的重要作用。"好客王家"《治村规约》固化了民主、文明、和谐、平等、公正、敬业、友善等核心价值观的基本内容，成功实现了价值观持之以恒的灌输、强化和引导作用，深刻融入群众思想和意识深处，形成人们在日常生产和生活中自觉践行的价值取向、价值追求、价值尺度和价值原则，做到核心价值观真正内化于心、外化于行。

（四）让核心价值观在青少年教育成长中开花结果

习近平总书记指出，要"让社会主义核心价值观的种子在少年儿童心中生根发芽"。青少年的价值取向决定了未来整个社会的价值取向，青少年承载着社会发展的重任，代表着未来的走向，促进青少年养成正确价值观十分重要。在当前复杂的文化背景下，继承中华民族优秀传统文化，同时还要注入时代气息，让社会核心价值观得以不断增强和熔铸，就要引导广大青少年在勤学、修德、明辨、笃实上下功夫，通过社会主义核心价值观教育引领青少年将自己的人生与国家和社会发展结合起来。"好客王家"充分发挥好的村风家风的熏陶作用，开展形式新颖的爱国主义教育活动，不仅在本村青少年的核心价值观教育方面取得了可喜的成绩，而且充分利用青少年健康成长教育基地的各种有利条件，积极探索新的教育方式和教育途径，把培育和践行社会主义核心价值观的任务贯穿于青少年教育全过程、落实到基地教育理念、活动实施、规划服务等各个环节，形成家庭教育、乡村文化、社会实践三位一体的育人平台。

习近平总书记说："一种价值观要真正发挥作用，必须融入社会生活，让人们在实践中感知它、领悟它。要注意把我们所提倡的与人们日常生活紧密联系起来，在落细、落小、落实上下功夫。"家庭和村庄作为社会的细胞，是每个人生活和成长的重要场所。以村风家风传承为切入点，以基层党组织建设和基层自治体系为抓手，从中国优秀传统文化出发，强化广大人民群众尤其是青少年对社会主义核心价值观的认知和认同，进而在社会生活中自觉以核心价值观规范自己的言行，对于培育和践行社会主义核心价值观、提升我国文化软实力具有重要意义。

参考文献

张琳：《民族院校社会主义核心价值观教育引导需把握的几个问题》，《北方民族大学学报》（哲学社会科学版）2018 年第 3 期。

彭立威、高艳青：《用地方优秀传统文化涵育大学生核心价值观的路径研究》，《国家教育行政学院学报》2017 年第 12 期。

黄蓉生：《习近平社会主义核心价值观思想论析》，《西南大学学报》（社会科学版）2018 年第 4 期。

王世恒、朱家玮：《社会主义核心价值观理论探析》，《知与行》2018 年第 3 期。

张瑜：《关于加强社会主义核心价值观主题教学的思考》，《高校马克思主义理论研究》2018 年第 1 期。

陈英云、孙瑜淼：《伍连德精神：公民践行社会主义核心价值观的丰厚滋养》，《学术交流》2018 年第 2 期。

郭维刚：《传统社会"经典"教化对培育和践行社会主义核心价值观的启示》，《黑河学刊》2018 年第 3 期。

B.21
湘赣边界秋收起义红色文化
资源保护和利用

江西省社会科学院课题组*

摘　要：　湘赣边界的秋收起义，被视为"中国民主革命的历史转折点"
　　　　　"中华人民共和国的奠基石""毛泽东迈向天安门的起点"。秋
　　　　　收起义沿线农村地区零散的红色革命遗迹众多，旧有的"大基
　　　　　建"开发思维无法有效利用这些偏远的红色资源。本文认为，
　　　　　应顺应"旅行方式革命"，利用互联网等新技术构建"完成者
　　　　　管理系统"，占领"红色户外"产业制高点。

关键词：　红色文化　秋收起义之路　红色户外　湘赣边界

　　江西红色遗迹众多，红色精神源远流长。然而，红色文化资源优势并不
必然转化成红色旅游产业优势。在推行"乡村振兴战略"的当下，如何有
效地利用偏远零散的乡村红色文化资源？如何将相对孤立的红色景点串联成
精品旅游线路从而推动"全域旅游"？如何让后人感受到革命先烈的初心及
其伟大的精神力量？江西的红色资源如何与绿色资源、古色资源相结合，实
现旅游强省的目标？这些都是我们江西人无法回避的问题。

　　湘赣边界的秋收起义，被视为"中国民主革命的历史转折点""中华人

---

* 课题组成员：吴凯雷，江西省社会科学院机关党委专职副书记，研究方向为中国近现代史；
冯玮，江西省社会科学院历史研究所助理研究员，研究方向为中医药文化与南亚史；易风林，
江西省社会科学院历史研究所副研究员、博士，研究方向为苏区史；庞振宇，江西省社会科
学院历史研究所研究员，研究方向为苏区史；姜庆刚，江西省社会科学院历史研究所助理研
究员、博士，研究方向为民国史。

民共和国的奠基石""毛泽东迈向天安门的起点"。这次起义不仅是军队的行动，而且有数量众多的工农武装参加，首次在武装斗争中独立地打出了中国共产党的旗帜。因此，对于这一具社会价值又跨越多个地区的红色资源线路的调查可作为解决上述问题的开始。

一 秋收起义沿线的红色文化资源现状

江西省境内的秋收起义线路穿过九江修水、宜春铜鼓、萍乡安源、芦溪、莲花一直到吉安永新、井冈山等众多地区，全程400多公里。

表1 江西省境内以秋收起义为主题的纪念场馆

名称	级别	分主题	所属地市	所在地市红色遗址数量	周边重要绿色、古色景区
修水秋收起义纪念馆	省级重点文物保护单位，国家三级博物馆	第一面红色军旗升起的地方	九江	266个	庐山、云居山、黄庭坚纪念馆
铜鼓秋收起义纪念馆	全国重点文物保护单位	毛主席脱险地	宜春	244个	天柱峰国家4A级风景区
萍乡秋收起义广场	国家3A级旅游景区	"江南第一广场"	萍乡	74个	武功山
安源路矿工人俱乐部（秋收起义安源军事会议旧址于2006年并入）	全国重点文物保护单位，国家一级博物馆	前敌委员会的第一次会议所在地	萍乡	74个	武功山
芦溪县秋收起义烈士陵园	省级重点文物保护建筑，国家3A级旅游景区	秋收起义总指挥卢德铭烈士牺牲地	萍乡	74个	武功山
莲花县秋收起义纪念地系列景点（包含高滩行军会议旧址、莲花一支枪纪念馆、甘家毛泽东旧居）	省级重点文物保护单位	转兵宁冈	萍乡	74个	武功山
三湾改编旧址群	全国重点文物保护单位	支部建在连上	吉安	542个	吉州窑遗址、文天祥纪念馆、青原山、白鹭洲书院
古城会议会址	全国重点文物保护单位	上井冈山	吉安	542个	吉州窑遗址、文天祥纪念馆、青原山、白鹭洲书院

我们认为秋收起义沿线红色资源有以下两个特点。

（一）红色资源丰富，且与绿色、古色资源相交错

江西省秋收起义沿线地市的红色资源丰富。从九江到吉安共有革命遗址1126个，大部分位于偏远农村地区。

沿线红、绿、古三色文化资源同存。譬如，九江修水县的秋收起义纪念馆附近有黄庭坚纪念馆；铜鼓红色资源可与天柱峰风景区的绿色文化资源牌一起打；萍乡芦溪县秋收起义烈士陵园附近就是武功山风景区。

（二）红色资源开发投入存量可观，增量不断

沿线各地对于社会效益与经济效益兼而有之的红色旅游都较为重视，不断投入资金兴修纪念场馆，提升红色旅游基础设施。早在1998年萍乡就投入巨资建成了占地346亩，有"江南第一广场"之称的秋收起义广场。近年来，秋收起义沿线红色资源保护与利用的增量投入也颇为可观。例如，秋收起义90周年之际，"毛泽东化险地"的铜鼓县投入一千多万元修缮场馆。2018年6月莲花县投资1413万元维修包括甘家毛泽东旧居、高滩行军会议会址在内的莲花县秋收起义纪念地系列景点。因此，我们认为，沿线红色旅游开发的突出问题并非投入不足，而是在于投入的有效性。

二　突出问题:旧思维指导下的孤立状态

（一）红色景点之间相互孤立，各自为政

由于秋收起义纪念设施分属沿途十几个县市管辖，不可避免出现各自为政的现象。各纪念馆开篇的介绍内容大同小异，容易让参观者产生审美疲劳，其后的内容就是强调本地在秋收起义中的重要意义。修水强调自己是第一面红色军旗升起的地方；萍乡认为自己是秋收起义的策源地；铜鼓认为自己是毛泽东化险为夷的"福地"；以至于还出现过各纪念馆对具体历史事件

的细节叙述口径不一的现象。为解决各自为政的问题，相关各方也做过联合的努力，举行过旨在统一叙述口径、避免混乱的各纪念馆的联席会议。在基础设施合作方面，2015年6月沿线十县市的代表齐聚永新县，围绕"畅行秋收起义路·融入长江经济带"这一主题，讨论合作。然而，这些联合只是统一宣传口径，改善基础设施、互联互通情况的"小联合"，并没有上升到改善生态环境、保障可持续发展、促进"乡村振兴战略"目标实现的"大联合"层次。这些联合行动没有把握住旅游产业发展的趋势和时代脉搏，仍然是旧思维的延续。

（二）红、绿、古"三色互动"有限

由于沿线"红""绿""古"三色资源共存，因此，实现"三色互动"、避免三者孤立发展应当引起旅游产业设计者的重视。从目前的实际情况看，革命圣地井冈山地区对于周边吉州窑、文天祥故居这样的古色资源开发利用起到了带动作用。武功山地区绿色"户外天堂"的美誉也带动了"王家大屋""大江边苏维埃政府"等红色文化资源的保护与利用。然而，就整个沿线而言，由于以"秋收起义"为主题的红色旅游精品线路并未形成，导致"三色互动"缺乏依托，红、绿、古之间总体上仍然处于相对孤立状态。

（三）"基础设施依赖"导致红色文化资源开发利用不均衡

秋收起义行军线路多为偏远的农村地区，沿途红色遗迹也是农村远多于城镇。由于基础设施上的差距，城镇及其附近的红色资源利用与保护要好于偏远农村，农村大量的红色资源处于得不到有效利用与保护的"孤立状态"。但是，这并不意味着"基础设施投入不足"是沿线红色资源的主要问题，主要问题在于利用的方式。高等级旅游公路、气势恢宏的广场、方便的上山索道、上档次的宾馆虽然外形鲜亮，但是对于沿线的绿色人文景观、古色人文景观不可避免会产生一些破坏；走马观花的旅行体验也无法让人感受到革命先烈艰苦奋斗的时代精神，无法传承红色基因。

因此，如果我们不改变旅游产业设计思路，仍然沉溺于"大基建"的旧开发思维中，就无法对沿线农村地区众多处于零散与孤立状态且知名度一般的红色遗址进行保护与利用。

三 以线带点，占领全国"红色户外"产业制高点是盘活秋收起义沿线红色文化资源的突破口

"思路决定出路"，要实现秋收起义沿线零散红色文化资源的有效整合，增强资金投入的有效性，就应当创新发展思路，以发展"红色户外旅游"为突破口，以"秋收起义之路"为主题，打造驰名全国、享誉世界的"红色户外"品牌，占领全国"红色户外旅游"的制高点。我们认为建设"秋收起义红色户外线路"的有利因素如下。

（一）以"户外旅行"为形式的"旅行方式革命"正在悄然进行

随着人们旅游体验需求的提升，以徒步、骑行、自驾为形式，摆脱"旅行社依赖"的户外旅行蓬勃发展，它是旅游产业发展大方向。西方发达国家从事户外旅行的人口占总人口的 30%～40%。我国户外旅游产业虽然起步较晚，但发展异常迅猛。国家发改委首次编写的《2017 年中国居民消费发展报告》指出，2017 年我国泛户外人口（每年至少参加 1 次以上户外运动者）已达 1.3 亿至 1.7 亿人，与西方发达国家参与户外旅行的人数比例相比，我国户外旅游仍然有巨大发展潜力。换句话说，我国"旅行方式革命"正在发生，江西省拥有红色文化资源优势，应该迅速占领"红色户外旅游"产业制高点，将资源优势转化为产业优势。

（二）在全国顶级的"绿色户外"品牌基础上发展"红色户外"，事半而功倍

秋收起义沿线的武功山地区是享誉全国的"户外天堂"，在中国户外旅游界有"北太白，南武功"的崇高地位。该路线发展"红色户外"旅游有

现成的居全国顶级地位的"绿色户外"品牌作为铺垫，可"以绿带红"，助力江西"红色户外"品牌的形成与"全域旅游目标"的实现。

（三）线路长度适宜，社会公益价值与市场潜力俱佳

"重走长征路"的社会公益价值毋庸置疑；但是，二万五千里的路线过于漫长，完成难度大，不适合大多数户外旅游爱好者，故而整个线路的市场开发难度高。"秋收起义之路"约 400 公里，绝大部分在江西省境内，户外旅行者可灵活地采用徒步、骑行、自驾等方式在一周到一个月左右完成；这对于假期并不长的户外运动爱好者来说恰好合适。

（四）旅游脱贫，摆脱"基础设施依赖"

"红色户外"有利于全域旅游目标实现，让零散、偏远的各色资源得到保护与利用，摆脱对"大基建"的依赖，让国家的保护投入落到实处。

沿线以往的旅游收入主要为大型旅游景点门票和周边酒店餐饮服务所得。这种发展方式对基础设施要求高，投入巨大，对环境破坏大，市场风险控制难。如果我们摒弃建设高档酒店、高等级公路的"大基建"旧思路，在沿线农村地区建设徒步、骑行道路与我们拟议中的"红军客栈""苏维埃食堂"，就可以较小环境代价为旅行者提供简易食宿与绝佳的户外旅行体验。这些旅社、饭店还可以成为正在蓬勃发展的农村网络电子商务平台的依托。用一条"红色户外"旅行线路，带富一路江西"老表"。

（五）"试错"成本小

任何改革与创新都存在风险。一方面，我们不应因噎废食、畏惧风险；另一方面，我们应当尽量减少试错成本。目前，外省市也鲜有发展"红色户外"的成功案例，因此，江西人要有敢为人先的勇气。

如同改革开放之初，为避免过大的风险，我国的改革试点不会从上海开始，而是在广东"摸着石头过河"。江西省打造"红色旅游精品线路"的试点也不应当从"革命摇篮井冈山""共和国摇篮瑞金"这些相对成熟、知名

度更高的红色旅游景点开始，而是应当从改革风险较小的秋收起义之路沿线开始。

四 秋收起义之路沿线发展红色户外
旅游产业的具体建议

（一）引入"缅怀者护照制度"，建立"完成者"管理系统

自从 2010 上海世博会之后，"护照旅行体验模式"对中国人已经不再陌生。然而，上海世博会运用这种护照盖章制度的时候，智能手机与互联网技术尚不成熟，两者尚未紧密结合。而现在我们可以利用这些技术研发"红色户外"手机 APP 软件，发布道路 GPS 轨迹，加入与纸质版并行的电子护照、电子盖章功能，以沿线的纪念馆、"红军客栈""苏维埃食堂"，作为必要盖章点或选择盖章点，以便构建"完成者"管理系统；按等级、按完成线路情况发放折扣福利与荣誉证书。

（二）在秋收起义之路沿线建设"红军客栈"与"苏维埃食堂"

偏远的红色遗迹如果无人光顾、照应投入再多资金也枉然。"红军客栈"与"苏维埃食堂"可为持有"缅怀之旅护照者"提供简易食宿、共享山地自行车和护照盖章服务；另外，由于它们多建在偏远的红色文化资源附近，有利于盘活与保护偏远的红色文化资源，为沿途地区人民提供新的就业机会，让古色、红色资源保护投入落到实处，更具可持续性。同时，"苏维埃食堂"也可以作为本地土特产、红色户外产品的电商运营平台依托与产品质量跟踪中心，还能为周边中小学生的研学旅行提供方便。

（三）以 PPP、设立"红色旅游发展基金"等形式推动民间资本
参与红色户外旅游产业的发展

"完成者"管理系统的建立与维护，修缮徒步与山地自行车道路，设

立标识，规划线路，建立共享山地自行车系统、房车营地，开发旅行软件，以及"红军客栈""苏维埃食堂"的建设、运营，红色旅游产品的开发，与国内外知名户外俱乐部的合作，农村电商服务平台的搭建等事项都需要资金投入。PPP（公私合伙模式）以及设立"红色旅游发展基金"等方式可发挥政府政策支持和企业市场化运作的双重优势，兼顾旅游发展的公益性和商业性。

不同于一般的旅游项目，红色旅游具有更强的公益性质，是"准公共产品"，参与的民间企业没有门票收入，因此政府在严格监管之余，政策扶持力度也要加大。例如，政府部门与各级党组织应当为参与"红色户外"的公务员、国有企事业单位员工提供更为灵活的休假安排；可以为参与红色户外的党员提供党费补贴；对于高等级"完成者"证书获得者，在评选先进时予以优先考虑；协助企业举办"秋收起义摄影展""重走秋收起义之路国际山地自行车大赛""秋收起义征文大赛""年度优秀完成者与线路维护志愿者颁奖典礼""创建中小学生研学旅行基地"等活动，以提升这条红色户外旅行线路的知名度与影响力。

（四）红绿互动，红古互动

经营秋收起义之路户外项目的公司应当与沿线的绿色景区与古色景区合作，相互提供各种方便。例如，让不同级别的持有缅怀者护照者享有进入绿色景区、古色景区的门票优惠。而绿色、古色景区来的旅客可以凭门票获得半价的"缅怀者护照"，绿色、古色景点可以成为"完成者"系统中的选择盖章点。

参考文献

黄细嘉：《发展红色旅游的几个关键问题》，《中国社会科学报》2016 年 7 月 28 日第 8 版。

王亚娟、黄远水：《红色旅游可持续发展研究》，《北京第二外国语学院学报》2005年第 3 期。

国家发改委：《2017 年中国居民消费发展报告》，人民出版社，2018。

黄静波、李纯：《湘粤赣边界区域红色旅游协同发展模式》，《经济地理》2015 年第 12 期。

夏远生：《论毛泽东对秋收起义的历史评价》，《苏区研究》2017 年第 5 期。

陈怡：《西班牙圣地亚哥德孔波斯拉朝圣之路——基督教精神遗产的展示》，《中国文化遗产》2011 年第 6 期。

❖ 皮书起源 ❖

"皮书"起源于十七、十八世纪的英国，主要指官方或社会组织正式发表的重要文件或报告，多以"白皮书"命名。在中国，"皮书"这一概念被社会广泛接受，并被成功运作、发展成为一种全新的出版形态，则源于中国社会科学院社会科学文献出版社。

❖ 皮书定义 ❖

皮书是对中国与世界发展状况和热点问题进行年度监测，以专业的角度、专家的视野和实证研究方法，针对某一领域或区域现状与发展态势展开分析和预测，具备原创性、实证性、专业性、连续性、前沿性、时效性等特点的公开出版物，由一系列权威研究报告组成。

❖ 皮书作者 ❖

皮书系列的作者以中国社会科学院、著名高校、地方社会科学院的研究人员为主，多为国内一流研究机构的权威专家学者，他们的看法和观点代表了学界对中国与世界的现实和未来最高水平的解读与分析。

❖ 皮书荣誉 ❖

皮书系列已成为社会科学文献出版社的著名图书品牌和中国社会科学院的知名学术品牌。2016年，皮书系列正式列入"十三五"国家重点出版规划项目；2013~2018年，重点皮书列入中国社会科学院承担的国家哲学社会科学创新工程项目；2018年，59种院外皮书使用"中国社会科学院创新工程学术出版项目"标识。

权威报告·一手数据·特色资源

皮书数据库
ANNUAL REPORT(YEARBOOK)
DATABASE

当代中国经济与社会发展高端智库平台

所获荣誉

- 2016年，入选"'十三五'国家重点电子出版物出版规划骨干工程"
- 2015年，荣获"搜索中国正能量 点赞2015""创新中国科技创新奖"
- 2013年，荣获"中国出版政府奖·网络出版物奖"提名奖
- 连续多年荣获中国数字出版博览会"数字出版·优秀品牌"奖

成为会员

通过网址www.pishu.com.cn访问皮书数据库网站或下载皮书数据库APP，进行手机号码验证或邮箱验证即可成为皮书数据库会员。

会员福利

- 使用手机号码首次注册的会员，账号自动充值100元体验金，可直接购买和查看数据库内容（仅限PC端）。
- 已注册用户购书后可免费获赠100元皮书数据库充值卡。刮开充值卡涂层获取充值密码，登录并进入"会员中心"—"在线充值"—"充值卡充值"，充值成功后即可购买和查看数据库内容（仅限PC端）。
- 会员福利最终解释权归社会科学文献出版社所有。

社会科学文献出版社 皮书系列
SOCIAL SCIENCES ACADEMIC PRESS (CHINA)
卡号：649568833346
密码：

数据库服务热线：400-008-6695
数据库服务QQ：2475522410
数据库服务邮箱：database@ssap.cn
图书销售热线：010-59367070/7028
图书服务QQ：1265056568
图书服务邮箱：duzhe@ssap.cn

S 基本子库
SUB DATABASE

中国社会发展数据库（下设 12 个子库）

全面整合国内外中国社会发展研究成果，汇聚独家统计数据、深度分析报告，涉及社会、人口、政治、教育、法律等 12 个领域，为了解中国社会发展动态、跟踪社会核心热点、分析社会发展趋势提供一站式资源搜索和数据分析与挖掘服务。

中国经济发展数据库（下设 12 个子库）

基于"皮书系列"中涉及中国经济发展的研究资料构建，内容涵盖宏观经济、农业经济、工业经济、产业经济等 12 个重点经济领域，为实时掌控经济运行态势、把握经济发展规律、洞察经济形势、进行经济决策提供参考和依据。

中国行业发展数据库（下设 17 个子库）

以中国国民经济行业分类为依据，覆盖金融业、旅游、医疗卫生、交通运输、能源矿产等 100 多个行业，跟踪分析国民经济相关行业市场运行状况和政策导向，汇集行业发展前沿资讯，为投资、从业及各种经济决策提供理论基础和实践指导。

中国区域发展数据库（下设 6 个子库）

对中国特定区域内的经济、社会、文化等领域现状与发展情况进行深度分析和预测，研究层级至县及县以下行政区，涉及地区、区域经济体、城市、农村等不同维度。为地方经济社会宏观态势研究、发展经验研究、案例分析提供数据服务。

中国文化传媒数据库（下设 18 个子库）

汇聚文化传媒领域专家观点、热点资讯，梳理国内外中国文化发展相关学术研究成果、一手统计数据，涵盖文化产业、新闻传播、电影娱乐、文学艺术、群众文化等 18 个重点研究领域。为文化传媒研究提供相关数据、研究报告和综合分析服务。

世界经济与国际关系数据库（下设 6 个子库）

立足"皮书系列"世界经济、国际关系相关学术资源，整合世界经济、国际政治、世界文化与科技、全球性问题、国际组织与国际法、区域研究 6 大领域研究成果，为世界经济与国际关系研究提供全方位数据分析，为决策和形势研判提供参考。

法律声明

"皮书系列"（含蓝皮书、绿皮书、黄皮书）之品牌由社会科学文献出版社最早使用并持续至今，现已被中国图书市场所熟知。"皮书系列"的相关商标已在中华人民共和国国家工商行政管理总局商标局注册，如 LOGO（▦）、皮书、Pishu、经济蓝皮书、社会蓝皮书等。"皮书系列"图书的注册商标专用权及封面设计、版式设计的著作权均为社会科学文献出版社所有。未经社会科学文献出版社书面授权许可，任何使用与"皮书系列"图书注册商标、封面设计、版式设计相同或者近似的文字、图形或其组合的行为均系侵权行为。

经作者授权，本书的专有出版权及信息网络传播权等为社会科学文献出版社享有。未经社会科学文献出版社书面授权许可，任何就本书内容的复制、发行或以数字形式进行网络传播的行为均系侵权行为。

社会科学文献出版社将通过法律途径追究上述侵权行为的法律责任，维护自身合法权益。

欢迎社会各界人士对侵犯社会科学文献出版社上述权利的侵权行为进行举报。电话：010-59367121，电子邮箱：fawubu@ssap.cn。

社会科学文献出版社